新版“律师业务必备”丛书

权·威·的·中·国·律·师·业·务·指·南

常用司法鉴定意见质证要点

COMMON JUDICIAL EXPERTISE OPINIONS CROSS-EXAMINATION POINTS

刘丽云 / 著

法律出版社
LAW PRESS·CHINA
北京

图书在版编目(CIP)数据

常用司法鉴定意见质证要点 / 刘丽云著. -- 北京 : 法律出版社, 2021(2024.5 重印)
(新版"律师业务必备"丛书)
ISBN 978 - 7 - 5197 - 3191 - 5

Ⅰ. ①常… Ⅱ. ①刘… Ⅲ. ①司法鉴定－研究－中国
Ⅳ. ①D926.04

中国版本图书馆 CIP 数据核字(2020)第 271828 号

常用司法鉴定意见质证要点
CHANGYONG SIFA JIANDING YIJIAN ZHIZHENG YAODIAN

刘丽云 著

策划编辑 朱轶佳
责任编辑 朱轶佳
装帧设计 贾丹丹

出版发行 法律出版社
编辑统筹 司法实务出版分社
责任校对 王晓萍
责任印制 胡晓雅
经 销 新华书店

开本 710 毫米×1000 毫米 1/16
印张 20.75 字数 311 千
版本 2021 年 5 月第 1 版
印次 2024 年 5 月第 4 次印刷
印刷 三河市龙大印装有限公司

地址:北京市丰台区莲花池西里 7 号(100073)
网址:www.lawpress.com.cn
投稿邮箱:info@lawpress.com.cn
举报盗版邮箱:jbwq@lawpress.com.cn

销售电话:010 - 83938349
客服电话:010 - 83938350
咨询电话:010 - 63939796

书号:ISBN 978 - 7 - 5197 - 3191 - 5
定价:68.00 元

序

刘丽云律师撰写的《常用司法鉴定意见质证要点》一书即将付印，邀请我为本书写序。我认真阅读了本书的电子版，觉得本书内容专业，写作规范，对于刑辩律师在刑事诉讼过程中对司法鉴定意见进行实质意义上的质证，具有重要参考价值，乐而为之作序。

刑辩业务的发展对刑辩律师的专业化程度提出了更高的要求。我因为从事刑法教学和科研工作，较多地参与刑辩律师的各种活动，因而对刑辩业务还算了解。现在的刑辩业务对专业素质和能力的要求越来越高，可以说，刑辩律师的专业化程度已经今非昔比。在这种情况下，学习刑事法专业知识，钻研刑事辩护业务，就成为刑辩律师提升自身的业务能力与专业水平的主要途径。在某种意义上说，刑辩律师是对法律知识最为渴求、对前沿理论最为敏感的法律人群体。我们可以看到刑辩律师参加各种研讨会、讲座和论坛的忙碌身影，刑辩律师在不断充实自己的过程中，为委托人提供高品质的法律服务，这是值得称道的。当然，除了从刑事法的理论中汲取知识营养外，刑辩律师之间的交流和探讨也成为提高刑辩业务水平的一个重要方式。在这种情况下，具有较高理论水准和较丰富从业经验的知名刑辩律师纷纷著书立说，提供典型案例示范和专业知识总结，为刑辩业务水平提升做出了独特的贡献。刑辩业务并不是纯粹的学理探讨，更需要实战经验。因此，刑辩律师的著作往往能够起到其他刑事法理论著作所难以替代的作用。

刘丽云律师撰写的《常用司法鉴定意见质证要点》一书，可以说是一部具有重要参考价值的刑辩工具书。在刑辩律师所撰写的各种论著中，刑辩经验总结性质的作品较多，尤其以刑事案例类作品较受读者欢迎，因为此类作品是刑辩律师对其亲自办理案件的介绍与解读，对同行和其他读者有较大的启迪性，且具可读性；而类似本书这种对刑辩业务具有指导性的专业工具书则较为少见。刘丽云律师对司法鉴定意见的质证有着自己独特的观察和思考，并收集了大量资料，在此基础上写成本书，这是值得嘉许的。

在刑事诉讼活动中，司法鉴定意见对于案件的性质认定具有举足轻重的作用，因而引起刑辩律师的高度重视。刑事司法活动涉及社会、经济以及其他领域的内容，这些内容在通常情况下是容易被大众认知和理解的。然而，为了查明真相，仅靠常识是不够的，还需要某些专业性知识。因而，司法鉴定意见对于案件事实认定显得十分重要。在过去某个时期，司法鉴定活动较为混乱，为此，全国人民代表大会常务委员会于 2005 年 2 月 28 日颁布了《关于司法鉴定管理问题的决定》（以下简称《决定》），对司法鉴定活动进行规范。此后，最高人民法院和司法部于 2016 年 10 月 9 日联合出台了《关于建立司法鉴定管理与使用衔接机制的意见》（以下简称《意见》）。《意见》要求各级人民法院和各级司法行政机关根据《决定》，进一步规范司法鉴定工作，充分发挥司法鉴定作用，提高司法鉴定质量。由此可见，我国司法鉴定工作正处在不断完善过程之中，这对于发挥司法鉴定意见在刑事诉讼活动中的作用具有积极意义。

根据《决定》第 1 条的规定，司法鉴定，是指在诉讼活动中鉴定人运用科学技术或者专门知识对诉讼涉及的专门性问题进行鉴别和判断，并提供鉴定意见的活动。而这种鉴定活动的结果就是司法鉴定意见，它具有辅助法官正确判断案件事实的功能。在《刑事诉讼法》所规定的证据种类中，2012 年《刑事诉讼法》修改前，该证据被称为“鉴定结论”，之后改称“鉴定意见”。对此，陈瑞华教授指出：“从‘鉴定结论’到‘鉴定意见’，这不仅仅代表着该证据种类在概念上发生的变化，而且有着较为深刻的法律意义。”①应该说，陈瑞华教授的这个判断是十分正确的。结论和意见虽然只是汉语表述的不同，在其背后却蕴含司法理念上的重大变迁。结论具有终局性，而意见具有参考性，两者存在巨大差别。如果将司法鉴定作为一种结论看待，尽管其本来含义是指司法鉴定本身的结论而非案件处理的结论，但还是会引起不必要的误解，似乎该司法鉴定就直接决定案件的处理结果。正如我国学者指出：“之所以改称‘鉴定意见’，是因为‘结论’带有一定的误导性。由于该种证据由专家出具，属于‘科学证据’，本身就带有专业、权威的光环，在诉讼证明中容易令人信服，掩盖了其只是专家个人主观判断的本质。故参考国际惯例，将其改称‘鉴定意见’有助于表明该证据的‘主观性’，提醒诉讼主体对其加以谨慎审查判断。”②司法鉴定作为一种意见，对法官判断起到参考作用，因而鉴定意见这一用语对司法鉴定在刑事诉讼活动中的功能做了十分准确的描述。事实上，需要明确的是，司法鉴定虽然是证明案件事实的重要手段，但司法鉴定人员并不是法官，判断权仍然掌握在法官手中。

为了保证司法鉴定意见的正确性，需要在明确司法鉴定意见性质的基础上，从司法鉴定过程和司法鉴定审查这两个环节进行规范。司法鉴定意见的性质，主要是指司法鉴定意见的证据种类归属问题，对此我国刑事诉讼法学界存在书证说和言词证据说之分。就形式而言，鉴定意见类似于书证，因为它是以书面形式呈现的。然而，书面载体形式相同只是表面现象，而在性质上不能将鉴定意见等同于书证。因为在刑事证据法中，书证是以其所表述的内容和思想来发挥证明作用的文件或者其他物品。因而，书证具有一定的客观性，其性质类似于物证。而鉴定意见虽然也以文书为载体，其证明效力却主要表现为鉴定人的意见，因而更接近于证言。对此，陈瑞华教授指出，根据《决定》的意见，控辩双方对鉴定意见持有异议的，经法院通知，鉴定人应当出庭作证。而《关于办理死刑案件审查判断证

---

① 陈瑞华：《刑事证据法学》（第二版），北京大学出版社 2014 年版，第 198 页。

② 卞建林等：《改革开放 40 年法律制度变迁 · 刑事诉讼法卷》，厦门大学出版社 2019 年版，第 183 页。

据若干问题的规定》也强调,法院对鉴定意见有疑问的,可以通知鉴定人出庭作证。既然现行法律和司法解释提出了鉴定人出庭作证的要求,那么,鉴定人所提供的口头陈述也就具有言词证据的属性。鉴定人意见的书面表达形式也不影响其言词证据的性质。[①] 只有将鉴定意见的性质确定为言词证据,才能正确地解决鉴定意见的庭审安排,以便对鉴定意见进行实质审查。

司法鉴定从"结论"到"意见",体现了它在庭审中的不同地位,也决定了鉴定人是否出庭作证的问题。当司法鉴定是"结论"的时候,鉴定人完全没有出庭作证的义务,因而鉴定人也就事实上成为隐形的裁判者。而当司法鉴定被定性为"意见"的时候,在刑事诉讼参与者对该鉴定意见存在疑问的情况下,鉴定人应当出庭作证。正是在这种情况下,刑辩律师对司法鉴定意见的质证才成为一种十分重要的法庭刑辩技术。

我国刑事庭审活动存在一个从形式化到实质化的演变过程。形式化的刑事庭审只是"走过场",并没有发挥通过庭审活动对证据进行实证审查的作用。具体到司法鉴定意见,在早期庭审活动中只是简单采信,因为鉴定人并不出庭作证,律师无法对鉴定意见进行实质质证。随着刑事司法改革的发展,刑事庭审活动的实质化成为重要内容。在这种情况下,司法鉴定结果不再是结论而只是意见,鉴定人需要出庭作证,接受刑辩律师的质证。

刘丽云律师在本书中,为我们展示了刑辩律师在庭审过程中对司法鉴定意见质证的方法和技术,因而是刑辩实战经验的总结。值得注意的是,司法部于2020年颁布了《关于进一步规范和完善司法鉴定人出庭作证活动的指导意见》(司规〔2020〕2号,以下简称《指导意见》),《指导意见》对鉴定人出庭作证问题作了规定,其中就涉及对鉴定意见的质证。《指导意见》第8条规定,鉴定人出庭作证时,应当如实回答相关问题。第9条规定,法庭质证中,鉴定人无法当庭回答质询或者提问的,经法庭同意,可以在庭后提交书面意见。这些规定,对于规范对司法鉴

---

① 陈瑞华:《刑事证据法学》(第二版),北京大学出版社2014年版,第199页。

定意见的质证具有重要指导意义。

在本书中,刘丽云律师从程序和实体两个方面对司法鉴定意见的质证问题进行了讨论。程序质证主要是从司法鉴定的规范效力方面所进行的审查,其中较为常见的是司法鉴定人以及所在机构的鉴定资质问题,对此,《指导意见》第 8 条在“鉴定人出庭作证时,要如实回答涉及下列内容的问题”中,就明文列举了鉴定人本人及其所执业鉴定机构执业资格和执业范围的有关问题。相对来说,程序质证较为容易,而实体质证则较为困难。因为司法鉴定涉及相关领域的专业知识,并非一般人所能掌握。刑辩律师虽然是法律专业人士,对于其他相关专业也是“外行”,要求刑辩律师对司法鉴定内容提出具有质量的审查意见是强人所难,用刘丽云律师在本书序言中的话来说,就是“稍显无力”。在这种情况下,我国 2012 年《刑事诉讼法》做了一个合理的程序安排——刑事诉讼参与者可以申请法庭通知有专门知识的人作为证人出庭,就鉴定人作出的鉴定意见提出意见,这就是专家证人出庭的特别程序,从而为辩方对司法鉴定意见进行实体质证提供了空间。

《常用司法鉴定意见质证要点》一书在内容上包含了相关资料、质证要点与司法实例三部分内容。

第一,相关资料。相关资料涉及各种类型司法鉴定的法律、法规和司法解释以及专业标准等,这些资料对于相关类型的司法鉴定具有重要参考价值,在各个专题中予以列出,尤其具有实用性。例如,在“人体损伤程度司法鉴定意见的质证要点”中,刘丽云律师将《人体损伤程度鉴定标准》、《劳动能力鉴定职工工伤与职业病致残等级》(GB/T 16180—2014)和《残疾人残疾分类和分级》(GB/T 26341—2010)整理出来,作为本书的重要内容。这些标准对于人体损伤的司法鉴定具有准据的性质,予以明列,是十分必要的。

第二,质证要点。质证要点是本书的核心内容,也是实践经验的总结,因而在本书中占据重要地位。在“人体损伤程度司法鉴定意见的质证要点”中,刘丽云律师分别从程序和实体两个方面提出质证要点。其中,诸如对检材和附注照片的审查、权利告知等均属于程序质证。而对外力介入阻断因素的质证则具有实体质证的性质。无论是程序质证还是实体质证,在不同类型的司法鉴定中具有不同的特点,甚至在不同案件中也有不同的要求。因此,在庭审过程中,应当结合案件的具体情况确定对司法鉴定意见的质证要点。

第三,司法实例。本书的一个重要特点是紧密结合司法鉴定的实务,主要表现在本书每一种司法鉴定的质证都引用了相关案例,这些案例具有真实性,同时具有典型性。尤其是有些案例的质证中,对司法鉴定意见的可采信性提出了强烈疑问。在某些对鉴定人的资质要求较高的司法鉴定中,质疑鉴定人的资质具有重要意义。例如,在知识产权类的侵犯商业秘密案件的司法鉴定中,非公知性鉴定就涉及较为复杂的专业问题,对鉴定人提出了较高的专业要求,如果鉴定人资质不符合要求,其鉴定意见就值得质疑。在本书引用的案例中,刑辩律师在质证的时候便提出了鉴定人不具有相关专业知识的意见。《刑事诉讼法》第 146 条规定,为了查明案情,需要解决案件中某些专门性问题的时候,应当指派、聘请有专门知识的人进行鉴定。《司法鉴定程序通则》第 18 条规定,司法鉴定机构受理鉴定委托后,应当指定本机构具有该鉴定事项执业资格的司法鉴定人进行鉴定。在本书引用的相关案例中,两名鉴定人,网上可查的资料显示其为工程师,研究方向与鉴定对象所属专业、领域毫无关联。辩护人认为,在该案中,鉴定意见是针对商业秘密的专门知识,应该委托在该领域有专门知识技术的人员进行鉴定,仅具有知识产权方面的法律知识或者职称,并不能对鉴定对象所属领域的专门问题做出鉴定。因为有关鉴定对象所属领域的技术信息是否属于商业秘密,属于技术范畴而非司法范畴。在该案中,出具鉴定意见的鉴定人不具有相关专业技术,按照最高人民法院《关于适用〈中华人民共和国刑事诉讼法〉的解释》第 98 条的规定,鉴定人不具备法定资质,不具有相关专业技术或者职称,或者违反回避规定的鉴定意见,不得作为定案的根据。应当说,该案对鉴定人资质的质证是十分有力的。

司法鉴定意见质证虽然只是刑辩业务的一个环节,然而它具有专业性,律师需要在掌握相关理论的基础上,进一步从刑辩实务中汲取经验。但每个人的精力都是有限的,并非事事都能亲力亲为。在这种情况下,学习是一种十分重要的获取知识和经验的途径。刘丽云律师撰写的《常用司法鉴定意见质证要点》一书,就是刑辩律师获取司法鉴定意见质证的知识和经验的绝佳教材,值得推荐。

是为序。

陈兴良①

谨识于北京海淀锦秋知春寓所

① 北京大学博雅讲席教授、博士生导师。

自序

这个春节是如此特殊——因为新冠肺炎疫情,人们被困在家中。好在,笔者有一个重要的任务,那就是利用这段难得的时间完成自己的写作计划。如今,新冠肺炎疫情形势已经大好,人们已经复工,书稿第一稿也已经完成。

之所以想写这样一本书,是因为笔者在办案过程中发现,司法鉴定意见在案件中使用频率很高,案件十之八九都有各种鉴定意见的身影。2019 年全国刑事案件共 1,478,216 件,其中有鉴定意见的案件共 826,999 件,占比约 55.9%。有些案件中鉴定意见还是最为关键的证据。比如,在笔者办理的王某被控侵犯商业秘密案件中,非公知鉴定、同一性鉴定、损失鉴定这三个鉴定意见就是案件的核心证据,将案件的内在逻辑串联起来,如果做无罪辩护,就必须推翻鉴定意见。一个个案例证实了鉴定意见的“江湖地位”,鉴定意见已经成为新的证据之王。

总体来说,鉴定意见的质证可以分为两大方面:一是程序质证,二是实体质证。在程序质证方面,通过学习《司法鉴定程序通则》,可以基本掌握其质证的要点,只是在不同的鉴定意见中侧重点不一样。比如,在 DNA 鉴定中,对检材的提取程序就需要重点审查;而在林木损失程度的鉴定中,对现场踏勘、如何测量则需要特别注意。随着司法实践的丰富,各类鉴定意见在程序上也越来越规范。但是,作为律师,仍然应该对程序质证格外注意。

在实体质证方面,有些人认为律师非该领域专业人士,无法提出实体上的质证意见。比如，在精神疾病鉴定中，因为律师并非精神疾病专家，所以无法判断精神疾病的标准症状，如关于诈病、关于病期的问题均是实体上的专业问题。笔者认为，面对一份专业的鉴定意见，应该静下心来学习。在司法实践中，同一类的司法鉴定意见在实体上所犯的错误也有相似之处，俗话说的"通病"，就是这里的可循规律。其实，不仅是大家都会犯同样的错误才让错误有规律可循，最主要是因为一类鉴定意见中的专业技术问题是基本固定可见的。所以，在初步掌握了这些知识后，就可以对该类鉴定意见梳理出大致的实体问题。

即便是这样，律师仍然不能在短时间内如专家数年理论实践研究一般深入了解相关知识，但总是能够做到在专家的帮助下，在法庭上将专业术语转化为法官能够听得懂的语言表达，毕竟法官也不是该领域的专家。要想在实体质证上取得实质性的辩护效果，律师作为法律人士的质证就会稍显无力，尤其是想推翻鉴定意见时，无法形成强有力的辩护优势。所以，律师要学会借助"外脑"。《刑事诉讼法》第 197 条规定了可以聘请专家辅助人，专家辅助人对于律师来说是专业的好帮手，可以请专家辅助人出庭，也可以咨询专家，聘请专家出具专家书面意见等。

本书命名为《常用司法鉴定意见质证要点》，主要包括了价值、会计、骨龄、DNA 等 20 个常用的司法鉴定意见的质证要点。每章体例一致，分为概述、该类鉴定意见适用案件的主要法律规定、一般质证要点、实案诠释鉴定意见质证要点几部分。概述部分是对该类鉴定意见的大致介绍，主要法律规定只是对常用相关法律规定的罗列，未必全面，起个引子的作用，随之是对该类鉴定意见的常见的质证要点，最后用真实案例诠释如何对该类司法鉴定意见进行质证。其中的案例，绝大部分是笔者代理过的案件。笔者深感写书本身对自己也是一个学习提升的过程，这个过程让笔者对以前的案件进行了复盘，甚至重新审视了当初工作中的缺失和遗憾，促使笔者深思自己之前的辩护技能之粗略，辩护能力之不足，也许，这才是笔者最大的收获。

在本书写就的过程中，笔者也得到了很多帮助，首先要感谢的是陈兴良老师，笔者鼓足了勇气提出请陈老师写序，没想到陈老师竟然一口答应，并且写了5000多字的“序言”，还提出了几点宝贵的意见，提升了本书的质量；另外，需要感谢笔者团队的辛亮亮、张西京、王晓燕、孟改霞、李梦欣，还有耿毅、郭礼涛、张鹿、石雅楠、刘菁……本书能如期出版，也得到了出版社程岳编辑的指导，在此表示最诚挚的感谢！

本书虽然是从律师角度对鉴定意见进行质证，但是，从另外一个角度来说，这些内容亦可能是公检法机关工作人员，甚至是鉴定人在做出鉴定意见、审查鉴定意见时想知道的问题之所在。希望本书能够成为读者案头的工具书，倘真如此，我心甚慰！

刘丽云

前　言

司法鉴定，是指在诉讼活动中，鉴定人运用科学技术或者专门知识对诉讼涉及的专门性问题进行鉴别和判断，并提供鉴定意见的活动。

一、司法鉴定的发展历史

我国司法鉴定起源于奴隶社会末期的周朝，以法医学为主要方向的司法鉴定活动开始出现在司法活动中，尽管那个时候是“神明裁判”时代，但是，为了审理案件的需要，周朝已经开始邀请具有医学知识背景的人识别、判定死亡原因和伤残程度。春秋战国时期，司法鉴定制度基本形成，当时，已相当重视和广泛使用各种司法物证，指纹的运用就出现在该时期，这个时期对于死因不明的案件，原则上要进行尸体检验，检验和鉴定必须由专门人员来负责，同时鉴定文书有了统一的规范格式。唐宋时期，司法鉴定制度发展到了鼎盛阶段，《唐律》《洗冤集录》均记载了法医学检验鉴定的内容，这些内容形成了系统的司法检验体系。到了元朝时期，国家统一制定《验尸式》，表明在这一时期检验制度已基本规范化、法制化。到了明清时期，自然科学停滞不前，物证技术不再被运用，实践中的经验也不能得以继承，司法鉴定制度很大程度上都已衰退，加上封建社会后期统治者不断加强专制,法律的实施受到严重的破坏,许多法律规定名存实亡。

18 世纪以后,与物证有关的科学技术初步形成体系,以法医学和人体识别技术为代表的科学证明方法在西方兴起,并迅猛推动西方司法鉴定的发展。

1935 年,我国各省高级人民法院均设立了法医学检验室,各警察局设立现场检验员。法医学检验室和现场检验人员初步构成了我国以法院为主体的司法鉴定网络。从 1935 年至 1996 年《刑事诉讼法》修正前,我国形成由公检法机构垄断司法鉴定的局面,司法鉴定的主体是法院,实施主体是经过医学专业培训的法医和现场检验员。

1996 年修正的《刑事诉讼法》第 120 条第 2 款中规定,"对人身伤害的医学鉴定有争议需要重新鉴定或者对精神病的医学鉴定,由省级人民政府指定的医院进行"。作为非官方力量的代表,医院率先打破了司法鉴定属于公检法机关职权的壁垒。

2000 年司法部颁布了《司法鉴定机构登记管理办法》《司法鉴定人管理办法》(均已失效),我国司法鉴定机构制度、司法鉴定人制度得以初步构建。

2001 年司法部颁布了《司法鉴定程序通则(试行)》,这部通则直到 2007 年被废止,意义重大,标志着我国司法鉴定突破了被职权主义垄断的格局,为我国司法鉴定机构开展活动提供了重要依据,推动了我国司法鉴定基本程序的初步构建。

2005 年全国人民代表大会常务委员会颁布《关于司法鉴定管理问题的决定》,有力地推动了我国整个司法体制的改革。该决定授权司法行政机关管理司法鉴定机构和司法鉴定人,明确了侦查机关虽然可以保留内设司法鉴定机构,但其只管理内设司法鉴定机构。打破了 20 世纪 50 年代中期以来公检法机关自侦自鉴、自检自鉴、自审自鉴的鉴定体系,在设置体系层面上促使司法鉴定与检察权、审判权相分离。

2007 年,司法部颁布了《司法鉴定程序通则》,后于 2016 年对该通则进行了修订,该通则共分六章五十个条款,这是目前指导司法鉴定活动的一部极其重要的规定。

二、司法鉴定的特点与功能

鉴定意见作为《刑事诉讼法》规定的八种证据之一,在刑事案件审理过程中在帮助法官判断认定一些专门性问题等方面起着重要作用。作为证据的一种,其自身特点显著,所承载的功能也有所不同。

首先,在现实生活和工作中,需要运用科学技术或者专门知识进行鉴别和判断的问题很多,如个人委托进行的亲子鉴定。而司法鉴定是在诉讼活动中进行的,是一项不具有司法职能但却发生在诉讼活动过程中的活动。诉讼活动,包括刑事、民事、行政三种,本书着重探讨的是刑事诉讼领域的司法鉴定。

其次,司法鉴定是一种鉴别或者判断的活动。鉴定意见是具有特殊知识经验的专家提出的专业意见,是鉴定人在掌握一定科学技术和专业知识基础上的逻辑思维活动。鉴定意见本质是鉴定人借助科学技术,运用自己的专业知识得出的具有主观认识的结论,这就决定了鉴定意见在作为证据使用的时候需要经过法庭质证,需要法官运用自己的逻辑思维推理结合对案件其他证据的综合评判,决定是否采纳该司法鉴定证据。

再次,司法鉴定的实施主体为鉴定人而非司法鉴定机构。在司法鉴定活动中,司法鉴定机构接受委托人委托,指派鉴定人进行鉴定,鉴定人不属于司法工作人员,其本质是一种特殊的证人,鉴定人有依法就提供的鉴定意见出庭作证的义务。

最后,司法鉴定是鉴定机构和鉴定人严格遵循规则和标准的活动,是由鉴定人签字,鉴定机构加盖印章向委托人提供鉴定意见的行为。它既不是行政行为,也不属于检察和审判职权范畴,具有中立性、独立性和客观性。

三、司法鉴定意见的一般质证方法

《刑事诉讼法》第 50 条第 3 款规定,“证据必须经过查证属实,才能作为定案的根据”。最高人民法院《关于适用〈中华人民共和国刑事诉讼法〉的解释》第 71 条规定:“证据未经当庭出示、辨认、质证等法庭调查程序查证属实,不得作为定案的根据。”鉴定意见作为刑事诉讼证据之一，必须经过法庭质证才能作为法官判断某一事实的依据。

质证是通过对证据质疑，确定证据的证据能力和证明力，让法庭确定该证据是否应该被采信的活动。因此，面对一份专业的证据如何质证，是本书要探讨的问题。

司法鉴定意见的质证方法和其他证据的质证方法有相同点，质证的实质是辩护。具体到司法鉴定意见，其质证方法无外乎庭审时当庭发表对鉴定意见的质证意见、提交书面意见对质证意见作补充、申请鉴定人出庭接受质询、提交书面专家意见对司法鉴定意见提出疑问、聘请专家辅助人出庭帮助质疑司法鉴定意见等。这几种方法往往可以同时使用。

作为非鉴定人的法律人，对司法鉴定中所涉及的专门问题是不熟悉的，甚至是陌生的。所以，开庭前必须对司法鉴定意见做好充分的研究，除了提出鉴定意见本身的程序瑕疵之外，对鉴定意见的实体问题也应该提出观点，但是要将专业术语转化成法律人听得懂的语言。在鉴定人出庭的案件中，时常会发生鉴定人回答出现的漏洞正好是辩护人想要的答案的情况，此时应紧抓不放；通过对比司法鉴定意见的自我矛盾、鉴定意见和其他证据之间的相互矛盾等，引起法官对该司法鉴定意见证据的怀疑；通过对证明目的的反驳，解决质证意见和辩护意见如何区分的问题。

《刑事诉讼法》第 192 条第 3 款规定，公诉人、当事人或者辩护人、诉讼代理人对鉴定意见有异议，人民法院认为鉴定人有必要出庭的，鉴定人应当出庭作证。经人民法院通知，鉴定人拒不出庭作证的，鉴定意见不得作为定案的根据。基于此规定，近年来，申请鉴定人出庭的案例逐渐增多，获准的概率也大大提高。问题的关键是鉴定人出庭后，律师作为该领域的“门外汉”，如何能够对一名具有专业知识的鉴定人提出问题，并在提出问题后得到自己想要的，且可以佐证辩护观点的答案，如果达不到这样的效果，鉴定人出庭就会对辩方不利。所以，此时辩方不妨也聘请专家辅助人出庭，在法庭上形成该专业领域鉴定人对专家辅助人的局面，如此，在解决专业问题时，控辩双方的力量方能对等。

专家出具书面意见的情形在实践中并不多见，专家往往出具专家论证意见，论证意见的资料包含了鉴定意见。该意见虽不属于证据的一种，但是有利于辅助法官对专业问题作出正确判断。

四、司法鉴定意见的一般质证要点

质，在《新华字典》中有9种含义，在诉讼中，质是询问、责问；是质疑、质问之意，也就是对证据质疑。具体在个案中如何质疑鉴定意见，相关部门早已经给出答案和规范。

2015年，最高人民法院、最高人民检察院、公安部等《印发〈关于依法保障律师执业权利的规定〉的通知》第29条规定，法庭审理过程中，律师可以就证据的真实性、合法性、关联性，从证明目的、证明效果、证明标准、证明过程等方面，进行法庭质证和相关辩论。

2017年中华全国律师协会《关于印发〈律师办理刑事案件规范〉的通知》第95条第2款规定，辩护律师应当围绕证据的真实性、合法性、关联性，就证据资格、证明力以及证明目的、证明标准、证明体系等发表质证意见。第101条规定，辩护律师对鉴定意见有异议，且该鉴定意见对被告人定罪量刑有影响的，可以申请人民法院通知鉴定人出庭作证。对司法鉴定意见，应当重点从以下方面质证：(1)鉴定人与案件有无利害关系；(2)鉴定人与被告人、被害人有无利害关系；(3)鉴定机构和鉴定人有无合法资质；(4)鉴定程序、过程、方法是否符合法律、法规的规定以及专业规范要求；(5)检材的来源、取得、保管、送检是否符合法律及有关规定；(6)鉴定意见是否明确，形式要件是否完备；(7)鉴定意见与案件待证事实有无关联；(8)鉴定意见与其他证据之间有无矛盾；(9)需要质证的其他情形。

根据司法实践，笔者总结了20个常见的司法鉴定意见的一般质证要点，这些要点在之后的每一个小节里会有不同的侧重描述，在此仅简要说明。

1. 对鉴定资质的审查

这类审查是辩护人（代理人）在各类案件中均应审查的内容，司法实践中存在部分办案机关直接委托不具有鉴定资质的科研机构进行鉴定的情况。

2. 对鉴定机构的鉴定范围的审查

鉴定机构的鉴定范围在其资格证书上均有记载，要关注的是，其是否从事的是类似于其鉴定范围但是却不在其鉴定范围之内的业务。

3. 对鉴定人的审查

对鉴定人要有全方位的了解，包括他的教育背景、工作经历等，重新鉴定时，《司法鉴定程序通则》《公安机关鉴定规则》均对重新鉴定机构和鉴定人有规定，一般选择与原鉴定人专业技术资格或者职称同等以上的鉴定人。

4. 对鉴定人是否和本案当事人有利害关系的审查

这类审查在医疗鉴定中表现得格外突出，要对原有的一般利害关系，如师生关系、亲子关系等进行审查；同时应审查在鉴定中由于利益构建的新的利害关系，比如，鉴定费用的高低和鉴定结果挂钩时，应审查鉴定费用的缴纳问题，超标准收费、重复缴纳费用等行为都值得怀疑。

5. 对复核人或者专家的审查

对于涉及复杂、疑难、特殊技术问题或者重新鉴定的鉴定事项，可以组织 3 名以上的专家进行复核，复核人员完成复核后，应当提出复核意见并签名，存入鉴定档案。面对对方申请的专家辅助人，律师也可以申请审查专家辅助人，包括专家辅助人的教育背景，是否为兼职鉴定人，有无鉴定经历，从事的相关理论研究、实践经验是否足够丰富等。

6. 对鉴定委托程序的审查

对委托手续进行一般审查；对委托事项和鉴定事项是否一致进行审查；在有些案件中，辩护人可以委托鉴定机构进行鉴定，或许该鉴定结果最终未被采纳，但是其效果往往比辩护词更有力量。

7. 对鉴定事项是否明确的审查

这类审查一是审查委托事项是否模糊不清，范围是否过大；二是审查委托人在委托时对委托事项是否具有倾向性，对案件是否已经定性。

8. 对评估基准日的审查

审查鉴定报告确定的评估基准日是否能够反映评估对象在当时的时间节点的准确价值;确定的评估时间范围是否正确。

9. 对是否进行了实物查(勘)验、实地踏勘的审查

在某些鉴定中实物查(勘)验、实地踏勘很重要,比如,在林业鉴定中,鉴定人没有实地踏勘测量,鉴定所依据的数据是如何测量的在鉴定意见中也未见记载,因此,地径的测量是否符合要求、是否精准均无法确定。

10. 对检材的审查

对检材的审查非常重要,包括对检材的提取数量情况是否有记录;检材与原始提取物是否为同一物;扣押过程、称量方法、取样过程是否合法;应当提取的检材是否全部提取,是否提取了应当鉴定的检材而最终没有鉴定;送检过程、拆封过程是否依照法定程序进行;检材的提取时间与检验鉴定时间间隔的长短是否在一个合理范围内等。总之,律师要对检材进行全方位的审查,在拿到鉴定意见时,要用审视甚至怀疑的目光去发现问题。

11. 对样本的审查

从鉴定程序看,辩护人(代理人)应该结合案件中其他证据材料对委托人样本的收集、保存、流转程序是否规范进行审查。

12. 对鉴定方法的审查

不同的鉴定会使用不同的鉴定方法,律师应该掌握常用的司法鉴定意见的鉴定方法,对司法实践中容易出错的鉴定方法要特别注意。

13. 对鉴定过程的审查

大部分鉴定意见对鉴定过程的描述都非常简单,比如,印章鉴定中应该对鉴定过程中是否充分考虑了印章印文的变化,是否多角度、全方面进行综合检验,鉴定过程中是否运用多种技术手段等问题进行审查。

14. 对图谱、附注照片等的审查

注意审查鉴定意见中所附的照片,以及图谱是否与鉴定过程的有关描述、结

论的描述均一致，在某些案件中，对这些要素的审查甚至可以推翻鉴定意见。如某某投毒案件，福建省高级人民法院在终审判决书中列出了 4 条理由，其中前 2 条均是对鉴定意见的质谱图的分析和质疑。

15. 对签字、证号等形式问题的审查

审查鉴定意见中的鉴定人签字是否为鉴定人本人所签、执业证号是否和执业证复印件一致。作为辩护人（代理人），提出对此类形式问题的审查意见的意义在于让法官对该鉴定意见的严肃性产生怀疑。

16. 对损伤与疾病参与度判别的审查

鉴定意见需要对损伤与疾病参与度判别清晰——到底是外伤的参与度大，还是疾病的参与度大。部分法医鉴定意见对此分析不足，导致鉴定结果公信力偏低。

17. 对医疗救助介入因素的审查

医疗救助介入因素的不同程度与死因的关系是个难点，根据案件其他资料显示，医疗救助因素介入在一定程度上和死因有关系，而鉴定意见却未予载明，辩护人（代理人）需要根据案件其他资料提出质证意见。

18. 对鉴定所适用标准的审查

比如，精神疾病鉴定目前我国适用国际疾病分类标准编码（ICD 10）和中国精神障碍分类及诊断标准（CCMD 3）两个标准。再如，2016 年天津赵某某非法持有枪支案件曾引发广大公众对枪支鉴定标准制定的科学性的讨论。

19. 对鉴定结论的审查

一些鉴定结论很明显地将检验和论证，或者将检验部分与论证和结论部分混为一谈，造成以论证说论证，而不是以现有的证据论证得到的结果，有几分“强说理”的意味在其中，细微处可能很难分辨这种差别，在司法实践中却可能对案件的定性产生极大的影响，甚至可能因此造成不公正的判决。因此，辩护人（代理人）应当对鉴定意见的分析论证内容进行审查，主要审查鉴定意见是否具有排他性、唯一性。比如，对司法会计鉴定结论的审查，要审查其是否依据委托机关提供的财务会计资料及相关材料经过充分的分析论证后得出结果，是否直接采用了言词证据等非财务会计资料形成。

20. 对鉴定意见的证明力的审查

有些鉴定意见本身得出的结论是不确定的结论，要注意对鉴定意见证明力的审查，同时要注意对鉴定意见和其他证据的关联性进行审查。

关于鉴定，笔者还有太多的问题需要研究探讨，无论怎么研究都不能穷尽。

目录

CONTENTS

人体损伤程度司法鉴定意见的质证要点

2020年5月14日，司法部颁发了《法医类司法鉴定执业分类规定》，按照该规定，法医类司法鉴定，是指在诉讼活动中法医学各专业鉴定人运用科学技术或者专门知识，对诉讼涉及的专门性问题进行鉴别和判断并提供鉴定意见的活动。法医类司法鉴定所解决的专门性问题分为法医病理鉴定、法医临床鉴定、法医精神病鉴定、法医物证鉴定、法医毒物鉴定等。本书按照司法实践中的常见形式，并引用了司法实践中的通称，将各类法医类司法鉴定分别纳入常用司法鉴定质证意见中。

法医临床鉴定，是指鉴定人运用法医临床学的科学技术或者专门知识，对诉讼涉及的与法律有关的人体损伤、残疾、生理功能、病理生理状况及其他相关的医学问题进行鉴别和判断，并提供鉴定意见的活动。法医临床鉴定包括人体损伤程度鉴定，人体残疾等级鉴定，赔偿相关鉴定，人体功能评定，性侵犯与性别鉴定，诈伤、诈病、造作伤鉴定，医疗损害鉴定，骨龄鉴定及与损伤相关的其他法医临床鉴定等。

法医学人体损伤程度鉴定，是依据相关标准规定的各类致伤因素所致人身损害的等级划分，对损伤伤情的严重程度进行鉴定，并作出书面结论。人体损伤程度鉴定分为三种：重伤鉴定、轻伤鉴定和轻微伤鉴定。在伤害案件中，最为关键的证据就是法医学人体损伤程度鉴定，此证据直接决定罪与非罪，罪轻与罪重的关键问题。

目前，我国司法实践中使用的鉴定标准是2014年1月1日起正式实施的《人体损伤程度鉴定标准》。该标准替代了原有的《人体重伤鉴定标准》《人体轻伤鉴定标准（试行）》《人体轻微伤的鉴定》等人体损伤程度鉴定标准，将既往的鉴定标准“三标合一”，将轻微伤、轻伤和重伤合并统一，最终形成“三等六级”（即重伤、轻伤和轻微伤三等，重伤一级、重伤二级、轻伤一级、轻伤二级、轻微伤和皮肉痛苦六级）。[①] 该鉴定标准参考了国外相关标准，吸收了医学科学最新成果，删除了原标准中饱受争议的条款，补充、完善了部分条款，增强了标准的可操作性。

第一部分：该类鉴定意见适用案件的主要法律规定

一、《人体损伤程度鉴定标准》（节选）

4.1.2 对于以原发性损伤及其并发症作为鉴定依据的，鉴定时应以损伤当时伤情为主，损伤的后果为辅，综合鉴定。

4.1.3 对于以容貌损害或者组织器官功能障碍作为鉴定依据的，鉴定时应以损伤的后果为主，损伤当时伤情为辅，综合鉴定。

4.2 鉴定时机

4.2.1 以原发性损伤为主要鉴定依据的，伤后即可进行鉴定；以损伤所致的并发症为主要鉴定依据的，在伤情稳定后进行鉴定。

4.2.2 以容貌损害或者组织器官功能障碍为主要鉴定依据的，在损伤90日后进行鉴定；在特殊情况下可以根据原发性损伤及其并发症出具鉴定意见，但须

---

① 参见常林：《论人体损伤程度鉴定的原则》，载《证据科学》2013年第6期。

对有可能出现的后遗症加以说明，必要时应进行复检并予以补充鉴定。

4.2.3 疑难、复杂的损伤，在临床治疗终结或者伤情稳定后进行鉴定。

5.2.4 轻伤二级

a）面部单个创口或者瘢痕长度4.5cm以上；多个创口或者瘢痕长度累计6.0cm以上。

二、《劳动能力鉴定职工工伤与职业病致残等级》（GB/T 16180—2014）（节选）

4.1 判断依据

4.1.1 综合判定

依据工伤致残者于评定伤残等级技术鉴定时的器官损伤、功能障碍及其对医疗与日常生活护理的依赖程度，适当考虑由于伤残引起的社会心理因素影响，对伤残程度进行综合判定分级。

4.1.2 器官损伤

器官损伤是工伤的直接后果，但职业病不一定有器官缺损。

4.1.3 功能障碍

工伤后功能障碍的程度与器官缺损的部位及严重程度有关，职业病所致的器官功能障碍与疾病的严重程度相关。对功能障碍的判定，应以评定伤残等级技术鉴定时的医疗检查结果为依据，根据评残对象逐个确定。

三、《残疾人残疾分类和分级》（GB/T 26341—2010）（节选）

5.1 分级原则

各类残疾按残疾程度分为四级，残疾一级、残疾二级、残疾三级和残疾四级。残疾一级为极重度，残疾二级为重度，残疾三级为中度，残疾四级为轻度。

第二部分：该类鉴定意见的一般质证要点

一、对检查材料的审查

该类鉴定意见往往依赖案发当时的就诊资料，如当时的CT片、X光片等。鉴定时，鉴定人会对被鉴定人进行查体，但有的查体流于形式，尤其是有些特殊案件，时隔多年，为了侦查需要，仅对当年一份简单的就诊资料进行鉴定便得出结论，其真实性、科学性大打折扣。所以，辩护人（代理人）在审查类似鉴定意见时，应该对检查材料（以下简称检材）予以重点关注。

二、对附注照片的审查

附注照片直观反映被害人的受伤情况，有时也能从侧面反映出鉴定人的鉴定过程和方法是否符合相关专业的规范要求，甚至有时能直接作为鉴定结论是否正确的佐证。比如，在某案例中，被鉴定人的鉴定意见描述为："经鉴定：被鉴定人××右侧额顶部可见纵行长约5.0厘米缝合后伤口瘢痕，其损伤程度为轻伤二级。"而附注照片显示被鉴定人××的伤口瘢痕5.0厘米是从发际线之内的头部进行测量得出，而从所附标尺测量的发际线外额部的瘢痕长度（面部的瘢痕长度）并不足4.5厘米。根据《人体损伤程度鉴定标准》第5.2.4a款的规定，面部单个创口或者瘢痕长度达到4.5厘米以上才构成轻伤二级，因此，原鉴定意见书鉴定××为轻伤二级的依据不足。后该鉴定机构重新出具审查意见，认定被鉴定人××右额顶部的瘢痕总体长度为5.0厘米，其中发际内的长度为1.2厘米，额部的瘢痕长度为3.8厘米，去除瘢痕挛缩的因素，其面部的瘢痕未达到4.5厘米，因而认定犯罪嫌疑人故意伤害他人的结果未达到轻伤以上标准，不构成故意伤害罪。

三、审查办案人员是否对被害人身体进行了检查

若办案人员没有依法对被害人进行检查，并且没有依法制作检查笔录，便无法确定被害人的伤情和嫌疑人的行为之间具有《刑法》上的因果关系。

《公安机关办理刑事案件程序规定》第217条规定："为了确定被害人、犯罪嫌疑人的某些特征、伤害情况或者生理状态，可以对人身进行检查……检查的情况应当制作笔录，由参加检查的侦查人员、检查人员、被检查人员和见证人签名。"《公安机关办理伤害案件规定》第13条规定："公安机关办理伤害案件，现场具备勘验、检查条件的，应当及时进行勘验、检查。"第14条第1款规定："伤害案件现场勘验、检查的任务是发现、固定、提取与伤害行为有关的痕迹、物证及其他信息，确定伤害状态，分析伤害过程，为查处伤害案件提供线索和证据。"由此可见，公安人员应该对被害人进行检查，辩护人（代理人）对此进行审查的目的是确定被害人和犯罪嫌疑人的行为之间具有《刑法》上的因果关系。

四、审查被鉴定对象是否为真正需要鉴定之人

骨折等内伤类轻伤害案件，公安机关法医进行伤情鉴定所依据的检材主要是X光片、CT片、核磁共振片等影像资料及医院门诊病例、住院病例等资料。这些检材又多是被害人于案发后第一时间自行诊疗所得，而自行诊疗并没有经过法医、侦查员的监督、见证，医院亦没有核对病人身份信息真伪的职能，这就为被害人偷梁换柱，提供虚假影像资料、病历给法医进行鉴定提供了可能，这一现象在司法实践中并不少见。对这一问题进行质证，需要辩护人（代理人）就检材请教专业人士，分析检材所呈现的性别、年龄、伤痕部位、损伤程度等是否与被害人相吻合，同时也可以提出重新鉴定的申请。

五、审查是否保障、告知嫌疑人申请回避的权利

对于和本案有利害关系的鉴定人，嫌疑人可以申请回避，但是，在本类鉴定意见中还有一个现实存在的突出问题——被害人在受伤后大多会前去就诊而非如其他鉴定一样直接前往鉴定机构，而就诊的医院众多，X光片、CT片、核磁共振片的放射科大夫、会诊专家、被害人的接诊主治医师与被害人有朋友或者近亲属等关系的可能性极大。法律规定了嫌疑人有申请鉴定人回避的权利，但是并未规定嫌疑人有申请原接诊医生回避的权利，而在某些案件中，当时的接诊医生或者主治医生的诊断对鉴定起决定作用，笔者在司法实践中就屡次遇到类似问题。此种情况下，辩护人（代理人）其实很难发现有需要回避的情形存在，但是，在被害人和嫌疑人原本就是朋友的情况下，类似情形是可以被发现的。此时，作为辩护人（代理人），在审查鉴定意见时更应该审慎，对鉴定检材的真实性、完整性进行审查，尤其要对鉴定材料和案件其他证据所呈现的事实是否一致进行审查。

六、人体损伤程度鉴定的时机

被害者受到伤害后选择何时进行损伤程度鉴定、伤残等级鉴定是极其重要的。但在临床的实践运用中对鉴定的时机仍缺乏统一的定论，这就会导致不同时

间开展鉴定,其结果不一致。目前《人体损伤程度鉴定》《伤残等级鉴定》并非一体,二者的司法实务是分离的,在鉴定时机上也要分开来进行考虑。

一般情况下,在鉴定时机的选择上遵循的原则是:原发性的损伤在受损后便可立刻进行鉴定;一些损伤所致并发症为主要鉴定依据的情况则待被害者伤情稳定后再加以鉴定;主要造成外貌损伤、人体器官功能障碍的情况需要在损伤后视情况进行鉴定,在进行鉴定时需要对可能出现的后遗症进行详尽说明,同时日后可随时再次补充鉴定。

七、外力介入阻断因素的质证

此类鉴定往往还涉及外力介入导致的伤情发生变化的问题。比如,在伤者前往医院就诊途中的医疗因素介入损伤等。因此,辩护人(代理人)应查明被鉴定人是否在路途中再次致伤或者加重伤情,是否存在医疗机构治疗不及时或者治疗不当导致伤情加重等情况。

八、关于重新鉴定的问题

在刑事诉讼中,对鉴定次数及鉴定时效缺乏明确规定,导致司法实践中出现了无期限的反复鉴定,仅仅根据变化了的伤情鉴定即将案件定性改变,有悖于社会公平和立法原意。由于对鉴定次数没有限制,那么同一案件中的同一个伤情最多允许进行多少次鉴定?没有明确规定,不仅增加了案件当事人的诉累,也甚或加剧双方当事人相互间的猜疑及对立情绪,同时使案件的办理期限拖延,降低了诉讼效率。作为辩护人(代理人),应该尽量避免案件出现类似情形,在鉴定机构的选择上,尽可能选择最权威的机构、专家,以免反复鉴定。

第三部分:实案诠释鉴定意见质证要点

一、案情简介

本案所涉罪名是故意伤害罪。2011 年 1 月 17 日下午,马××应赵××要求,安排王×建、王×富、肖××、崔××等人驾车到××市烧烤饭店门口,在张××指认、安排下,王×建等人将被害人李××打伤。

二、鉴定意见原文

河北省××市公安局
法医学人体损伤检验鉴定书

×公医鉴字[2018]××号

一、委托单位:××市公安局刑警大队

二、委托要求:伤情鉴定

三、检验对象:李××,男,44岁,住址:××省××市××县××乡

四、送检材料:××××医院住院病例复印件一份及X光片一套

五、简要案情:2011年1月17日,李××被人致伤

六、检验时间:2018年4月11日

七、检验地点:××市公安局

八、检验:

(一)××××医院住院病历(住院号:394711)。摘抄:主因左上肢及下肢打伤肿痛、出血、活动受限1.5小时。缘于入院前1.5小时,患者被他人打伤左上肢及下肢,当即感觉伤处疼痛,小腿出血,不能站立行走,继之出现肿胀,未经任何处理即来我院,经急诊室检查拍片后,以"左尺骨骨折"收住院。骨科情况:左前臂中上段肿胀,尺侧压痛,可及骨擦感,左手背明显肿胀,局部压痛,腕关节因疼痛活动部分受限,各指活动可,左小腿肿胀,胫前可见两处纵行伤口,分别长约3厘米、2厘米,深达肌肉,皮缘挫伤较重,伤口出血,中度污染。辅助检查:左尺骨上段横断骨折,左手第3掌骨头骨折。初步诊断:左尺骨上段骨折,左手第3掌骨头骨折,左小腿皮裂伤。

(二)2018年4月11日法医检查:神志清楚、检查合作。观其××××医院X光片(检查号:126664)示:左尺骨上段横断骨折,左手第3掌骨头骨折。余未见异常。

九、分析说明：

根据病历记载结合法医检查，李××左尺骨中段横断骨折，已达《人体损伤程度鉴定标准》第5.2.3g款之规定，属轻伤二级。

十、鉴定意见：

李××左前臂损伤属轻伤二级。

鉴定人：法医师　闫　×

副主任法医师　魏××

××市公安局法医损伤检验鉴定

2018年4月19日

三、鉴定意见质证要点整理

(一)伤情鉴定的结论完全依据医院诊断内容直接推断而出，不具有独立性、科学性

在鉴定意见中记载："……(二)2018年4月11日法医检查：神志清楚、检查合作。观其××××医院X光片(检查号：126664)示：左尺骨中段横断骨折，左手第3掌骨头骨折。余未见异常。"这也就说明，鉴定人在2018年鉴定时做的鉴定检查工作只是对2011年××××医院X光片进行观看，应该有的"伤情检验—分析说明—结论"模式完全被形式化，鉴定人职责之运用科学技术或者专门知识对诉讼涉及的专门性问题进行鉴别和判断并提供鉴定意见完全被舍弃。这样的鉴定结论已经不再是一种独立的科学证据。

(二)鉴定意见分析和结论不相符，不应采信

2011年××××医院对李××辅助检查记载：李××左尺骨上段横断骨折……初步诊断为左尺骨上段骨折；2018年法医检查记载：左尺骨上段横断骨折。但是鉴定结论鉴定为轻伤二级，其理由是："李××左尺骨中段横断骨折，已达《人体损伤程度鉴定标准》第5.2.3g款之规定，属轻伤二级"。很显然，李××左尺骨到底是上段骨折还是中段骨折，当年的医院诊断与2018年的法医检查最

后的结论是不相符的，也就是说，分析与结论不相符。

（三）左前臂损伤不符合第5.2.3g款之规定，引用条文错误

上述《法医学人体损伤检验鉴定书》记载：“已达《人体损伤程度鉴定标准》第5.2.3g款之规定”，《人体损伤程度鉴定标准》规定为“5.2.3 轻伤一级 g）两处以上不同眶壁骨折；一侧眶壁骨折致眼球内陷0.2cm以上”。李××左前臂损伤不符合第5.2.3g款之规定，鉴定意见引用条文错误。

死亡司法鉴定意见的质证要点

死亡鉴定，是通过尸体外表检查、组织切片观察、尸体解剖检验、毒物分析和书证审查等方式，对所涉及与法律有关的医学问题进行鉴定。死亡鉴定包括死亡原因鉴定、死亡方式鉴定、死亡时间推断、致死物认定、生前伤与死后伤鉴别等，在故意伤害致死和故意杀人等案件中是必定会有的证据之一。在司法实践中，常见的是尸体检验报告，其实质是鉴定意见，但是与鉴定意见又有一定区别，为了让本书在实际办案过程中更加具有实用性，以下将尸体检验报告视同为鉴定意见，总结梳理对该类报告或意见的质证要点。

对死因等死亡相关事实的认定并不是单纯的医学问题，也不是单纯依靠尸体检验、尸体解剖就能确定的问题，而是心理学、行为分析学、社会学等多领域、跨学科的综合问题，同时还与死因调查主体的个人经历、执业经验等密切相关。死因鉴定在命案的侦查与审判中具有至关重要的作用，在相当程度上影响了犯罪事实的查明，甚至决定了刑事侦查的方向，更是对审判过程中刑事责任的认定起到了关键作用，同时也涉及对死者家属感情上的理解和尊重，处理不当可能会产生不良影响。

死亡时间鉴定则可以相对准确地确定侦查机关的侦查方向、确认或排除犯罪嫌疑人、推算案发时间，在某些民事纠纷，如财产纠纷、保险理赔、遗产纠纷等案件中，死亡时间鉴定也扮演着极其重要的角色。

第一部分：该类鉴定意见适用案件的主要法律规定

一、最高人民法院《关于适用〈中华人民共和国刑事诉讼法〉的解释》（节选）

第九十七条 对鉴定意见应当着重审查以下内容：

（一）鉴定机构和鉴定人是否具有法定资质；

（二）鉴定人是否存在应当回避的情形；

（三）检材的来源、取得、保管、送检是否符合法律、有关规定，与相关提取笔录、扣押清单等记载的内容是否相符，检材是否可靠；

（四）鉴定意见的形式要件是否完备，是否注明提起鉴定的事由、鉴定委托人、鉴定机构、鉴定要求、鉴定过程、鉴定方法、鉴定日期等相关内容，是否由鉴定机构盖章并由鉴定人签名；

（五）鉴定程序是否符合法律、有关规定；

（六）鉴定的过程和方法是否符合相关专业的规范要求；

（七）鉴定意见是否明确；

（八）鉴定意见与案件事实有无关联；

（九）鉴定意见与勘验、检查笔录及相关照片等其他证据是否矛盾；存在矛盾的，能否得到合理解释；

（十）鉴定意见是否依法及时告知相关人员，当事人对鉴定意见有无异议。

第九十八条 鉴定意见具有下列情形之一的，不得作为定案的根据：

（一）鉴定机构不具备法定资质，或者鉴定事项超出该鉴定机构业务范围、技术条件的；

（二）鉴定人不具备法定资质，不具有相关专业技术或者职称，或者违反回避规定的；

（三）送检材料、样本来源不明，或者因污染不具备鉴定条件的；

（四）鉴定对象与送检材料、样本不一致的；

（五）鉴定程序违反规定的；

（六）鉴定过程和方法不符合相关专业的规范要求的；

（七）鉴定文书缺少签名、盖章的；

（八）鉴定意见与案件事实没有关联的；

（九）违反有关规定的其他情形。

第九十九条　经人民法院通知，鉴定人拒不出庭作证的，鉴定意见不得作为定案的根据。

鉴定人由于不能抗拒的原因或者有其他正当理由无法出庭的，人民法院可以根据情况决定延期审理或者重新鉴定。

鉴定人无正当理由拒不出庭作证的，人民法院应当通报司法行政机关或者有关部门。

第一百条　因无鉴定机构，或者根据法律、司法解释的规定，指派、聘请有专门知识的人就案件的专门性问题出具的报告，可以作为证据使用。

对前款规定的报告的审查与认定，参照适用本节的有关规定。

经人民法院通知，出具报告的人拒不出庭作证的，有关报告不得作为定案的根据。

第一百三十九条　对证据的真实性，应当综合全案证据进行审查。

对证据的证明力，应当根据具体情况，从证据与案件事实的关联程度、证据之间的联系等方面进行审查判断。

二、《公安机关办理刑事案件程序规定》（节选）

第六十三条　公安机关接受或者依法调取的行政机关在行政执法和查办案件过程中收集的物证、书证、视听资料、电子数据、鉴定意见、勘验笔录、检查笔录等证据材料，经公安机关审查符合法定要求的，可以作为证据使用。

第二百四十八条　为了查明案情，解决案件中某些专门性问题，应当指派、聘请有专门知识的人进行鉴定。

需要聘请有专门知识的人进行鉴定，应当经县级以上公安机关负责人批准后，制作鉴定聘请书。

第二百四十九条 公安机关应当为鉴定人进行鉴定提供必要的条件，及时向鉴定人送交有关检材和对比样本等原始材料，介绍与鉴定有关的情况，并且明确提出要求鉴定解决的问题。

禁止暗示或者强迫鉴定人作出某种鉴定意见。

第二百五十条 侦查人员应当做好检材的保管和送检工作，并注明检材送检环节的责任人，确保检材在流转环节中的同一性和不被污染。

第二百五十一条 鉴定人应当按照鉴定规则，运用科学方法独立进行鉴定。鉴定后，应当出具鉴定意见，并在鉴定意见书上签名，同时附上鉴定机构和鉴定人的资质证明或者其他证明文件。

多人参加鉴定，鉴定人有不同意见的，应当注明。

第二百五十二条 对鉴定意见，侦查人员应当进行审查。

对经审查作为证据使用的鉴定意见，公安机关应当及时告知犯罪嫌疑人、被害人或者其法定代理人。

第二百五十三条 犯罪嫌疑人、被害人对鉴定意见有异议提出申请，以及办案部门或者侦查人员对鉴定意见有疑义的，可以将鉴定意见送交其他有专门知识的人员提出意见。必要时，询问鉴定人并制作笔录附卷。

第二百五十四条 经审查，发现有下列情形之一的，经县级以上公安机关负责人批准，应当补充鉴定：

（一）鉴定内容有明显遗漏的；

（二）发现新的有鉴定意义的证物的；

（三）对鉴定证物有新的鉴定要求的；

（四）鉴定意见不完整，委托事项无法确定的；

（五）其他需要补充鉴定的情形。

经审查,不符合上述情形的,经县级以上公安机关负责人批准,作出不准予补充鉴定的决定,并在作出决定后三日以内书面通知申请人。

第二百五十五条 经审查,发现有下列情形之一的,经县级以上公安机关负责人批准,应当重新鉴定:

(一)鉴定程序违法或者违反相关专业技术要求的;

(二)鉴定机构、鉴定人不具备鉴定资质和条件的;

(三)鉴定人故意作虚假鉴定或者违反回避规定的;

(四)鉴定意见依据明显不足的;

(五)检材虚假或者被损坏的;

(六)其他应当重新鉴定的情形。

重新鉴定,应当另行指派或者聘请鉴定人。

经审查,不符合上述情形的,经县级以上公安机关负责人批准,作出不准予重新鉴定的决定,并在作出决定后三日以内书面通知申请人。

第二百五十六条 公诉人、当事人或者辩护人、诉讼代理人对鉴定意见有异议,经人民法院依法通知的,公安机关鉴定人应当出庭作证。

鉴定人故意作虚假鉴定的,应当依法追究其法律责任。

第二百五十七条 对犯罪嫌疑人作精神病鉴定的时间不计入办案期限,其他鉴定时间都应当计入办案期限。

第二部分:该类鉴定意见的一般质证要点

一、结合尸检照片对鉴定意见进行审查

法医学尸体鉴定是依据客观的尸体状况所进行的科学鉴定,应当与相关的尸体照片相互对应,共同佐证尸体鉴定意见的准确性,如若缺乏相应照片,则会使他人质疑鉴定意见的准确性。在司法实践中,鉴定意见基本都会附有尸检照片,辩护人(代理人)应该侧重审查尸体鉴定中所附带的尸检照片是否齐全、是否对尸体的各处损伤进行了逐一拍照并附卷、鉴定意见中体现的损伤情况是否可以和相

应的照片印证。这一点看似简单,其实往往容易被忽略。

二、重视对尸体解剖的审查

法医学尸表检验包括现场尸体检验、尸体外表检验和尸体解剖三个步骤。鉴定意见是在尸体解剖的基础上,依据相应鉴定检验标准从而确定死因。通常,法医学尸体检验鉴定书能够最直接、最客观地明确受害人死因,因此成为命案证据中最核心的证据之一。由于客观原因,实践中可能出现无法进行尸体解剖,进而无法制作法医学尸体检验鉴定书的情况。比如在有些案件当中,被害人家属情绪过于激动,坚持不同意对被害人尸体进行解剖,故鉴定人无法进行法医学尸体鉴定。因此,侦查机关只能委托鉴定机关出具《法医学尸表检验分析意见书》替代《法医学尸体检验鉴定书》。分析意见书的科学性容易受到质疑,辩护人(代理人)应该注意在类似案件当中是否都进行了尸体解剖,是否用其他文书替代了尸体检验鉴定书。

有的鉴定只进行了尸表检验,忽视了对尸体内部器官、胃内容物及分泌物的检查;有的鉴定只关注尸体本身,而忽视对死者衣物等附着物的检查;也有的鉴定只关注尸体明显伤痕部位,忽略对全部体表特征的检查。毫无疑问,不进行尸体解剖和病理检验,对死者的死因只能是理论上的推断,没有从最直观的病理解剖及病理检验中进一步明确死因。

实践中,尤其是在被害人并非在案发现场当场死亡,而是就诊一段时间之后死亡的情形中,如果不进行尸体解剖,就无法对其生前治疗过程中疾病演变过程进一步分析论证,尤其是死者生前原有疾病并发症、就诊医院的医疗技术和条件、医疗护理漏洞等事实都将无法展示呈现。这样的鉴定意见将无法确定死者的受伤与死亡之间的必然联系,对此辩护人(代理人)应做重点审查。

总之,无论哪种情况造成的尸体不解剖或者解剖不全面,都将导致案件无法得出科学的鉴定结论。

三、审查鉴定意见和在案其他证据能否相互印证

正确分析鉴定意见与在案其他证据之间的印证关系,如死亡时间和言词证

据、作案工具和其他证据是否可以一一对应。如果鉴定意见与其他证据之间存在矛盾之处,而该矛盾又得不到排除,则不能轻信该鉴定意见,而应对鉴定意见进行认真审查和推敲;如果鉴定意见和在案其他大多数证据相对应,那么对于与案件其他证据不一致的地方,也需要予以审查。在个别案件中,仍然存在鉴定意见不科学,根据尸体特征无法得出现有结论,因而造成侦查错误、遗漏或者抓错犯罪嫌疑人的情况。比如,在个别案件中,根据伤口推断作案工具的鉴定出现错误,导致侦查机关依据该结论寻找作案工具并有针对性地讯问犯罪嫌疑人错误,引起了犯罪嫌疑人口供的反复和变化,但侦查机关忽视了对口供真实性的分析、判断,导致无辜之人被错捕、错诉、错判。

四、审查鉴定意见内容是否完善

可能存在鉴定意见内容不完善,只重视死因分析,不重视致伤物的推断、死亡时间的推断等问题,尤其是存在两个以上行为人同时使用不同凶器作案的案件,不能确认致命伤的凶器就意味着不能确定致命伤的凶手。

五、对损伤与疾病参与度判别的审查

鉴定意见需要对损伤与疾病参与度判别清晰,到底是外伤的参与度大,还是疾病的参与度大。个别法医鉴定意见对此分析不足,导致鉴定结果公信力较低。法医学将损伤对死亡的参与度分为:根本死因、直接死因、合并死因、辅助死因、诱发死因。构成致命伤的死因包括前四种,而诱发死因从本质上讲,相关外界因素对一般正常人毫无危害,而死亡的根本原因是机体潜在可以导致死亡的致死疾病。

一般来说,疾病致死与外伤无关的情况,损伤的参与度为0%,诱因的参与度建议评定为10%;0%~10%段本质上属于疾病致死的范畴。辅助死因的参与度为20%~40%,主要死因的参与度为60%~80%;20%~80%段本质上属于伤病联合死因或继发性外伤死因(条件致命伤)范畴。90%~100%段本质上属于原发性死因(绝对死因)范畴。[①]

---

① 参见秦志强:《死因鉴定思路及辨析》,载《中国司法鉴定》2004年S1期。

六、对医疗救助介入因素的审查

医疗救助介入因素的不同程度与伤者死亡的关系是个难点，有的法医鉴定会对之加以规避，担心无论医疗救助行为是否存在过失、损伤与医疗过失分别对死因的参与度如何，法医对医疗过失的评价都有可能导致自身与医院之间的麻烦。所以，虽然根据案件其他资料显示医疗救助因素介入一定程度上和死因有关，而鉴定意见却可能不予载明，辩护人（代理人）需要根据案件其他资料提出质证意见。

七、对病理切片诊断的审查

部分鉴定机构缺乏必要的病理检验条件，所以鉴定人在鉴定时只能进行大体上的病理观察，而病理切片观察诊断往往借助于医院或院校的病理科室完成。另外，有的法医只看病理切片的诊断结果，便武断地作出鉴定结论，从而造成错案。此时，辩护人（代理人）需要了解鉴定机构的实验室及设备情况，需要对鉴定结论的得出过程提出质证意见。

八、对现场勘查和物证提取、保管程序的审查

现场勘查程序不规范，物证提取不全面、程序不规范，有的提取物证以后不及时进行检验，导致后续重新鉴定时因物证保管不善、发霉破损等原因无法再次鉴定……辩护人（代理人）遇到此类问题应抓住不放，因为此类结果不可逆，必然导致案件证据无法达到确实、充分，也有可能因为此类问题导致鉴定意见不被采纳，辩护取得成功。

九、对鉴定意见结论的审查

法医学鉴定意见，是根据检验的结果和说明的理由，对委托的问题作出简单而明确的结论。法医学鉴定意见应简明扼要地分条列出，必须准确、客观、实事求是，鉴定意见不应模糊不清、似是而非、模棱两可，如自杀可能性大、倾向于他杀致死，都是不规范的意见表述，如鉴定意见结论出现类似描述，辩护人（代理人）应提出疑问，建议法官不采纳该鉴定意见。

第三部分：实案诠释鉴定意见质证要点

一、案情简介

本案所涉罪名是故意杀人罪。被害人乔××于2000年夜间在××市××饭店被人伤害，在××市医院就诊后在该医院门口东侧绿化带内被人用刀刺伤，之后被害人被立即送到该医院急诊室。就诊过程中，乔××的同伙因嫌医生及护士速度慢而对之进行打骂，后被害人死亡。

二、鉴定意见原文

××市公安局××分局

尸体检验报告

(2000)×公医字第××号

二〇〇〇年十一月二十三日二十二时许，××分局刑警大队副大队长董××电话报称：十一月二十三日二十二时许，乔××(男，28岁，黑龙江省××县人)在××市医院门口东侧绿化带内被人用刀刺伤，经市医院抢救无效死亡，现尸体停放在市医院太平间内，要求技术中队派员勘查现场，检查尸体，查明死因。接报后，肖××中队长率技术人员赶赴现场，待现场勘查完毕后，于次日上午，在市医院太平间院内对死者乔××尸体进行了检验，现根据检验情况报告如下：

一、尸表检验

死者乔××尸体由市医院太平间抬放至院内木板床上，头南脚北仰卧，上着灰花格秋衣，扣未结，右胸部有4处破裂口，分别为2.5厘米×0.3厘米、2厘米×0.1厘米、0.9厘米×0.1厘米、5厘米×0.1厘米。后肩背部有13处破裂口，其中最大为2.5厘米×0.1厘米，最小为0.8厘米×0.1厘米。内着白秋衣，前胸部已撕裂开，与外破裂口对应处有相应破裂口，以上衣服部分血染。腰扎方钎牛皮腰带，钎未结，腰带左侧有绿玉佛像一只。下着蓝化纤前开口裤，右下兜有120元人民币，市××医院门诊收费单一张，内着驼色毛裤，白秋裤，灰内裤，两足赤（见照一至照四）（略）。

尸长177厘米，发育正常，营养中等，尸斑位于背侧，大片淡紫红色，指压褪色，各关节僵硬。

头面部：黑头发长6厘米，两眼闭，角膜透明，两瞳孔散大等圆，球睑结合膜苍白，口微张，舌在齿弓后，牙齿排列整齐无松动。鼻、耳腔及其他未检见异常。

面部有多处散在皮下出血伴表皮剥脱，其中最大0.3厘米×0.2厘米，最小0.1厘米×0.1厘米，上唇黏膜肿胀，对门齿处有1.5厘米×1厘米黏膜剥脱（见照五）（略）。其他未检见损伤及异常。

胸腹部：左胸部距左乳头内下9.5厘米处有1.2厘米斜形缝合创，深达胸骨，该下7厘米处有3厘米横形缝合创，深达腹腔，右胸部于右乳头内下10.5厘米处有2.4厘米横形缝合创，深达肋间。上腹部于脐上8.5厘米处有2.7厘米斜形缝合创，深达腹腔，以上四创，创缘整齐，创角一角钝，一角锐（见照六）（略）。其他未检见损伤及异常。

四肢、背腰部：左大腿下段外侧有1.4厘米×0.6厘米哆创，肩背部有四处哆创，分别为1.5厘米×0.7厘米、1.1厘米×0.7厘米、0.8厘米×0.3厘米、1.5厘米×0.5厘米；背部有九处缝合创，分别为1厘米、2.5厘米、2.1厘米、2.3厘米、1.8厘米、2厘米、2.5厘米、1.6厘米、2.5厘米，以上创，创缘整齐，创角一角钝，一角锐，有的深达胸腹腔（见照七至照九）（略）。其他未检见损伤及异常。

颈、会阴部及其他未检见损伤及异常。

二、解剖检验

自两耳间切开头皮，前后分离，未见头皮下、骨膜下出、积血，颅骨无裂折。

自下颌下至耻骨联合，切开皮肉，逐层向两侧分离，见胸腹部缝合创处有皮下肌间出积血。断移胸肋骨，见两胸腔内分别有出、积血1500毫升，清除积血，见左肺下叶下段有1厘米×0.2厘米哆创，上段有0.5厘米×0.2厘米哆创，右肺下叶有1.8厘米×0.6厘米哆创，右胸腔背侧七、八肋间脊柱右侧有2.2厘米×1.2厘米贯通创，腋中线有1.4厘米×0.3厘米贯通创，左胸腔四、五肋间有1厘米×0.6厘米贯通创，左胸腔脊柱左侧十一、十二肋间有2.5厘米×0.5厘米贯通创（见照十、照十一）（略）。其他未检见损伤及异常。

剪开腹膜，见腹腔内出、积血约1500毫升，清除积血，见肝左叶有2.5厘米×0.2厘米哆创，肝右叶有3.8厘米×0.2厘米哆创。剥离后腹膜，见右腹膜后有大量出积血，清除积血，见右肾中上极背侧有2.8厘米×0.3厘米哆创（见照十二、照十三）（略）。其他未检见损伤及异常。

提取血纱布备验。

三、分析说明及结论

1. 死者面部皮下出血伴表皮剥脱，上唇部肿胀，根据损伤特征分析，符合钝器打击所致，但损伤轻微，不足以致命。

2. 死者胸、腹、肩、背部哆创，创缘整齐，创角一角锐，一角钝，根据损伤特征分析，符合单刃锐器刺击所致，该可造成左肺、右肺、肝脏、右肾破裂，致失血性休克而死亡。

综上所述，死者乔××系被单刃锐器刺击腹、背部，造成左肺、右肺、肝脏、右肾破裂，致失血性休克而死亡。

报告人：××公安分局法医李××

陈××

王××

二〇〇〇年十一月二十六日

三、鉴定意见质证要点整理

（一）介入医院非正常救治因素，也是导致乔××死亡的一个重要原因，但是在鉴定意见中并未显示

1. 案卷证据材料证实：乔××在××医院抢救时，该院保卫科正、副科长万××、李×酒后殴打医务工作人员，且对大量无关人员闯入抢救室不予阻拦，使

医务人员陷入害怕的心理状态，造成抢救秩序混乱，致使乔××未得到有序、有效的抢救。

2. 乔××未得到及时抢救。当乔××被送至急诊室时，该室只有1名医生，在其作出送手术室的医嘱时，该院保卫科李×强行要求医生给乔××输液，在交涉未果后，乔××才被送至手术室，贻误了抢救的宝贵时机。

3. ××市人民政府冀×劳字(2000)第150号劳动教养决定书认定：李×带领孙×等十几个人在乔××被刀扎伤入院时，嫌急诊室医生张××抢救乔××动作慢，殴打正在工作的张××及护士李××，李×不顾医务人员阻拦，强行闯入手术室，严重影响了医务人员正常医疗救治工作。

（二）尸体检验程序违法，检验报告缺少签名、盖章，存在瑕疵

1. 尸体检验程序违法。××市公安局××分局(2000)×公医字第××号尸体检验报告，系肖××中队长率技术人员接××分局刑警大队副大队长董××电话后进行勘查而做出，该委托程序违法，没有正式的委托手续。

2. 检验报告中法医王××只有手章，无其个人签字；法医李××、陈××均无签字、无盖章。且检验报告未附××公安分局鉴定资质证书、法医资格证书等法定材料。违反了《公安机关办理刑事案件程序规定》(1998年版)、《公安部刑事技术鉴定规则》的相关规定。最高人民法院《关于适用〈中华人民共和国刑事诉讼法〉的解释》(2012年版)第85条规定："鉴定意见具有下列情形之一的，不得作为定案的根据：……(五)鉴定程序违反规定的……(七)鉴定文书缺少签名、盖章的"。

（三）无案发现场勘验材料

对于重大的刑事人命案，现场勘验是侦查工作必不可少的工作内容，为此形成的现场勘验图、勘验笔录、照片等证据材料，是查明案情、固定证据、锁定作案人，追究相关人员刑事责任的必要证据材料。但很遗憾，本案证据材料中却未见现场勘验图、勘验笔录、照片等必要证据材料，只看到了××区公安分局出具的情况说明，称当年有上述证据，后来被借走没有归还。也就是说，本案公诉方不能提

交本案的现场勘验图、勘验笔录等必要的基本证据材料。无论是何种原因造成上述材料丢失,根据《刑事诉讼法》的规定,公诉案件中被告人有罪的举证责任由人民检察院承担。

总之,就命案而言,仅有言词证据而无关键物证及现场勘验材料,认定马××动刀行为这一待证事实的证据严重不足。

印章印文司法鉴定意见的质证要点

2020 年 6 月 23 日，司法部发布了《物证类司法鉴定执业分类规定》《声像资料司法鉴定执业分类规定》。《物证类司法鉴定执业分类规定》第 2 条规定，物证类司法鉴定是在诉讼活动中鉴定人运用物理学、化学、文件检验学、痕迹检验学、理化检验技术等原理、方法和专门知识，对文书物证、痕迹物证、微量物证等涉及的专门性问题进行鉴别和判断并提供鉴定意见的活动。《物证类司法鉴定执业分类规定》第 3 条规定，物证类司法鉴定解决的专门性问题包括：文书物证的书写人、制作工具、制作材料、制作方法，及其内容、性质、状态、形成过程、制作时间等鉴定；痕迹物证的勘验提取，造痕体和承痕体的性质、状况及其形成痕迹的同一性、形成原因、形成过程、相互关系等鉴定；微量物证的物理性质、化学性质和成分组成等鉴定。本书为了方便读者查阅参考，将印章印文司法鉴定、痕迹鉴定等按照小的类别分开撰写。

印章又称图章，一般由印柄和印面组成，按照制作方式不同，可分为手工雕刻、程控雕刻、热压成型、感光成型印章等；根据使用范围不同，可分为公章、名章、专用章等。印章在印面刻有公司、企业、公民个人名称，附加图案，统一社会信用代码等信息。

印章印文鉴定,是指鉴定人员依据鉴定基础理论,采取不同的检验方法,通过分别检验、比较检验、综合评断等方式,将检材印文与样本印文进行比对分析,以确定两者是否存在特殊关系。一般包括三个方面的内容:一是同一鉴定,即通过对检材印文与样本印文的比对、检验,确定是否为同一印章盖印而成;二是盖印时间鉴定,即通过对可疑印文进行物理或化学的检验来确定该印文的真实盖印时间,从而确定文书的形成时间;三是印文与文书内容的交叉顺序检验(又称朱墨时序检验),即通过对印文与文书内容交叉部分形成的先后顺序检验,确定该文书是否真实。

民商事案件、刑事案件都可能涉及印章印文的司法鉴定,民商事主要适用于股权纠纷、债权债务纠纷、合同纠纷等案件,刑事主要适用于伪造、变造、买卖国家机关公文、证件、印章,伪造公司、企业、事业单位、人民团体印章等案件。

第一部分:该类鉴定意见适用案件的主要法律规定

一、《刑法》(节选)

第二百八十条 【伪造、变造、买卖国家机关公文、证件、印章罪】【盗窃、抢夺、毁灭国家机关公文、证件、印章罪】伪造、变造、买卖或者盗窃、抢夺、毁灭国家机关的公文、证件、印章的,处三年以下有期徒刑、拘役、管制或者剥夺政治权利,并处罚金;情节严重的,处三年以上十年以下有期徒刑,并处罚金。

【伪造公司、企业、事业单位、人民团体印章罪】伪造公司、企业、事业单位、人民团体的印章的,处三年以下有期徒刑、拘役、管制或者剥夺政治权利,并处罚金。

二、《印章印文鉴定技术规范》(GB/T 37231—2018)(节选)

6.1 制作原则

6.1.1 印章印文鉴定应当制作印文特征比对表,并对印文特征进行标识或进行文字说明。

6.4 特征比对表的标识

6.4.4 根据印文特征的价值,对支持鉴定意见的主要印文特征可按以下的原则和方法进行标识：

a)印文特征的标识应客观全面、简明扼要，标识符号不应对辨识印文特征造成干扰；

b)检材与样本印文之间应用相同颜色标识符合特征，用不同颜色标识差异特征；

c)当检材或样本中出现多枚印文时，应当使用不同颜色的标识加以区别；

d)宜用红色色系标识符合特征，用蓝色或深色色系标识差异或变化特征；

e)对有疑问或难以确定的印文特征，可标识为“?”或作文字说明；

f)宜使用附录A中的标识符号，对各种印文特征进行标识；

g)宜保存未对印文特征进行标识的特征比对表，以便对标识的印文特征进行对照检查。

三、《司法鉴定程序通则》(节选)

第十二条　委托人委托鉴定的，应当向司法鉴定机构提供真实、完整、充分的鉴定材料，并对鉴定材料的真实性、合法性负责。司法鉴定机构应当核对并记录鉴定材料的名称、种类、数量、性状、保存状况、收到时间等。

诉讼当事人对鉴定材料有异议的，应当向委托人提出。

本通则所称鉴定材料包括生物检材和非生物检材、比对样本材料以及其他与鉴定事项有关的鉴定资料。

第十六条　司法鉴定机构决定受理鉴定委托的，应当与委托人签订司法鉴定委托书。司法鉴定委托书应当载明委托人名称、司法鉴定机构名称、委托鉴定事项、是否属于重新鉴定、鉴定用途、与鉴定有关的基本案情、鉴定材料的提供和退还、鉴定风险，以及双方商定的鉴定时限、鉴定费用及收取方式、双方权利义务等其他需要载明的事项。

第十九条　司法鉴定机构对同一鉴定事项，应当指定或者选择二名司法鉴定人进行鉴定；对复杂、疑难或者特殊鉴定事项，可以指定或者选择多名司法鉴定人进行鉴定。

第二十条　司法鉴定人本人或者其近亲属与诉讼当事人、鉴定事项涉及的案件有利害关系，可能影响其独立、客观、公正进行鉴定的，应当回避。

司法鉴定人曾经参加过同一鉴定事项鉴定的，或者曾经作为专家提供过咨询意见的，或者曾被聘请为有专门知识的人参与过同一鉴定事项法庭质证的，应当回避。

第三十六条　司法鉴定机构和司法鉴定人应当按照统一规定的文本格式制作司法鉴定意见书。

第二部分：该类鉴定意见的一般质证要点

一、对鉴定人的审查

科学技术的进步使印章制造技术多样化、精细化，但伪造、变造印章的技术也随之发展，这对印章鉴定工作提出了新的挑战，要求鉴定人员必须熟悉和掌握各种印章的制作方法、特点，熟悉和掌握各类印章印文的特征及变化规律。鉴定人员必须了解和熟悉不同技术手段制作印章的特点，如印章印文采取的是手工雕刻还是热压成型、感光成型等技术；如印面印文特征受油墨种类浓淡、盖印时用力大小、垫衬物的软硬、印章自然磨损等因素的影响程度。鉴定人员只有具备扎实的专业素质，才能作出准确、客观的鉴定结论。

所以，辩护人（代理人）在审查时，应首先着重审查鉴定人员的鉴定能力，如鉴定人员的执业年限、执业领域、学历背景以及所鉴定过的案例等。在审查高等院校、科研院所附属司法鉴定机构的鉴定人员时，还要审查该鉴定人的研究方向，因为该类鉴定人本职工作是教师、研究员，主要侧重理论研究与教学，研究方向与具体执业不一定有交叉，理论与实践可能有一定距离。

二、对鉴定要求的审查

辩护人（代理人）在对鉴定意见进行审查时，要注意分析判断委托人的鉴定要求是否合理。在司法实践中，存在委托人只要求对文件的一部分进行鉴定的情形。例如，委托人只要求对合同文书的落款单位、书写时间、打印文字同印章印文进行朱墨时序鉴定，而对文件正文内容与印章印文朱墨时序不鉴定。此时存在先对落款处书写、打印后加盖印章，而最后进行正文文字书写、打印的可能。

三、对检材的审查

无论是对于只有单位名称相同，而印文图案、统一社会信用代码等不同的印章印文的鉴定，还是对于完全可以以假乱真，利用高科技手段伪造的高仿真印章印文的鉴定，辩护人（代理人）在审查时，均应审查检材是否为原件。尤其是对高仿真印章印文的鉴定，如果检材是复制件，便存在鉴定人无法分析印章印文的形成方式、无法鉴定是不是伪造的风险。

四、对样本的审查

（一）提供的印章印文样本是否真实

在实践中，有的公司、企业为了应对频繁的业务需要，会同时持有两枚或两枚以上相同的印章。辩护人（代理人）在审查时，要注意提供的印章印文样本是否真实，是否为公司、企业同时使用的印章，样本印文是否对印面细节特征进行了故意改变，样本印文是否是对印面遮掩后盖印。

（二）是否提供了同期样本

在鉴定时，要求提供的印章印文样本尽量与检材为同期形成的样本，因为印章的一些细节特征会随着时间、使用频次而有所变化，鉴定人可能片面根据检材与印章印文样本特征明显不符而得出错误的结论。

（三）是否提供了不同时间段的历史印文样本

在进行印章鉴定时，委托人需要提供符合鉴定要求的不同时间段的印文样本，以便鉴定人进行比对检验。鉴定人对不同时间段的印章印文进行分析、检验、考察，有助于获取印章各个阶段的变化特点，了解印章的一些细节特征变化情况，从而提高印章鉴定的科学性。

五、对印章印文载体文件的审查

通常的行文规范是草拟、审核、书写、打印、盖章。但是在实践中，一些公司、企业不注重公章管理或公章管理混乱，存在使用已加盖公章的空白纸张进行书写、打印文书内容的情况，例如，一方当事人使用已经加盖公章的空白合同书签订协议。辩护人（代理人）在对文件进行审查时，要结合其他证据进行分析判断。如果委托人不能提供鉴定人所需的平时印文样本，那么就无法凭借文件中书写、打印字迹的形成时间来判定印文盖印时间，而且朱墨时序的鉴定不能作为裁判的证据，因为印文与文件字迹内容形成时间不符。

六、对鉴定方法的审查

（一）印章鉴定通常采取的方法

在对印章进行鉴定时，鉴定人首先要初步分析判断印文能否排除是复印、打印形成的可能，在排除是复印印文和打印印文之后，鉴定人会使用划线比对法、重叠比较法、测量比较法等方法，对印文名称、印文大小、印文字体、印文图案等进行对比检验，以此来鉴定真伪。鉴定人在进行初步分析判断时，一般会利用显微镜、规尺、扫描仪进行观察、检验。

（二）借助专业仪器进行鉴定

在面对存在疑问的印章印文及高仿真印章印文时，采取常规使用的显微镜、规尺、扫描仪已经无法满足鉴定要求，鉴定人必须借助光谱、色谱、质谱等专业技术进行分析检验，如紫外可见导数光谱法、拉曼光谱法、液相色谱法、气相色谱法及联用技术等。

七、对鉴定过程的审查

（一）鉴定过程中是否充分考虑了印章印文的变化

鉴定过程中不仅要考察印章印文的结构特征等稳定特征，也需要注意印章的变化性特征。除了在加盖印章的过程中印章的涨缩变形、磨损等印章本身的变化，鉴定人还要考虑盖印条件导致印章印文发生的变化，如按印压力大小、作用力方向、衬垫物的软硬、印泥多少及附着异物等。审查重点是鉴定中鉴定人员是否舍弃了印章本身及加盖印章过程中的一些印章变化特征，只考察印章印文的结构特征等稳定特征，是否经过综合、系统地分析与判断。

（二）鉴定过程中是否多角度、全方面进行了综合检验

审查在鉴定过程中，鉴定人是否对印文的色泽、墨迹分布、制作质量给予了高度关注，是否比较了检材印文与样本印文上的其他细节特征的区别，如印文空白处的彩点、污染痕迹、纸张纤维破坏痕迹等是否有可能是彩色复制或转印伪造所致；印文笔画处的多余或残缺痕迹是否是母本遗留或是修版痕迹。尽管辩护人（代理人）不是鉴定人，但仍需要了解鉴定人是否对上述细节给予了关注并在鉴定意见中体现。

（三）鉴定过程中是否运用了多种技术手段

如上所述，鉴定人员在鉴定过程中，在面对存在疑问的印章印文及高仿真印章印文时，除了采取常规使用的显微镜、规尺、扫描仪之外，可能还使用了光谱、色谱、质谱等专业技术进行分析检验。另外，由于高仿真印章印文在印文的大小、字体、布局等一般特征方面与真实印章印文无异，而且在印文笔画的形态、相互关系及缺损、疵点等细节特征方面与真实印章印文具有高度一致性。要对鉴定意见是否做到了结合案情分析判断高仿真印章制作的方法，是否综合运用了多种技术检验、分析、判断，是否认真寻找、分析和比较了印文的本质差异和非本质差异等进行审查。

八、对特征比对表的审查

在鉴定意见附件中会附有特征比对表，印文特征比对表分为概貌比对、整体印文比对和局部印文或文字比对。在审查特征比对表时，要重点关注鉴定人是否对印文特征按照《印章印文鉴定技术规范》的要求进行了标识或文字说明，标识或文字说明与鉴定意见正文鉴定过程、分析说明部分能否印证；在制作比对印文复制件时，要关注检材和样本印文等比例大小是否可以保证。

第三部分：实案诠释鉴定意见质证要点

一、案情简介

本案所涉罪名为骗取贷款罪。××县公安局查明，××市××汽车维护有限

公司为了骗取××银行贷款，在给××银行出具的证明中使用了伪造的公司印章，涉嫌骗取贷款罪。××县公安局委托××科技事务司法鉴定中心对印章进行了鉴定，后在侦查机关将案件移送检察院时，罪名改为伪造公司印章罪。

二、鉴定意见原文

××科技事务司法鉴定中心

司法鉴定意见书

××科司鉴〔2019〕文鉴字第××号

一、基本情况

（一）委托方：××县公安局

（二）受理日期：2019 年 8 月 8 日

（三）鉴定材料

检材（JC）：

1. 标注日期 2018 年 9 月 20 日《证明》1 页，原件，落款处有"××××青岛汽车有限公司 3702000809818"印章印文，编号：2019－5－JC1；

2. 标注日期 2018 年 9 月 20 日《证明》1 页，原件，落款处有"北京×××××汽车有限公司"印章印文（印章编码无法完全识别），编号：2019－5－JC2。

样本（YB）：

1. 标注日期 2018 年 8 月 30 日《授权委托书》1 页，原件，下方"委托人"处有"××××青岛汽车有限公司 3702000809818"印章印文，编号：2019－5－YB1；

2. 2019 年 7 月 16 日盖印的印模 1 页，原件，其上有"××××青岛汽车有限公司 3702000809818"印章印文 9 枚，编号：2019－5－YB2；

3. 标注日期 2018 年 8 月 29 日《关于刘×先生等职务任免的通知》（×××××红知字〔2018〕91 号）1 页，原件，落款处有"北京×××××汽车有限公司 1101030026322"印章印文，编号：2019－5－YB3；

4. 2019年8月5日盖印的印模1页，原件，其上有“北京×××××汽车有限公司1101030026322”印章印文9枚，编号:2019－5－YB4。

（四）委托鉴定事项

1. 检材1上的“××××青岛汽车有限公司3702000809818”印章印文与样本1、2上的“××××青岛汽车有限公司3702000809818”印章印文是否为同一枚印章盖印；

2. 检材2上的“北京×××××汽车有限公司”印章印文（印章编码无法完全识别）与样本3、4上的“北京×××××汽车有限公司1101030026322”印章印文是否为同一枚印章盖印。

（五）鉴定日期:2019年8月8～28日

（六）鉴定地点:××科技事务司法鉴定中心

（七）鉴定技术标准:GB/T 37234—2018、GB/T 37238—2018、GB/T 37231—2018

二、基本案情

××县公安局为了查明××市××汽车维护有限公司涉嫌骗取贷款案，特委托我单位对上述检材上的“××××青岛汽车有限公司3702000809818”印章印文和“北京×××××汽车有限公司”印章印文（印章编码无法完全识别）进行司法鉴定。

三、鉴定过程

检材分析:委托方送检的检材共2份，均为原件，其中检材1上有“××××青岛汽车有限公司3702000809818”印章印文1枚，红色印料直接盖印形成，外缘直径约40毫米；检材2上有“北京×××××汽车有展公司”印章文（印章编码无法完全识别）1枚，红色印料直接盖印形成，外缘直径约42毫米。以上检材印文印迹清楚（检材2印章编码除外），边缘整齐，特征稳定，具备鉴定条件。

样本分析:样本均有“××××青岛汽车有限公司3702000809818”印章印文，系原件，红色印料直接盖印形成，外缘直径均约41毫米；样本3、4上均有“北京×××××汽车有限公司1101030026322”印章印文，系原件，红色印料直接盖印形成，外缘直径均约41毫米。以上样本印文印迹清楚，特征稳定，具备比对条件。经检验，样本1、2印文为同一枚印章盖印，样本3、4印文为同一枚印章盖印。

比较检验：经用C210放大镜、3R－WM401WIFI显微镜和SYW－600A视频荧光文检仪观察，采用测量、重叠、软件等比对方法：

1. 将检材1印文与样本1、2印文分别进行比较检验，发现检材1印文与样本1、2印文两者规格不同，印章编码字体大小不同，印章印文不能够重合，五角星图案和"汽、解、放、汽、有、限、公、司"等文字的刻写特征以及"汽、解"二字的搭配关系上存在差异。

2. 将检材2印文与样本3、4印文分别进行比较检验，发现检材2印文与样本3、4印文两者规格不同，印章编码不同，印章印文不能够重合，五角星图案和"京、福、戴、勒、汽、限、公"等文字的刻写特征存在差异。

四、分析说明

综合以上检验情况，检材1印文与样本1、2印文规格不同，两者不能够重合，五角星图案和文字的刻写特征及搭配关系存在差异，且数量多，价值高，特征总和反映了不同印章盖印的特点。

检材2印文与样本3、4印文两者规格不同，印章编码不同，印章印文不能够重合，五角星图案文字的刻写特征存在差异，且数量多，价值高，特征总和反映了不同印章盖印的特点。

五、鉴定意见

1. 检材1标注日期2018年9月20日《证明》落款处的"××××青岛汽车有限公司3702000809818"印章印文与样本1、2上的"××××青岛汽车有限公司3702000809818"印章印文不是同一枚印章盖印；

2. 检材2标注日期2018年9月20日《证明》落款处的"北京×××××汽车有限公司"印章印文（印章编码无法完全识别）与样本3、4上的"北京×××××汽车有限公司1101030026322"印文不是同一枚印章盖印。

六、附件

1. 特征比对表。(略)

2. 检验材料和样本材料的复制件。(略)

3.《司法鉴定人执业证》和《司法鉴定许可证》的复制件。(略)

司法鉴定人签名:牛××

《司法鉴定人执业证》证号:13090209××××

司法鉴定人签名:徐××

《司法鉴定人执业证》证号:13090209××××

××科技事务司法鉴定中心

二〇一九年八月二十八日

三、鉴定意见质证要点整理

(一)本案鉴定意见结论不能证明被告人××市××汽车维护有限公司伪造印章

第一,鉴定意见采用的鉴定样本未标明样本收集出处,没有其他证据证实鉴定样本来自被伪造公司印章的××××青岛汽车有限公司和北京×××××汽车有限公司,也没有证据证实该四份样本的真实性。因此,鉴定结论检材和样本不是同一印章印文,仍不能证明被告人××市××汽车维护有限公司交给银行的证明上的印章系伪造。

第二,××科司鉴〔2019〕文鉴字第××号鉴定意见第1、2页描述,在本案中有四个样本,鉴定结论就是通过对比检材和样本得出的。但是,在实践中,有的公司、企业为了应对频繁的业务需要,会同时持有两枚或两枚以上相同的印章,虽是内容相同的印章,但并非同一印章,所以,在样本出处不明、不能排除存在有两个不同真实样本的前提下,鉴定意见结论不能证实被告人××市××汽车维护有限公司伪造了公司印章。

第三,鉴定结论2载明:检材2标注日期2018年9月20日《证明》落款处的

“北京×××××汽车有限公司印章印文”印章编码无法完全识别，既然无法识别，又如何能够得出“印文不是同一枚印章盖印”的结论？每一个公司的印章编码均不同，印章编码也是识别的一项，此结论是自相矛盾。

（二）鉴定意见存在重大瑕疵，特征比对表不符合《印章印文鉴定技术规范》要求

鉴定意见附件特征比对表未按《印章印文鉴定技术规范》进行标识或文字说明，特征比对表不能反映鉴定意见正文中鉴定过程关于比较检验部分的叙述及分析说明部分的论述，特征比对表不支持鉴定意见结论。

（三）被告人不构成伪造公司印章罪

虽然鉴定意见载明“××县公安局为了查明××市××汽车维护有限公司涉嫌骗取贷款案”委托鉴定，但是本案指控罪名后改为伪造公司印章罪。被告人不构成伪造公司印章罪，原因如下。

第一，此罪名与《治安管理处罚法》第52条有交叉，应当按照有利于被告人的原则，审慎用刑。

第二，没有侵犯伪造公司印章罪所保护的客体。伪造公司印章罪的客体为保护公司正常活动的声誉和社会正常秩序，本案伪造的目的单纯，仅是为了在银行贷款授信额度内办理贷款手续，没有产生破坏公司声誉秩序的影响。

笔迹司法鉴定意见的质证要点

文书类鉴定一般包括笔迹鉴定、签名鉴定、印章印文鉴定、印刷文书鉴定、打印文书鉴定、证件文书鉴定、损毁文书鉴定、文书制作时间鉴定、文书物质材料鉴定等。笔迹鉴定在司法实践中最为常见,因此,本文主要探讨笔迹鉴定。

笔迹鉴定,是指对书写活动形成的字迹进行的鉴认、识别活动,包括但不限于笔迹真伪、笔迹形成时间、笔迹形成先后顺序、笔迹篡改等各类鉴定。笔迹鉴定的核心一般分为分别检验、比较检验和综合评判三个阶段,其中最关键的是综合评判阶段,这也决定了笔迹鉴定必然带有相当的主观性。

该类鉴定在民事案件中经常用到,但在刑事案件中也不乏其身影,且在各类罪名的案件中均有可能涉及。在笔者曾办理的一起行受贿案件中便用到了笔迹鉴定,受贿人手写了一个账户给行贿人,案发后,受贿人对此不予认可,经过笔迹鉴定,账户确属受贿人亲笔书写。同样,在合同诈骗罪案件中也经常用到笔迹鉴定。

第一部分:该类鉴定意见适用案件的主要法律规定

一、《文件鉴定通用规范》(GB/T 37234—2018)(节选)

3. 术语和定义

3.27　笔迹鉴定　forensic identification of handwriting

具有专门知识的鉴定人,通过将检材与样本字迹的笔迹特征进行比较检验,对检材字迹的书写人或与样本字迹的同一性进行检验和鉴别的专门技术。

4.3　审查送检材料

4.3.1　应审查检材的有关情况,包括但不限于:

a)检材的来源:检材的提供、发现及保存等情况;

b)检材的数量:检材有多少册、份、张、页等具体数量;

c)检材的状态:检材上需要鉴定对象的状态是否明确,有无破损、污染等迹象。

注:文件鉴定中表示文件状态的常用术语包括原件、复制件、复印件、母件和原稿等。原件是指最初形成的原始文件;复制件既包括复印件、复写件,还包括原件的照片、图片和扫描电子文件及其形成的打印件等;母件特指用于制作复制件的以上各层次文件的总称,其中直接用于制作复制件的母件为原稿,母件和原稿其本身可能是复制件,也可能是原件。

4.3.2　应审查样本的有关情况,包括但不限于:

a)样本的来源:样本的书写人是否明确等情况;

b)样本的性质:样本是否为自然样本或实验样本,案前样本或案后样本及样本标称时间等情况;

c)样本的数量:样本有多少册、份、张、页等具体数量;

d)样本的状态:样本状态是否明确,有无存在破损、污染等迹象。

4.3.3　初步审查检材的鉴定条件和样本的比对条件,若检材和样本的状态不明确或存疑的,应与委托方确认联系,并记录有关情况。

4.3.4　需补充样本的,应将有关要求告知委托人,并协商补充样本的时限。

补充样本所需的时间不计算在鉴定时限内。

4.3.5　需当场提取样本的,应按4.4的要求制作实验样本。

6　检验鉴定程序

6.1　鉴定的启动

6.1.1　鉴定受理后,鉴定机构应指定本机构具有文件鉴定资质的鉴定人进行鉴定,并按有关法律法规的规定执行鉴定人回避制度。

6.1.2　鉴定机构可根据本机构资源配置的具体情况,设置不同等级的鉴定程序。

6.1.3　鉴定程序可分为普通程序、复杂程序等不同等级,不同鉴定程序中鉴定人的组成应满足6.2的要求。

6.1.4　鉴定机构应根据受理案件的具体情况选择相应的鉴定程序,组成鉴定组,确定鉴定组的负责人(下称"第一鉴定人")。

6.1.5　初次鉴定可采用普通程序;重新鉴定及复杂、疑难或者特殊事项的鉴定可采用复杂程序。

6.2　不同鉴定程序中鉴定人的组成要求

6.2.1　普通程序

普通程序中鉴定人应同时满足以下两个条件:

a)取得文件鉴定执业资格的鉴定人2人;

b)鉴定人中应至少有1名具备文件鉴定相关专业中级技术职称(职级)或取得文件鉴定执业资格后具有3年以上(含3年)本专业鉴定经历的鉴定人。

6.2.2　复杂程序

复杂程序中鉴定人应同时满足以下两个条件:

a)取得文件鉴定执业资格的鉴定人3人以上(含3人);

b)第一鉴定人应具有文件鉴定专业高级技术职称(职级)。

二、《笔迹鉴定技术规范》(GB/T 37239—2018)(节选)

5 笔迹鉴定的检验步骤和方法

5.3 样本字迹的检验

5.3.1 样本字迹来源的审查

应根据以下四种类型的样本,审核样本字迹的书写人:

a)委托人当场提取的样本字迹;

b)鉴定人当场提取的样本字迹;

c)经过侦查、法庭质证等合法程序确认的样本字迹;

d)经对样本字迹进行比较检验,能与以上三种样本合并的其他样本字迹。

5.3.2 样本字迹状态的审查

5.3.2.1 样本字迹是原件的,应按5.3.3进一步检验分析。

5.3.2.2 样本字迹不是原件或状态存疑的,根据样本字迹可能的形成方式及其特点,综合分析样本字迹的清晰程度及笔迹特征的客观反映情况,对样本字迹的比对条件作出初步判断:

a)样本字迹具备一定比对条件的,继续;

b)样本字迹不具备比对条件的,可作出无法判断的鉴定意见或作退案处理。

5.3.2.3 需提取实验样本的,应按GB/T 37234—2018中4.4的要求进行。

5.3.3 样本字迹笔迹特征的分析

5.3.3.1 按5.2.2的分析方法,对样本字迹的笔迹类型进行分析。

5.3.3.2 按5.2.3的分析方法,对样本字迹的书写模式进行分析。

5.3.3.3 按5.2.4的分析方法,对样本字迹的笔迹特征进行分析。

5.3.3.4 若样本字迹是非正常笔迹或笔迹特征存疑的应按第7章规定的非正常笔迹检验的技术要点进一步检验。

5.3.3.5 若有多份样本字迹的,应分析样本字迹之间笔迹特征的符合、差异或变化的情况,并对样本字迹笔迹特征的反映情况及性质作出初步判断。

10　鉴定意见的表述

10.1　总　则

鉴定意见应针对鉴定要求，根据样本书写人情况、检材状态、鉴定意见的种类及其他情况分别进行表述，鉴定意见表述应客观全面准确且简明扼要。

10.2　根据样本书写人情况的表述

10.2.1　样本字迹书写人明确的，鉴定意见可表述为"检材字迹……是或不是（或非确定性）某人所写"。

10.2.2　样本字迹书写人不明确的，鉴定意见应表述为"检材字迹……与样本字迹……是或不是（或非确定性）同一人所写"或"检材字迹……与样本字迹……是或不是（或非确定性）同一人的笔迹"。

10.3　根据检材状态的表述

10.3.1　检材字迹是原件的，鉴定意见可表述为"检材字迹……是或不是（或非确定性）某人所写"或"检材字迹……与样本字迹……是或不是（或非确定性）同一人所写"。

10.3.2　检材字迹不是原件或状态不明确的，鉴定意见应表述为"检材字迹……是或不是（或非确定性）出自某人的笔迹"或"检材字迹……与样本字迹……是或不是（或非确定性）同一人的笔迹"。

10.4　非确定性鉴定意见的表述

10.4.1　9.3.1"极可能同一"的鉴定意见，是非确定性意见中肯定程度最高的。鉴定意见可表述为"检材字迹……极有可能是某人所写"或"检材字迹……与样本字迹……极有可能是同一人的笔迹"。

10.4.2　9.3.2"极可能非同一"的鉴定意见，是非确定性意见中否定程度最高的。鉴定意见可表述为"检材字迹……极有可能不是某人所写"，或"检材字迹……与样本字迹……极有可能不是同一人的笔迹"。

10.4.3　9.3.3"很可能同一"的鉴定意见，是非确定性意见中肯定程度较高的，仅次于9.3.1。鉴定意见可表述为"倾向认为检材字迹……是某人所写"或

“倾向认为检材字迹……与样本字迹……是同一人的笔迹”。

10.4.4 9.3.4“很可能非同一”的鉴定意见是非确定性意见中否定程度较高的,仅次于9.3.2。鉴定意见可表述为“倾向认为检材字迹……不是某人所写”或“倾向认为检材字迹……与样本字迹……不是同一人的笔迹”。

10.4.5 9.3.5“可能同一”的鉴定意见,是非确定性意见中肯定程度最低的,其肯定程度明显小于9.3.3,仅表示一种技术上的合理推定。鉴定意见可表述为“检材字迹……是某人书写的可能性较大”或“检材字迹……与样本字迹……是同一人笔迹的可能性较大”。但不应表述为“不能排除检材字迹……是某人所写”或“不能排除检材字迹……与样本字迹……是同一人的笔迹”,避免在鉴定意见的理解上产生歧义,把该种意见误解为“倾向肯定”鉴定意见,甚至混同于“肯定同一”鉴定意见。

10.4.6 9.3.5“可能非同一”的鉴定意见,是非确定性意见中否定程度最低的,其否定程度明显小于9.3.4,仅表示一种技术上的合理推定。鉴定意见可表述为“检材字迹……不是某人书写的可能性较大”或“检材字迹……与样本字迹……不是同一人笔迹的可能性较大”。不应表述为“不能认定检材字迹……是某人所写”或“不能认定检材字迹……与样本字迹……是同人的笔迹”,避免在鉴定意见的理解上产生歧义,把该种意见误解为“倾向否定”鉴定意见,甚全混同于“否定同一”鉴定意见。

第二部分:该类鉴定意见的一般质证要点

一、审查委托事项是否和鉴定目的一致

审查重点是鉴定意见是否和案件本身待证事实有关联。在司法实践中,常出现鉴定人按照委托人提出的鉴定要求做出了鉴定,但是鉴定结论和待证事实关联性差,或者由于鉴定项目不完整导致不能完全印证待证事实,该鉴定结论得不到法院认可的情况。辩护人(代理人)在审查时,应结合案件其他证据呈现的事实综合判定。

二、审查鉴定人是否具有相应的技术鉴定资格和技术鉴定能力

鉴定人是否具备丰富的鉴定经验、是否具备与鉴定项目相匹配的鉴定能力、是否存在认知偏见等因素,都将对鉴定意见正确性、真实性以及可靠性产生极大影响,这一点在笔迹鉴定中表现得尤其突出。因为笔迹鉴定分为分别检验、比较检验和综合评判三个阶段,尤其是第三个阶段,综合评判是鉴定人根据专业知识作出的主观评判,鉴定能力决定其判断结果。因此,辩护人(代理人)应对鉴定人的鉴定资格及能力予以审查。

三、审查鉴定人是否和本案当事人有利害关系

司法实践中对鉴定人和本案是否有利害关系很难证明,但是辩护人(代理人)仍然要将这一问题作为重点审查对象。如前所述,笔迹鉴定意见属于认识性证据,在鉴定过程中需要鉴定人作出综合判断、主观判断,所以对于鉴定人中立性的要求将更加严苛。辩护人(代理人)如没有确切证据证实鉴定人和本案有利害关系,可以通过申请鉴定人出庭的方法,在庭审发问环节寻找蛛丝马迹。请注意,这种不确切的质疑仍然会引起法官对鉴定意见客观性、中立性的怀疑。

四、对检材的审查

对检材的审查属于实体性专业问题,在鉴定意见中,对检材的描述一般较为简单,但是,通过鉴定人出庭的方式,这些问题均可以在交叉询问中展示给法庭。辩护人(代理人)应该审查检材签名的提存状况,包括提取时间、地点、载体;审查检材签名是原件还是复制件;一般由于签名笔迹本身字数较少,加之大部分签名是伪装或模仿书写形成的,因此实践中可供鉴定使用的笔迹特征数量有限,这就需要询问鉴定人在其接受委托后是否要求委托人提供检材原件;审查鉴定机构是否要求委托机关提供鉴定检材签名的形成方式、形成时间,是否是正常笔迹,是否清晰完整,如此就可以判断鉴定的难度和准确度;还应该向鉴定人了解检材签名的大致情况,比如检材签名的书写风格、工具、速度、力度、姿势、环境等;此外还应向鉴定人了解被鉴定人的基本情况,包括年龄、性别、文化程度、职业、身体状况等。以上都是鉴定人作出全面、客观、科学的鉴定结论所需要参考了解的内容,一名合格的鉴定人应该对上述内容进行全面掌握，如果没有，其鉴定意见结论的客观性将会大打折扣。

五、对样本的审查

从鉴定程序看，辩护人（代理人）应该结合案件中其他证据材料对委托人样本签名的收集、保存、流转程序是否规范进行审查；对委托人提供的签名笔迹样本来源是否真实可靠，案件中收集的笔迹样本是否得到双方当事人的认可进行审查——如果有一方不认可签名是同一书写人书写，则签名不作为样本使用；审查样本笔迹是否为原件，其清晰度是否能客观反映笔迹特征的原始状态。部分辩护人（代理人）错误地认为复制件不能鉴定，按照《笔迹鉴定技术规范》（GB/T 37239—2018）第5.3条的规定，复制件仍然可以做笔迹鉴定，但是要求鉴定人分析样本复制的方法和特点、分析样本文字笔迹特征是否得到反映、分析样本的复制方法是否会对样本字迹的笔迹特征造成本质影响，初步判断是否具备比对条件等。

如果是对模仿签名进行笔迹鉴定，辩护人（代理人）应审查在收集疑似模仿者的签名笔迹样本的同时，是否也收集了被模仿者的签名笔迹样本，特别需要注意激光扫描件和复制件不能作为样本使用。

六、对鉴定方法的审查

尽管辩护人（代理人）非鉴定技术人员，但是仍然需要对鉴定方法和标准进行审查。实践中，一般不会出现鉴定人使用鉴定方法和标准出现错误的情形，但是这种情况或可出现在虚假鉴定中，鉴定人接受一方请托做虚假鉴定，而鉴定人既不想自己承担法律责任又想达到请托人的虚假鉴定要求，此时，鉴定人就会故意使用不科学的鉴定方法和鉴定标准进行鉴定。当辩护人（代理人）遇到这种虚假鉴定时，一般不能通过法庭质证、法庭辩论的方法达到推翻鉴定意见的目的，向司法机关申请重新鉴定是较为有效的解决途径。如果不能顺利申请到重新鉴定，根据笔者经验，当事人可自行启动重新鉴定，此时，法院面对两份结论完全不同或者大部分不同的鉴定意见而无法确定哪个鉴定意见可以采信时，往往会以法院名义再次委托重新鉴定。

七、对鉴定过程的审查

笔者发现,目前一些司法机关出具的鉴定意见存在对鉴定的分析说明过于简单的问题。这一问题确实有待改进。

辩护人(代理人)可以请鉴定人对鉴定意见中描述的检材签名与样本签名之间差异点的形成原因给出理由;或者请鉴定人对检材签名与样本签名之间一致的原因予以详细说明;请鉴定人对鉴定意见中检材样本的客观条件是否影响其笔迹特征、如何影响其笔迹特征,以及这种影响是否会导致鉴定人错误地认定笔迹真伪等问题加以分析。如果鉴定人无法充分说理分析,那么便无法判断其鉴定意见的客观性、科学性,鉴定意见就让人无法信服。

辩护人(代理人)也应该对鉴定过程是否使用鉴定仪器、使用的仪器是否具备鉴定意见中需要的检验功能进行了解。比如,对圆珠笔和碳素墨水的笔迹检验可能就要使用不同的仪器,辩护人(代理人)不能盲目相信仪器鉴定科学系数高的说辞。

八、对鉴定结果的审查

笔迹鉴定结果大致分为三类:确定性鉴定意见、倾向性鉴定意见、无法判断鉴定意见,其中确定性鉴定意见占多数,辩护人(代理人)对鉴定结果的审查应将鉴定过程和结果结合起来,综合审视。在实践中,越是常见的鉴定意见,由于其鉴定意见文本可能复制粘贴于上一个鉴定意见文本,或者由于鉴定人本人粗心大意等原因,越是容易出现鉴定过程描述和结果描述相反的情形。

第三部分:实案诠释鉴定意见质证要点

一、案情简介

衡水××公司于 2003 年 12 月成立,后于 2009 年 10 月工商登记变更为于××出资 40 万元,持股比例为 80%,王××出资 10 万元,持股比例为 20%,王××为法定代表人。2017 年 6 月 13 日衡水××公司召开股东会,股东会决议免去王××执行董事、法定代表人职务,聘任洪××为公司执行董事、法定代表人。

而后，王××以公司召开的股东会虚假，股东会决议上“王××”签字系其他人冒充，股东会决议无效为由，将衡水××公司、于××诉至法院。被告认为，衡水××公司由被告于××一直实际进行经营，后期衡水××公司为扩大经营，才由于××、王××双方共同找到洪××进行增资经营，增资股东会决议以及2017年6月13日股东会决议是三人同时在场的情况下签订的，股东会决议有效。

二、鉴定意见原文

××市××物证司法鉴定所司法鉴定意见书

××[2018]文书鉴字第×××号

一、基本情况

委托人：河北省衡水市××人民法院

受理日期：2018年9月11日

检案摘要：请求变更公司登记纠纷

鉴定材料：

1. 检材：

(1)2017年6月13日××××快运服务有限公司股东会决议一页(文2018－1368－JC1)；

(2)2017年6月14日免职文件一页(文2018－1368－JC2)；

(3)2017年6月14日任职文件一页(文2018－1368－JC3)。

[检材(1)～(3)中王××签名字迹以下分别简称检材(1)～(3)字迹]

2. 样本：

2018年9月11日王××书写字迹样本七页(文2018－1368－YB)。

(样本中王××书写字迹以下简称样本字迹)

二、鉴定要求

检材(1)～(3)字迹与样本字迹是否为同一人所写。

三、检验过程

本所依据司法鉴定技术规范《文书鉴定通用规范》(SF/Z JD0201001—2010)《笔迹鉴定规范》(SF/Z JD0201002—2010),并使用 SMZ168 - TL 体视显微镜(YQ02)及 VHX - 700 立体数码显微镜系统(YQ07)作检验如下:

检材(1)~(3)字迹系黑色签字笔书写形成,运笔动作拘谨,字迹笔画清楚,特征明显,可供检验。样本字迹书写自然流畅,字迹笔画清楚,特征稳定,为同一人字迹,可供比对。将检材(1)~(3)字迹与王××现场提供的样本字迹进行比对检验,发现二者字迹书写水平、技能不同,单字特征亦不相符合。如"王""×"字迹的运笔动作、连笔写法,"王××"整体签名字迹的笔画搭配比例关系等特征均不相符合。(详见特征比对表)(略)

四、分析说明

根据人在书写活动中的动力定型理论,检材(1)~(3)字迹与样本字迹都存在差异点特征总和的价值充分,反映不同人的书写习惯。

五、鉴定意见

检材(1)~(3)字迹与现有样本字迹不是同一人所写。

六、附件

检材;(略)

样本;(略)

特征比对表;(略)

鉴定许可证、执业证。(略)

七、落款

司法鉴定人:郝××(执业证号:12000502××××)

王××(执业证号:12001302××××)

××市××物证司法鉴定所

二〇一八年九月三十日

三、鉴定意见质证要点整理

第一，××市××物证司法鉴定所提取鉴定材料明显不充分，鉴定项目不完整。在××协议上除有王××签名外，还有其手印，鉴定机构却只对签名作出鉴定，而未同时对手印依法鉴定，违背了《司法鉴定程序通则》中“委托人委托鉴定的，应当向司法鉴定机构提供真实、完整、充分的鉴定材料，并对鉴定材料的真实性、合法性负责……本通则所称鉴定材料包括生物检材和非生物检材、比对样本材料以及其他与鉴定事项有关的鉴定资料”的规定。因此，应对鉴定材料进行全面鉴定。

第二，鉴定机构提取检材存在重大瑕疵，采用签名以外的字作为样本。因为签名的设计成分过多，主观性过强，签名有时与本人的实际书写风格大相径庭，所以签名一般只作为补充材料，而不宜直接作为样本。同时，应采用和检材同一时期的材料作为样本。

××[2018]文书鉴字第×××号司法鉴定书第二页记载，“将检材(1)~(3)字迹与王××现场提供的样本字迹进行比对检验”，这说明，样本签名是鉴定人要求王××现场提供的，人类趋利避害的本能决定了不能排除王××故意规避一贯笔迹特点，故意将签名写得与以往笔迹不同，从而影响鉴定结果，使鉴定结论失真的可能。根据《司法鉴定程序通则》的相关规定，委托人应当向司法鉴定机构提供更完整、客观的鉴定样本。

事实上，本案中，关于王××笔迹的样本，是可以找到更为客观的材料的，在双方合作过程中，被告方曾经给过原告方两份资料——申请表一份、代理合同一份，其中均有王××的签名。而这些均可作为鉴定时的参考资料。

第三，要想查清本案事实其实很简单，笔迹极容易作假，如前所述，本案中送检材料为王××的签名，而签名的主观随意性较强，容易与本人实际的书写风格背离，但是检材上尚有指纹，而指纹鉴定相比较笔迹鉴定更客观、更具有稳定性，也更能接近事实，在本案中甚为关键。

综上所述，该鉴定意见是错误的，检材(1)~(3)字迹与现有样本字迹是同一人所写。按照最高人民法院《关于民事诉讼证据的若干规定》第 27 条第 1 款[①]的规定:“当事人对人民法院委托的鉴定部门作出的鉴定结论有异议申请重新鉴定,提出证据证明存在下列情形之一的,人民法院应予准许:(一)鉴定机构或者鉴定人员不具备相关的鉴定资格的;(二)鉴定程序严重违法的;(三)鉴定结论明显依据不足的;(四)经过质证认定不能作为证据使用的其他情形。”辩护人(代理人)需再次向法院提出重新鉴定申请。

① 本案适用的最高人民法院《关于民事诉讼证据的若干规定》为 2001 年版,2019 年进行了修正,上述规定现为第 40 条第 1 款:“当事人申请重新鉴定,存在下列情形之一的,人民法院应当准许:(一)鉴定人不具备相应资格的;(二)鉴定程序严重违法的;(三)鉴定意见明显依据不足的;(四)鉴定意见不能作为证据使用的其他情形。”

价格认定书的质证要点

价格认定源于估价。价格认定有过价格鉴定、价格认证、价格鉴证等多种名称,是指认定机构人员对国家机关提出的价格认定事项,依照行政法规规定作出的价格确认行为。在目前我国大量的刑事、民事、行政案件中,司法机关会委托当地的价格认定中心作出价格认定。刑事诉讼实践中,对价格认定结论归于何类证据,是书证还是鉴定意见,存在争议。因价格认定无法律层面上的明确定性,导致司法实务中乱象迭出,价格认定地位尴尬。价格认定被视为鉴定意见,但又不按照该证据规则履行相应法定程序;视为非鉴定意见,但在司法实践中其地位又等同于鉴定意见,导致实践中司法工作者均按照各自的理解去审查、质证、决定是否对之采信。

司法鉴定机构分两类,一类由省级司法行政部门审核登记,编入鉴定人和鉴定机构名册并对外公告,面向社会开展鉴定;另一类是由侦查机关设立的鉴定机构,仅需向司法行政部门备案,且不得面向社会进行鉴定。显然,价格认定机构不属于上述两类司法鉴定机构的任何一类。国家发展和改革委员会价格认证中心是经中央机构编制委员会办公室批准成立、国家发展和改革委员会直属的事业单位，并经国家事业单位登记管理局登记为事业法人，目前全国各省、市、县均设有价格认定中心。因此，价格认证中心应当是各级价格主管部门下设的、按照法律法规行使价格裁定职能，提供价格公共服务等法定职责、对外独立承担法律责任、其人员参照公务员法管理的政府行政机构。国家发展和改革委员会 2015 年颁布的《价格认定规定》，确定了价格认定报告不是鉴定意见，属于检验报告或者是属于准鉴定意见。

最高人民法院《关于适用〈中华人民共和国刑事诉讼法〉的解释》第 100 条第 1 款规定，因无鉴定机构，或者根据法律、司法解释的规定，指派、聘请有专门知识的人就案件的专门性问题出具的报告，可以作为证据使用。第 2 款规定，对前款规定的报告的审查与认定，参照适用本节的有关规定。然而，此规定是最高人民法院针对没有法定司法鉴定机构的情形作出的规定，如涉及国家文件秘密级别的报告。但是价格鉴定并不是没有机构鉴定，各级司法部门批准的价格评估机构都可以作出价格认定，且不能因国家发展和改革委员会的规定删除了价格认定人员的责任规范和在价格认定书中签名等形式上的规定而认为价格认定结论有别于鉴定意见。

审查一份证据是不是鉴定意见，关键看其是不是基于案件事实材料，运用科学技术或者专门知识解决专门性问题，而不能因为签不签字、盖不盖章、是否为公文而改变一份证据的性质。故此，笔者认为价格认定结论应当作为鉴定意见在法庭庭审中予以审查、质证、认定。也因价格认定结论已经被广泛应用到刑事、民事、行政案件中，司法工作者无论其定性如何，都应该直面该证据提出疑问。

因此，本书暂不探讨国家发展和改革委员会之规定，不再做定性之争论，基于本书撰写初衷是有利于司法工作者实际工作需要，是适应大量刑事案件中广泛使用需质证之必须，笔者将价格认定结论作为 20 个常用司法鉴定意见之一写入本书。

第一部分:该类鉴定意见适用案件的主要法律规定

一、《价格认定行为规范》(发改价证办〔2016〕84 号)(节选)

第九条 价格认定机构应当按照提出机关所在的行政区域,分级受理价格认定。

第十条 价格认定机构办理所辖价格认定事项确有困难的,经与提出机关协商,可以将价格认定事项报请上一级价格认定机构办理。上一级价格认定机构同意后,由提出机关向其出具价格认定协助书。

第十五条 价格认定机构受理价格认定后,应当指派 2 名或者 2 名以上符合岗位条件的价格认定人员组成价格认定小组,办理价格认定事项。

第十六条 遇有下列情形之一的,价格认定人员应当回避:

(一)是价格认定事项当事人或者其近亲属的;

(二)本人或者其近亲属和价格认定事项有利害关系的;

(三)与价格认定事项当事人有其他关系,可能影响价格认定公正的。

价格认定人员的回避,应当由价格认定机构决定。

第十七条 价格认定人员应当对价格认定标的进行实物查验、核实或者勘验,并记录查验或者勘验情况。

第十九条 价格认定标的类型复杂的,可以分类查验或者勘验;价格认定标的数量较大的,可以抽样查验或者勘验。

第二十二条 价格认定人员应当制作查验或者勘验记录并签字,同时要求参加查验或者勘验的其他有关人员在查验或者勘验记录上签字。其他有关人员未签字的,价格认定人员应当在查验或者勘验记录上载明情况,查验或者勘验记录的使用不受影响。

第三十一条 价格认定小组应当根据测算说明,按照价格认定文书格式的相关规定,撰写价格认定结论书。价格认定结论书应当包括下列内容:

(一)价格认定事项描述;

（二）价格认定依据；

（三）价格认定过程及方法；

（四）价格认定结论；

（五）价格认定限定条件；

（六）其他需要说明的事项。

第三十五条　经过审核的价格认定结论书应当由价格认定机构法定代表人或者负责人签发。价格认定结论书自签发之日起生效。

第三十六条　价格认定机构应当制作价格认定结论书正式文本并加盖价格认定机构公章。

第五十八条　价格认定方法主要有：市场法、成本法、收益法、专家咨询法等。

价格认定人员应当根据价格认定标的、价格内涵、价格认定目的及取得的相关资料选择一种最适宜的方法进行价格认定；也可以一种方法为主、其他方法为辅进行价格认定。

第五十九条　市场法是指通过市场调查，选择 3 个或者 3 个以上与价格认定标的相同或者类似的可比实例或者参照物，分析比较价格认定标的与参照物之间的差异并进行调整，从而确定价格认定标的市场价格的方法。市场法的适用条件：

（一）交易市场发育充分；

（二）参照物及其与价格认定标的可比较的指标、技术参数等资料可以搜集到。

第六十条　成本法是指在办理价格认定事项时，按照价格认定标的在基准日的重置成本扣减各种损耗来确定价格认定标的价格的方法。成本法的适用条件：

（一）具备可以采用的成本资料；

（二）各种损耗可以量化。

第六十一条　收益法是指将价格认定标的的预期收益，按一定的折现率折算

成现值,从而确定价格认定标的价格的一种方法。收益法的适用条件:

(一)价格认定标的的预期收益可以预测并能用货币衡量;

(二)获得预期收益所承担的风险可以预测并能用货币衡量;

(三)预期获利年限可以预测。

第六十二条 专家咨询法是指运用统计分析的方法,对所收集到的有关价格认定标的价格的专家意见进行分析处理,从而确定价格认定标的价格的方法。专家咨询法的适用条件:

(一)价格认定标的属性特殊、专业性强,难以采用市场法、成本法和收益法;

(二)价格认定标的价格不取决于成本,其艺术价值、科学价值、历史价值等方面差异悬殊,可比性差。

二、全国人民代表大会常务委员会《关于司法鉴定管理问题的决定》(节选)

二、国家对从事下列司法鉴定业务的鉴定人和鉴定机构实行登记管理制度:

(一)法医类鉴定;

(二)物证类鉴定;

(三)声像资料鉴定;

(四)根据诉讼需要由国务院司法行政部门商最高人民法院、最高人民检察院确定的其他应当对鉴定人和鉴定机构实行登记管理的鉴定事项。

法律对前款规定事项的鉴定人和鉴定机构的管理另有规定的,从其规定。

三、《价格法》(节选)

第六条 商品价格和服务价格,除依照本法第十八条规定适用政府指导价或者政府定价外,实行市场调节价,由经营者依照本法自主制定。

第十一条 经营者进行价格活动,享有下列权利:

(一)自主制定属于市场调节的价格;

(二)在政府指导价规定的幅度内制定价格;

(三)制定属于政府指导价、政府定价产品范围内的新产品的试销价格,特定产品除外；

（四）检举、控告侵犯其依法自主定价权利的行为。

第十八条 下列商品和服务价格，政府在必要时可以实行政府指导价或者政府定价：

（一）与国民经济发展和人民生活关系重大的极少数商品价格；

（二）资源稀缺的少数商品价格；

（三）自然垄断经营的商品价格；

（四）重要的公用事业价格；

（五）重要的公益性服务价格。

四、《价格认定规定》（发改价格〔2015〕2251号）（节选）

第三条 对下列情形中涉及的作为定案依据或者关键证据的有形产品、无形资产和各类有偿服务价格不明或者价格有争议的，经有关国家机关提出后，价格认定机构应当进行价格认定：

（一）涉嫌违纪案件；

（二）涉嫌刑事案件；

（三）行政诉讼、复议及处罚案件；

（四）行政征收、征用及执法活动；

（五）国家赔偿、补偿事项；

（六）法律、法规规定的其他情形。

第十三条 价格认定机构办理价格认定事项时，价格认定人员不得少于2人。

第十四条 价格认定人员应当根据价格认定对象和目的，按照价格认定工作制度、规则、程序、方法进行价格认定。

第十五条 价格认定人员应当全面、客观、公正地收集资料作为价格认定依据，并对其真实性、合法性和关联性进行审查。

第十六条 价格认定机构应当对价格认定结论进行内部审核，对重大、疑难的价格认定事项应当进行集体审议。

第十七条 价格认定机构应当在接受价格认定提出机关提出价格认定事项之日起7个工作日内作出价格认定结论;另有约定的,在约定期限内作出。

第十八条 价格认定机构作出的价格认定结论,经提出机关确认后,作为纪检监察、司法和行政工作的依据。

第十九条 价格认定提出机关对价格认定结论有异议的,可在收到价格认定结论之日起60日内,向上一级价格认定机构提出复核。提出复核不得超过两次。

必要时,国务院价格主管部门的价格认定机构可对省、自治区、直辖市人民政府价格主管部门的价格认定机构作出的二次复核进行最终复核。

第二十条 对重大、疑难的复核事项,价格认定机构认为必要或者价格认定提出机关提出申请,价格认定机构可通过听证、座谈等方式,听取价格认定提出机关、相关当事人、专家的意见。

第二十一条 价格认定机构应当在接受价格认定提出机关提出复核事项之日起60日内作出复核决定;另有约定的,在约定期限内作出。

五、《被盗财物价格认定规则(2020年)》(节选)

第二条 各级价格认定机构对被盗财物进行价格认定,适用本规则。国家法律、法规另有规定的,从其规定。

第三条 本规则所称被盗财物价格认定,是指价格认定机构对公安机关、人民检察院、人民法院(以下简称"提出机关")办理的涉嫌盗窃罪案件中无被盗财物有效价格证明或者根据价格证明认定盗窃数额明显不合理时,进行价格确认的行为。

第八条 价格认定人员应当根据价格认定委托书、协助书内容进行实物查验或者勘验。

(一)被盗财物为工业品的,应当对品名、规格型号、制造厂家、出厂日期、购置日期、技术指标、质量等级、保质期限、外形尺寸、数量(重量)等进行查验或者勘验,并确认其基准日的状态;应当根据磨损程度、损坏程度、维护保养状况、物理

形状变化、操控性能、配置状况、功能适用状况等因素,确定成新率;

(二)被盗财物为农产品的,属于种植产品,应当对立地条件、栽培面积、品种、生长势、生长周期具体时段、生长发育阶段、正常产量、品质、成品率等进行查验或者勘验;属于养殖产品,应当对种类、品系、养殖条件、面积、规模、用途、出栏率、产品周期、生长时间、生长发育阶段、主产品和副产品正常产量、仔畜死亡率等进行查验或者勘验;

(三)被盗财物为书画、文物、珠宝玉石等需要进行真伪、质量等检测的,应当结合提出机关提供的真伪、质量检测证明,对作者、创作年代、作品质量、历史价值、规格尺寸、品相以及品牌、重量、材质、颜色、净度等级、工艺水平和配件等进行查验或者勘验;

(四)进行查验或者勘验时,应当注意区别查验日或者勘验日与价格认定基准日时实物状况可能存在的差异。

第十四条 被盗财物属性特殊、专业性强,难以采用市场法和成本法进行价格认定时,可以采用专家咨询法。

在运用市场法和成本法过程中咨询有关专家的,不属于专家咨询法。

第十六条 抢劫罪、抢夺罪、诈骗罪、聚众哄抢公私财物罪、侵占罪、职务侵占罪、挪用特定款物罪、敲诈勒索罪等侵犯财产罪案件涉案财物价格认定,可以参照本规则执行。

第二部分:该类鉴定意见的一般质证要点

一、审查价格认定主体资格

国家发展和改革委员会价格认证中心《关于停止办理价格鉴证机构资质证等有关事项的通知》(发改价证综〔2016〕38 号)规定,根据国家发展和改革委员会有关工作要求,决定停止办理《价格鉴证机构资质证》,已发放的机构资质证书不再作为行政证明使用。鉴于各级政府批准设立的价格认定机构(原价格鉴证机构)的职能已由同级编制部门确定,国家发展和改革委员会《关于印发〈价格认定规定〉的通知》(发改价格〔2015〕2251 号)也明确了价格认定机构的工作范围,价格认定机构开展价格认定工作不需提供相关证明,职能相关文件依据还有国家发展和改革委员会、最高人民法院、最高人民检察院、公安部、财政部《关于扣押追缴没收及收缴财物价格鉴定管理的补充通知》(发联厅〔2008〕1392 号)等,故价格认定人员出庭时只需对法庭作出合理解释,无须再提供机构资质证、人员资质等相关证明材料。

虽然辩护人(代理人)仍然可以在形式要件上对价格认定结论书的书面格式、类型和内容,结论书要件是否齐全,价格认定人员的人数,价格认定人员签名或盖章,甚或是主体资格等问题提出疑问,但在目前实践中,辩护过程的重点突破口仍应放在价格结论的实体问题上。

二、审查是否进行了实物查(勘)验

实物查(勘)验方面,辩护人(代理人)应该重点审查是否对价格认定标的进行了实物查(勘)验。司法实践中,司法鉴定的评估机构不对现场进行查勘也时有发生,价格认定结论目前看比鉴定意见有着更为宽松的要求,不进行现场查勘的情况较常见,因此,辩护人(代理人)在申请价格认定人出庭时,应该对该问题予以重点审查,向价格认定人询问实物查(勘)验的参加人员、人数、时间、地点,实物查(勘)验记录是否完整、客观,实物查(勘)验情况是否与价格认定协助书载明标的情况相符等。

三、对没有实物标的认定的审查

辩护人(代理人)应该重点审查无实物标的的状况是如何确定的,价格认定人员是否到过现场,是否看到实物,是否进行过测量,是否有标的物灭失之前的照片、录像资料,灭失前标的物状态、新旧、功能、属性、破损等情况如何,对无实物标的认定的参考依据是什么,认定结果和实物价格的差异有哪些,有没有其他书证予以佐证等。

四、审查价格认定过程是否科学、合理、客观

价格认定过程包括了价格调查、价格认定的方法、价格认定的依据。其中,价格调查包括如何开展市场调查，其调查过程是否全面、真实、客观，调查了多少家类似单位的相同产品，市场调查是否具有代表性，其价格的出处、来源、市场调查渠道是否正规，材料调取和收集主体是否合法，是否与价格认定具有关联性等均应审查。

五、对计算方法的审查

价格认定结论和本书“价值评估报告质证要点”所述的价值计算方法是相似的。价格认定的计算方法有市场法、成本法、收益法等，根据不同的情形选择不同的计算方法。辩护人（代理人）可以对市场法测算如何选择参照物、参照物选择的个数，成本法测算中重置成本如何确定、成新率如何确定、是否考虑了残值，收益法测算中收益年限如何确定、收益额如何计算、折现率如何确定，对专家咨询库中有关专家的选取、专家是否与案件存在利害关系、专家是否具有相关专业资质等提出系列质疑。

六、对价格认定结论的审查

审查价格认定结论的作出方式、价格认定是否超出时限要求、价格认定事项与价格认定协助书及提出机关提供的相关材料是否一致、认定结果是否草率等。

第三部分：实案诠释鉴定意见质证要点

【案例一】

一、案情简介

被告人王小力[①]，2010～2012 年利用担任××市住建局房地产处处长、局长及××市人大城建环资委主任的机会，利用职权收受他人财物，共计 50 余万元。

2002 年 11 月，在王小力的哥哥王大力购买房产过程中，××市浩跃房地产开发公司总经理于文×为了感谢利用职务便利给予其公司帮助的被告人王小力，以低于同期市场价格 28.55 万元的价格向王大力出售房产一套。

---

① 本案例使用的均为化名。

二、鉴定意见原文

××市价格认证中心文件

价格认定结论书

×价认字(2017)××××号

××市人民检察院:

你单位于2017年8月29日出具的《价格认定协助书》收悉。我单位遵循依法、公正、科学、效率的原则,按照规定的标准、程序和方法,对××市好人公寓A座楼3单元110室房产及A-20号地下车位的市场价格进行了认定。现将价格认定情况综述如下:

一、价格认定事项描述

(一)价格认定标的:××市好人公寓A座楼3单元110室房产,建筑面积92.10平方米,A-20号地下车位一个。

(二)价格认定目的:确定价格认定标的在2012年11月14日的当地市场价格,为提出机关办理案件提供价格依据。

二、价格认定依据

(一)国家、地方有关法律、法规及相关文件

1.《价格法》;

2.国家发展和改革委员会《价格认定规则》。

(二)提出方提供资料

1.河北省××市人民检察院《价格认定协助书》;

2.提出方提供的相关资料。

三、价格认定过程及方法

我中心受理价格认定协助后,成立价格认定小组,依据你单位提供的相关资料,根据国家有关规定和标准,严格遵循价格认定程序和原则,认其分析研究,经

集体审议确定,采用市场法对价格认定标的在2012年11月14日的当地市场价格进行了客观公正的分析测算,得出价格认定结论。

四、价格认定结论

××市好人公寓A座楼3单元110室房产及A-20号地下车位于2012年11月14日的市场总价格为人民币伍拾捌万伍仟伍佰元整(¥585,500.00),其中:好人公寓A座楼3单元110室房产市场价格为460,500.00元,A-20号地下车位市场价格为125,000.00元。

五、价格认定限定条件

(一)本结论书的价格认定结论依据了提出机关提供的材料。

(二)价格认定结论是在特定的前提和假设条件下作出的,仅在该前提和假设条件存在的情况下,价格认定结论方予成立。

(三)价格认定结论受到国家宏观经济政策、不可抗力或者特殊交易方式的影响。

(四)我中心在认定过程中已经发现可能影响价格认定结论的因素,但非本专业所能涉及,设定本次价格认定为考虑上述因素。

六、其他需要说明事项

(一)价格认定结论受价格认定结论书所述限定条件限制。

(二)提出机关对其提供资料的真实性负责。

(三)本次价格认定结论仅对本次价格认定有效,不得作为他用。

(四)本单位及价格认定小组人员与该认定标的没有利益关系,与当事人没有利害关系。

(五)提出机关如对本价格认定决定有异议,可在收到价格认定论书之日起60日内,向河北省物价局价格认证中心申请复核;当事人如对本价格认定结论有异议,应自收到价格认定结论书之日起15日内,向提出机关提出,由提出机关根据具体情况决定是否提出复核。

××市价格认证中心

2017年9月1日

三、鉴定意见质证要点整理

(一)价格结论书对价格认定过程几乎没有描述记载

价格结论书对价格认定的过程,比如鉴定人是否进行了现场查勘、是否进行了市场调查、得出结论的方法、适用的方法和依据、计算的方法、计算和测算的公式、参考数字的来源等均没有记载。价格认定结论书只用了一句“经集体审议确定,采用市场法对价格认定标的在2012年11月14日的当地市场价格进行了客观公正的分析测算,得出价格认定结论”作为对认定过程的描述,这样的认定不能让人信服。因此,辩护人认为该价格认证中心出具的《价格认定结论书》认定依据明显不足,认定结论不足以采信。

(二)无法判断价格认定人与本案当事人是否有利害关系

价格结论书记载“认定小组人员与该认定标的没有利益关系,与当事人没有利害关系。”在价格认定结论书不载明认定人信息的情况下,辩护人及当事人无从得知价格认定结论书的认定人是否和当事人有利害关系。当事人是公务员,而价格认定书的作出机关同属行政机关下属单位,有存在利害关系的可能性。

(三)采取2012年11月14日的市场价格错误

虽然王大力的合同签订日期是2012年11月14日,但是基于之前双方对买房事情及价格的初步确认才执行了2008年的价格,控方拿2012年11月14日的市场价格认定结果减去王大力实际买房的金额得出王小力的受贿金额,是错误的。因为按照2008年价格购房有其原因,真正优惠的原因到底是什么,并未确定。于几方来说,所谓的打招呼买房子,这里到底看了几分私交朋友面子?是基于直到今天仍然拖欠货款?还是掺杂职权影响因素?各种情况交织在一起,或许无法厘清,无法区分,因为人本就是社会人,无法脱离社会,更无法脱离职业给个体塑造的一切。究其根本,作为商人,出于趋利避害的本能,基于公平交易的原始认识,于文×从内心认为拖欠货款和王大力晚交钱本质上没什么两样。2008年,王小力、王大力都曾经跟于文×说过要购买房子的事情,于文×不好意思不按照

2008 年的价格出售。正是基于这种心理,他才会有本案中的行为。这应该是根本原因。

(四)同期同地段价格均低于认定价格

辩护人在房产交易网上查询到的同期同地段的 3 套房屋及车位价格均低于本案价格认定中心认定的价格,该交易网也是大部分评估公司评估查询数据的网站,数据公开,具有参考价值和可信力。

(五)不应当以价格认定结论书作为量刑依据

价格认定中心出具的结论书的性质在司法实践中争议较大,有人认为其是鉴定意见,也有人认为其是检验报告,还有人认为其是行政确认行为。辩护人认为,无论其是什么性质,在一个一定程度上靠数额进行量刑的受贿犯罪案件中,用价格认定中心出具的内容草率,形式欠缺完整性,实体无法确定是否科学合理,认定过程根本无从知晓的结论书作为量刑依据,有失严肃,更失公正。

【案例二】

一、案情简介

本案所涉罪名是职务侵占罪。伍××为某公司经理,在工作过程当中,将给国外客户定制的 TPFY07021E 电容式触摸屏利用职务便利据为己有。后伍××离开公司无法联系,因无法向客户交货导致某公司违约,某公司报案。

二、鉴定意见原文

关于"伍××职务侵占案"中涉案物品的

价格建议函

深×价鉴字[2014]第00××号

深圳市公安局××分局经济犯罪侦查大队:

贵单位于二〇一四年三月二十五日委托我认证中心评估"伍××职务侵占

案”中型号为 TPFY07021E 的电容式触摸屏壹仟贰佰片。因赃物未缴获，且涉案物品是依据客户委托定制，难以查实市场价格。根据委托方提供订购单、出口商品发票价格及委托数量折算成人民币则涉案赃物总价为 556,193 元，仅供参考。价格明细附后（略）。

深圳市××区价格中心

二〇一四年三月二十八日

三、鉴定意见质证要点整理

首先，价格建议函不符合《刑事诉讼法》规定的任何一种证据，既不是鉴定意见，也不是书证等，在司法实践中，价格认定中心出具价格认定书有国家发展和改革委员会的相关文件予以规定，但是，价格建议函和价格认定书的性质截然不同。

其次，价格建议依据订购单、出口发票价格及数量折算计算金额没有依据。这些基础资料在卷宗中都有，正是因为侦查机关无法根据这些资料计算商品金额才委托价格认证中心核算，如果价格认证中心仅仅依据这些基础材料而不进行市场比较等科学方法分析后再计算出金额，委托也就失去了意义。

非公知性司法鉴定意见的质证要点

在侵犯商业秘密案件中，一般会有三个鉴定意见：非公知性鉴定意见、同一性鉴定意见和价值评估报告。三个鉴定意见组成一个证据链条，证明三个问题："我有秘密""你拿走了我的秘密""由此给我造成了损失"。非公知性鉴定意见证明了第一个，也是其中最为重要的一个问题，因其技术性难度大，也使得部分辩护人（代理人）的质证辩护工作流于形式质证，限于程序质证，不能够对鉴定意见中的实体进行有效质证。因此，只有掌握必要的一般质证要点，深入研究个案中的特殊质证要点，才能够真正对一份非公知性鉴定意见进行有效质证。

第一部分：该类鉴定意见适用案件的主要法律规定

一、《反不正当竞争法》（节选）

第九条 经营者不得实施下列侵犯商业秘密的行为：

（一）以盗窃、贿赂、欺诈、胁迫、电子侵入或者其他不正当手段获取权利人的商业秘密；

（二）披露、使用或者允许他人使用以前项手段获取的权利人的商业秘密；

（三）违反保密义务或者违反权利人有关保守商业秘密的要求，披露、使用或者允许他人使用其所掌握的商业秘密；

（四）教唆、引诱、帮助他人违反保密义务或者违反权利人有关保守商业秘密的要求，获取、披露、使用或者允许他人使用权利人的商业秘密。

经营者以外的其他自然人、法人和非法人组织实施前款所列违法行为的，视为侵犯商业秘密。

第三人明知或者应知商业秘密权利人的员工、前员工或者其他单位、个人实施本条第一款所列违法行为，仍获取、披露、使用或者允许他人使用该商业秘密的，视为侵犯商业秘密。

本法所称的商业秘密，是指不为公众所知悉、具有商业价值并经权利人采取相应保密措施的技术信息、经营信息等商业信息。

第二十一条　经营者以及其他自然人、法人和非法人组织违反本法第九条规定侵犯商业秘密的，由监督检查部门责令停止违法行为，没收违法所得，处十万元以上一百万元以下的罚款；情节严重的，处五十万元以上五百万元以下的罚款。

第三十二条　在侵犯商业秘密的民事审判程序中，商业秘密权利人提供初步证据，证明其已经对所主张的商业秘密采取保密措施，且合理表明商业秘密被侵犯，涉嫌侵权人应当证明权利人所主张的商业秘密不属于本法规定的商业秘密。

商业秘密权利人提供初步证据合理表明商业秘密被侵犯，且提供以下证据之一的，涉嫌侵权人应当证明其不存在侵犯商业秘密的行为：

（一）有证据表明涉嫌侵权人有渠道或者机会获取商业秘密，且其使用的信息与该商业秘密实质上相同；

（二）有证据表明商业秘密已经被涉嫌侵权人披露、使用或者有被披露、使用的风险；

（三）有其他证据表明商业秘密被涉嫌侵权人侵犯。

二、《刑法》（节选）

第二百一十九条　【侵犯商业秘密罪】有下列侵犯商业秘密行为之一，情节严重的，处三年以下有期徒刑，并处或者单处罚金；情节特别严重的，处三年以上十年以下有期徒刑，并处罚金：

（一）以盗窃、贿赂、欺诈、胁迫、电子侵入或者其他不正当手段获取权利人的商业秘密的；

（二）披露、使用或者允许他人使用以前项手段获取的权利人的商业秘密的；

（三）违反保密义务或者违反权利人有关保守商业秘密的要求，披露、使用或者允许他人使用其所掌握的商业秘密的。

明知前款所列行为，获取、披露、使用或者允许他人使用该商业秘密的，以侵犯商业秘密论。

本条所称权利人，是指商业秘密的所有人和经商业秘密所有人许可的商业秘密使用人。

第二百二十条　【单位侵犯知识产权罪的处罚规定】单位犯本节第二百一十三条至第二百一十九条之一规定之罪的，对单位判处罚金，并对其直接负责的主管人员和其他直接责任人员，依照本节各该条的规定处罚。

三、《司法鉴定程序通则》（节选）

第十二条　委托人委托鉴定的，应当向司法鉴定机构提供真实、完整、充分的鉴定材料，并对鉴定材料的真实性、合法性负责。司法鉴定机构应当核对并记录鉴定材料的名称、种类、数量、性状、保存状况、收到时间等。

诉讼当事人对鉴定材料有异议的，应当向委托人提出。

本通则所称鉴定材料包括生物检材和非生物检材、比对样本材料以及其他与鉴定事项有关的鉴定资料。

第十八条　司法鉴定机构受理鉴定委托后，应当指定本机构具有该鉴定事项执业资格的司法鉴定人进行鉴定。

委托人有特殊要求的，经双方协商一致，也可以从本机构中选择符合条件的司法鉴定人进行鉴定。

委托人不得要求或者暗示司法鉴定机构、司法鉴定人按其意图或者特定目的提供鉴定意见。

第十九条 司法鉴定机构对同一鉴定事项,应当指定或者选择二名司法鉴定人进行鉴定;对复杂、疑难或者特殊鉴定事项,可以指定或者选择多名司法鉴定人进行鉴定。

第三十三条 鉴定过程中,涉及复杂、疑难、特殊技术问题的,可以向本机构以外的相关专业领域的专家进行咨询,但最终的鉴定意见应当由本机构的司法鉴定人出具。

专家提供咨询意见应当签名,并存入鉴定档案。

第三十五条 司法鉴定人完成鉴定后,司法鉴定机构应当指定具有相应资质的人员对鉴定程序和鉴定意见进行复核;对于涉及复杂、疑难、特殊技术问题或者重新鉴定的鉴定事项,可以组织三名以上的专家进行复核。

复核人员完成复核后,应当提出复核意见并签名,存入鉴定档案。

第三十六条 司法鉴定机构和司法鉴定人应当按照统一规定的文本格式制作司法鉴定意见书。

第三十七条 司法鉴定意见书应当由司法鉴定人签名。多人参加的鉴定,对鉴定意见有不同意见的,应当注明。

第三十八条 司法鉴定意见书应当加盖司法鉴定机构的司法鉴定专用章。

第二部分:该类鉴定意见的一般质证要点

一、对鉴定机构的审查

鉴定意见后会附有《社会团体法人登记证书》《司法鉴定许可证》《人民法院司法鉴定人名册公告》《设立某知识产权司法鉴定中心的批复》等复印件,这些材料都是为了说明鉴定机构的资质。辩护人(代理人)应该重点审查鉴定机构是否办理了年检、是否处于营业执照中载明的有效期限内、鉴定范围是否包括商业秘密鉴定。

对鉴定机构的审查还应该更为深入地了解该鉴定机构的鉴定能力。比如,登录当地司法部门网站查询该鉴定机构的公示信息、登录该鉴定机构的网站查询该机构的著名案例、登录律师使用的办案软件查询该机构鉴定意见在判决书中被采纳的案例。总之,要对该机构的历史进行调查,尤其是该机构的案涉业务的批准鉴定时间、该机构有无因违法职业被处罚的情形,从而了解该机构的鉴定能力。

二、对鉴定人的审查

辩护人(代理人)应当重点审查鉴定意见后附的鉴定人从业资格证书复印件、鉴定人的基本情况表格等,但是仅仅了解这些是不够的,还应该通过各种渠道查询了解该鉴定人的基本情况,包括其执业年限、学历背景、专职工作、年龄、鉴定过的案例、发表的论文等,信息越多会越准确地帮助你了解鉴定人的鉴定能力,为辩护人(代理人)在鉴定人出庭时对其发问质疑提供角度和素材。

三、对复核人或者专家的审查

《司法鉴定程序通则》第 35 条规定,司法鉴定人完成鉴定后,司法鉴定机构应当指定具有相应资质的人员对鉴定程序和鉴定意见进行复核;对于涉及复杂、疑难、特殊技术问题或者重新鉴定的鉴定事项,可以组织 3 名以上的专家进行复核。复核人员完成复核后,应当提出复核意见并签名,存入鉴定档案。辩护人(代理人)对复核人的审查主要是审查复核人是进行了实质审查还是只是签字走形式、复核人有没有相关审查的资格和能力。

《司法鉴定程序通则》第 33 条规定,鉴定过程中涉及复杂、疑难、特殊技术问题的,可以向本机构以外的相关专业领域的专家进行咨询,但最终的鉴定意见应当由本机构的司法鉴定人出具。专家提供咨询意见应当签名,并存入鉴定档案。也就是说,复杂、疑难、特殊技术问题一般会聘请专家,专家应该是对本案所涉问题具有专门知识技术的人。所以,对专家的审查除了审查其专业能力之外,主要审查该鉴定意见是否完全依赖专家作出。

另外,需要注意的是,复核人和专家都不能出庭接受质询。

四、对鉴定截止日期的确定是否合理的审查

非公知性鉴定意见会确定一个截止日期,在此日期之前,某技术是不为公众所知悉的信息。这个日期应该是被告人泄露秘密的那一天，如果不是，则此日期应该受到质疑。

五、对鉴定委托程序的审查

鉴定一般是由司法机关委托，鉴定意见后会附有聘请书，需要审查聘请书和鉴定意见出具时间前后程序是否矛盾，鉴定委托机关是否为本案侦查机关或者司法办案机关。尤其需要注意聘请书记载的委托事项同鉴定意见书记载的事项必须完全一致。非公知性鉴定委托的过程反反复复，或许确定委托的周期很长，所以，委托书聘请时间出现错误的概率较大。

六、对鉴定检材的审查

鉴定意见会罗列侦查机关提供的检材，这些检材必须是被告人所违法使用或者泄露的检材，必须是案件中已经在案的证据，更确切地说，是辩护人（代理人）也能够看到的材料，否则，鉴定意见将会因为扩大了检材范围而不能适用于本案。

七、对签字、证号等形式问题的审查

审查鉴定意见中的鉴定人签字是否为鉴定人本人签字、执业证号是否和执业证复印件一致。一个严肃的鉴定意见是不会出现如此瑕疵问题的，虽然瑕疵可以补正，但是辩护人（代理人）提出对上述问题质疑的意义在于让法官对鉴定意见的严肃性产生怀疑。

八、对鉴定结论是否正确的审查

审查鉴定结论是否正确，是对该鉴定意见的实体审查，如审查鉴定过程是否科学细致，鉴定的信息是否是不为公众所知悉的信息。

第三部分：实案诠释鉴定意见质证要点

一、案情简介

吴×，在ZXX公司工作多年，后于201×年离开ZXX公司，到一家类似的民营企业工作，在这里他发明了多项专利并研发了新的工艺包——“美丽工艺包”。该民营企业在将工艺技术工业化的过程中，需要设计院设计图纸，于是，该民营企

业将新工艺包等资料交给了江西某设计院，签订了合同，让其设计 PID 图纸等。江西某设计院与 ZXX 公司曾有过合作，对 ZXX 公司的工艺比较清楚，吴×为了让江西某设计院能够尽快设计出图纸，离开时将随身带的 ZXX 公司工艺包交给了江西某设计院，供其参考。后该民营企业技术开发成功。其间，又有多人离开 ZXX 公司。201×年，ZXX 公司启动追究离职人员的刑事责任的诉讼，201×年立案，201×年涉案×人被捕羁押。

二、鉴定意见原文

××司法鉴定中心司法鉴定意见书

××司鉴中心[201×]知鉴字第00×号

委托人：××市公安局

委托事项：委托××司法鉴定中心就以下六套文件中的整体化工工艺流程在201×年8月1日以前是否包含不为公众所知悉的技术信息出具鉴定意见：

1.《甲化纤有限责任公司J装置6.×改1×工程100kt/aHA化装置——基础工程设计》（共×册）；

2.《甲化纤有限责任公司J装置6.×改1×工程可行性研究报告》（共×册）；

3.《A化装置岗位操作法》（甲化纤有限责任公司，共×册）；

4.《A化装置工艺技术规程》（甲化纤有限责任公司，共×册）；

5.《ZXX公司、甲化纤有限责任公司××万吨/年HA化装置工艺包》（×册）；

6.《×万吨/年J装置工艺操作手册》（共×册）。

委托××司法鉴定中心就HA化合成H2阶段的T器设备数据在201×年8月1日以前是否包含不为公众所知悉的技术信息出具鉴定意见。

委托日期：201×年2月10日

送鉴材料：

1.《甲化纤有限责任公司J装置6.×改1×工程100kt/aHA化装置——基础工程设计》(共×册);

2.《甲化纤有限责任公司J装置6.×改1×工程可行性研究报告》(共×册);

3.《A化装置岗位操作法》(甲化纤有限责任公司,共×册);

4.《A化装置工艺技术规程》(甲化纤有限责任公司,共×册);

5.《ZXX公司甲化纤有限责任公司××万吨/年HA化装置工艺包》(×册)(包含HA化合成H2阶段的T器设备数据);

6.《×万吨/年J装置工艺操作手册》(共×册)。

鉴定日期:201×年3月14日

鉴定地点:××司法鉴定中心办公室

在场人员:专家鉴定小组成员、本中心工作人员

一、鉴定过程

201×年2月10日,××市公安局委托××司法鉴定中心就以下六套文件中的整体化工工艺流程在201×年8月1日以前是否包含不为公众所知悉的技术信息、就HA化合成H2阶段的T器设备数据在201×年8月1日以前是否包含不为公众所知悉的技术信息进行鉴定;

201×年2月27日,××司法鉴定中心收到委托方的鉴定款项开始鉴定工作;

201×年3月2日××司法鉴定中心向委托方发出鉴定人名单和是否申请回避的通知,委托方于201×年3月3日回复××司法鉴定中心,对鉴定专家不申请回避。

××司法鉴定中心根据委托方提出的鉴定请求组成专家组,于201×年3月6日在××司法鉴定中心召开了鉴定会。

鉴定专家组通过对送鉴材料进行分析,并经过充分研究、认真评议,最终形成了本鉴定书。

二、鉴定依据的法律规范

针对委托方提供的事实，本中心根据《中华人民共和国反不正当竞争法》《中华人民共和国刑法》及相关法律、法规、司法解释、《司法鉴定程序通则》及司法鉴定相关规定，并严格遵照《××知识产权司法鉴定中心工作规程》作出鉴定结论。

三、鉴定对象

……（同送鉴材料）

四、技术分析及其结论

针对委托事项，专家组仔细查阅了委托人提供的有关资料，经分析与讨论，认为：

1.《×万吨/年J装置工艺操作手册》（送鉴材料6）涉及甲化纤有限公司采用JB法生产的年产×万吨J生产工艺，《×万吨/年J装置工艺操作手册》就是这一工艺技术的生产技术资料。JB法是通过JB氧化，加××进行XA化而制取J。

2.中国××化工研究院发明了新型催化剂T分子筛（获得××××年国家技术发明×等奖），利用这一催化系统开发出HA化生产J新工艺，200×年在乙公司工业化生产，甲化纤有限公司采用上述技术，以H为原料，再催化反应生成H2，再进行×××法重排制成J。甲化纤有限公司上述送鉴材料1－5则具体涉及这一生产技术的具体生产装置和工艺流程。

3.上述送鉴材料1－6是建立HA化装置、实现工艺流程、进行工艺操作、实现J工业生产的实用资料。

……

五、鉴定结论

经过中国化信息中心查新（科技查新报告编号201×－0××）和对送鉴材料的分析，鉴定专家组充分研究、认真评议，得出如下鉴定结论：

1.在201×年8月1日以前，上述送检材料都属于内部资料，涵盖了H生产J的整体化工工艺流程，包含不为公众所知悉的技术信息，未见公开报道。

2.在201×年8月1日以前，上述送鉴材料中的HA化合成H2的T器设备数据属于内部资料,包含不为公众所知悉的技术信息,未见公开报道。

六、其他

本鉴定结论根据委托人所提供的送鉴材料作出。

专家(司法鉴定人)签名:张×× 王××

执业证号:×××××××××××××

×××××××××××××

专家顾问签名:刘××

××司法鉴定中心

二〇一×年三月×日

附件

科技查新报告(报告编号201×-0××)(略)

三、鉴定意见质证要点整理

(一)程序问题

1. 委托鉴定事项没有明确技术信息的秘密点的具体内容,鉴定结论没有明确技术信息的秘密点

《司法鉴定程序通则》是司法鉴定的准则,必须遵照执行。根据《司法鉴定程序通则》的规定,委托事项应明确,本案鉴定的委托事项不符合要求。秘密点是商业秘密的核心所在。判定一项技术是否属于不为公众所知悉的技术信息,应以秘密点为判定对象。在没有明确秘密点的情况下,一项技术不能作为是否不为公众所知悉的技术信息的鉴定委托事项。侦查机关的鉴定委托事项不明确,不符合鉴定委托的要求。而鉴定机构也没有在鉴定结论中明确技术信息中包含了什么秘密点。

2. 检材有问题

因为本案没有扣押清单,所以无法确定鉴定意见中的检材就是现场扣押的证据,因此无法确定检材就是吴×从ZXX公司拿出来后交给江西某设计院的资料。

第一,00×号鉴定意见书中的6个检材并非全部都是吴×从ZXX公司带出来的。鉴定的目的是证明吴×从ZXX公司带出来的资料中包含了商业秘密,其披露让他人使用的行为构成了侵犯商业秘密罪。可是,6个检材中只有1号检材《甲化纤有限责任公司J装置6.×改1×工程100kt/aHA化装置基础工程设计》(共×册)、5号检材《ZXX公司股份公司、甲化纤有限责任公司××万吨/HA化装置工艺包》(×册)是吴×从ZXX公司带出来的,其余检材都不是,而鉴定结论中并没有将1号检材、5号检材中包含什么商业秘密与其他检材中包含什么商业秘密分开。

第二,6号检材是《×万吨/年J装置工艺操作手册》,00×号鉴定意见书第5页技术分析中认为,《×万吨/年J装置工艺操作手册》就是这一工艺技术的生产技术资料,JB法是通过JB氧化,加××而制取J。而在00×号鉴定意见书的附件,即科技查新报告第10页,有对该《×万吨/年J装置工艺操作手册》的再次描述,但是该处是这样描述的:"L公司工程建设指挥部外事处共×册"。L公司关于×万吨/年J装置采用是的××法制取J,而在鉴定意见书中称该工艺操作手册内容是JB法制取J,二者完全不是一种工艺。最重要的,无论是××法还是JB法,都与ZXX公司所主张的A化法没有关系,三种不同的制取J的办法各自工艺不同。很显然,把JB法制作J的工艺放到A化法制取J的鉴定中,没有任何说服力。

3.鉴定人不具有相关专业知识

《刑事诉讼法》第144条规定①,为了查明案情,需要解决案件中某些专门性问题的时候,应当指派、聘请有专门知识的人进行鉴定。《司法鉴定程序通则》第18条规定,司法鉴定机构受理鉴定委托后,应当指定本机构具有该鉴定事项执业资格的司法鉴定人进行鉴定。本案中两名鉴定人,王×——××大学副教授;张

---

① 本案适用的是2012年修正的《刑事诉讼法》,现行有效的2018年修正版中,该规定为第146条。

×——北京××知识产权代理有限公司工作人员,网上可查的资料显示其为工程师,研究方向是矿业开采、劳动保护,和J毫无关联。辩护人认为,本案中,鉴定意见作为专门针对商业秘密的专门知识,应该委托在该领域有专门知识技术的人员进行鉴定,而不是仅具有知识产权方面的法律知识或者职称就能够对相关化工领域的专门问题做鉴定。因为有关HA化技术的技术信息是否属于商业秘密属于技术范畴,而非司法范畴。在本案中,出具鉴定意见的鉴定人张×、王×不具有相关专业技术,按照最高人民法院《关于适用〈中华人民共和国刑事诉讼法〉的解释》第85条第2项[①]的规定,鉴定人不具有相关专业技术或者职称,或者违反回避规定的鉴定意见不得作为定案的根据。

另外,专家顾问刘×——北京××××研究××院教授级高级工程师,一直从事X制品的研究开发以及特种X、XS共混的应用研究工作。中华知网刊载了19××年至今刘×单独署名或合著的文章共计××篇,全部是有关X工业研究的,没有一篇与J或N相关。

X和J二者同属化工行业,但却分属不同领域,差异性较大。这两个行业的生产流程和工业原理完全不同,如在X行业就没有T器数据。J属于N领域,在N行业还有其他2个比较接近的行业——JH切片、N6,如果聘请专家,应该聘请这3个领域的专家,才会对J领域有一个比较深入的了解。按照《司法鉴定程序通则》第33条的规定,鉴定过程中,涉及复杂、疑难、特殊技术问题的,可以向本机构以外的相关专业领域的专家进行咨询。这里的相关专业领域不应宽泛到同属化工行业,虽然化工行业各领域在工业流程、工业设备、工业参数等方面有相通之处,但仍属于不同专业,正如大学老师和幼儿园的老师都属于教师序列,但是大学老师没有办法解决幼儿园小朋友吃饭睡觉的问题。

---

① 本案适用的是2012年的最高人民法院《关于适用〈中华人民共和国刑事诉讼法〉的解释》,现行有效的2021年修正版中,该规定为第98条第2项。

4. 未正确使用检索到的公开资料

在科技查新报告中，共筛选出××篇文献，查新结论表明，所检索的专利文献主要报道制备工艺、流程及反应参数；非专利文献主要集中在反应机理、合成路线综述、工艺条件优化和危险性分析的报道。委托方提供的技术信息侧重于工程化大生产装置的技术信息、技术规程、岗位操作以及经济指标，与公开报道不同。可是00×号鉴定意见书的鉴定结论的第一点就是对整体化工工艺流程的鉴定为商业秘密，这与查新反映的情况是矛盾的，为此，辩护人将上述××篇文章全部找出来并进行分析，结果，××篇文章中竟有数篇所反映的内容都是鉴定中所谓的不为公众所知悉的内容，然而这些文章均是已经公开发表的。由此可见，鉴定意见书及科技查新报告从一开始就是带着目的、按照特定的意图提供的，严重违背《司法鉴定程序通则》的规定。

5. 其他诸多问题

（1）没有复核。《司法鉴定程序通则》第35条规定，司法鉴定人完成鉴定后，司法鉴定机构应当指定具有相应资质的人员对鉴定程序和鉴定意见进行复核；对于涉及复杂、疑难、特殊技术问题或者重新鉴定的鉴定事项，可以组织3名以上的专家进行复核。00×号鉴定意见书没有复核。尤其是本案涉及的技术问题属于特殊技术问题，鉴定机构应该组织3名以上的专家复核，可是00×号鉴定意见书连复核程序都没有。尽管庭审中诉讼代理人称，作出鉴定意见时2016年修订的《司法鉴定程序通则》尚未生效，但是当庭出示的鉴定意见是证据，作为证据必须符合正在施行的法律，依据2016年修订的《司法鉴定程序通则》，必须复核。

（2）鉴定人签字没有文本打印名字。按照司法部颁布的司法鉴定意见书的文本要求，鉴定人应该打印文本和签字，也就是说，应该在鉴定意见书上打印鉴定人的名字然后由鉴定人签名。

（3）没有鉴定人的执业证复印件。

（4）没有司法鉴定委托书复印件。《司法鉴定程序通则》第36条规定，司法鉴定机构和司法鉴定人应当按照统一规定的文本格式制作司法鉴定意见书。按照规定，司法鉴定人的执业证书复印件应该放到鉴定资料中，但是 00×号鉴定意见书中没有看到两名鉴定人的执业证书复印件。

以上都是程序瑕疵问题，这种不严谨的态度直接导致了鉴定意见的不严谨，甚至是错误。

（二）实体问题

1. 鉴定结论 1 是错误的

在 00×号鉴定意见书第 5 页的技术分析及结论部分，第 1～3 自然段是对鉴定结论 1 的分析，但是第 1 自然段提及的送鉴材料 6 与鉴定结论 1 没有任何联系，这一点在程序问题中辩护人已经提及，此处不再赘述。第 2 自然段是对鉴定结论 1 的分析，但是该段仅是对 J 是如何制成的描述："以 H 为原料，再催化反应生成 H2，再进行×××法重排制成 J。"只有这一句基本的概念性描述，甚至没有进行分析，就得出了鉴定结论 1。

第一，鉴定结论 1 不明确，鉴定结论 1 描述 H2 生产 J 的整体化工工艺流程包含不为公众所知悉的技术信息，未见公开报道。委托方委托的鉴定事项是 6 套文件中的整体化工工艺流程在 201×年 8 月 1 日以前是否包含不为公众所知悉的技术信息，鉴定结论和委托事项不一致。最主要的是，H2 生产 J 的方法有十余种，鉴定结论指的是哪一种方法的整体化工工艺流程？委托方委托鉴定的事项又是哪一种方法的整体化工工艺流程？显然仅 6 个检材中就包含了两种制取 J 的方法，难道委托方的鉴定事项是检材 6 所述的 JB 法是否包含整体化工工艺流程？辩护人不得而知。

第二，假如鉴定结论中 H 生产 J 的方法指的就是 A 化法。那么这样的结论正确吗？答案是否定的。关于化工工艺流程的概念，化学工业出版社出版的《化工工艺概论》一书中是这样定义的："从原料开始，物料流经一系列由管道连结的设备，经过包括物质和能量转换的加工，最后得到预期的产品，将实施这些转换所需要的一系列功能单元和设备有机组合的次序和方式，称为工艺流程。"辩护人之所以肯定鉴定结论 1 是错误的，理由如下：

一方面,自20世纪意大利××公司在A化催化剂研究方面取得突破以来,国内外围绕A化技术生产J展开了大量的研究,众多的研究成果均已公开。通过对国内外公开的文献报道进行分析可知,与××××配套的提纯、溶剂分离等部分由于不包含关键技术,仅仅是常规的、成熟的萃取、蒸馏等公知的化工单元,无须付出创造性的劳动,一般技术人员只要具备化工生产的理论基础及工程经验,结合生产实践,即可科学地配置出配套流程,再借助软件计算,就能够轻易设计出完整、高效的详细整体化工工艺流程。

另一方面,在JA化领域,部分公开文献中也能看到有关A化的整体工艺流程的报道,从200×年开始,A化整体化工流程就已经在核心期刊上进行了多次披露,不存在"不为公共所知悉的技术信息"。如《HA化新工艺与××工艺技术对比分析》一文,通过对A化工艺与××工艺的流程对比、产品质量对比、反应过程和条件对比、主要物料消耗对比、催化剂使用情况对比,以及经济分析(投资、技术经济评价),阐述了A化相对于××工艺技术的先进性。文中对A化生产工艺流程等进行了全流程披露。

再如,《T分子催化HA化工业试验》一文,也是查新报告中的第×篇文章。针对A化装置运行中存在的××等问题提出了解决方案,并对世界范围A化技术的发展和装置整体工艺流程进行了描述。

查新报告中的第×篇文章——200×年发表的《HA化工艺中T分子研究》,也完整披露了整体化工工艺流程。

故此,鉴定结论1是错误的。

2. 鉴定结论2是错误的

鉴定结论2"HA化合成H2的T器设备数据属于内部资料,包含不为公众所知悉的技术信息,未见公开报道"的结论是错误的。理由如下:

HA化合成H2技术的核心是A化反应技术。HA化合成H2阶段的T器设备数据是与A化核心技术配套的辅助流程中的单元操作数据。如前所述,在工艺路线、生产规模一定的情况下,任何具有一定设计经验的设计单位只要掌握了核心技术，一般技术人员又具备化工生产的理论基础及工程经验，结合生产实践，即可科学地配置出配套流程，再借助软件计算，就能够轻易设计出完整、高效的详细流程。在A化装置中，这些流程中包含的工艺数据，如××，通过化工流程模拟软件××均可以得出，没有任何隐秘性和特殊性。

《HA化过程的××模拟》是××大学的一篇硕士研究生毕业论文；《××系统优化》一文作者用××软件作为工具，对T器设备数据进行了详尽的论述。这些数据与XX公司的××万吨/年A化装置的相关数据仅存在1%左右的差异。

总之，T器设备数据是具备化工专业知识的人借助软件就能得出准确结果的，知识经验越丰富准确度越高，XX公司和ZXX公司的相关数据都是委托××大学借助××软件计算出来的，假如两者相似也属正常。即只要掌握化工专业的通用技能就可以轻松计算出结果。从ZXX公司研发投入的资金分配就可以看出，ZXX公司没有对T器进行一分钱的投入，因为这一数据属于公知的，大家都可以计算得出的。所以，笔者分析的结论是，鉴定结论2是错误的。

通过部分证据文章等论述鉴定结论1、2是错误的，事实上，还有一篇文章更为重要，就在控方提交的证据中的查新文章中——查新××篇文献中的第×篇，这篇文章是201×年5月发表的，题目为《×××的优化》，该文章对通过工业试验研究××××提出了最优的反应条件，并通过进一步优化，使H2的质量进一步提高。文中参考ZXX公司的《J装置工业手册》，公开了A化反应的全部工艺参数。有公开的整体化工工艺流程，有全部工艺参数，不仅T器设备数据可以轻松借助软件计算得出准确结果，就连工艺包里面的所有数据都可以计算得出。简言之，工艺包里面的所有数据早就被公之于众，根本不存在商业秘密。

价值评估报告的质证要点

价值评估，即对资产、损失等进行估价，不仅在民事诉讼中被广泛应用，在很多刑事案件中也会见到价值评估报告的身影，有的称其为价值评估报告，有的称其为评估报告，但其实质都是鉴定意见。本书不讨论价值评估报告的性质，基于其是目前刑事案件中应用最为广泛的一种鉴定意见而将其列入，以期帮助读者掌握评估相关法律，熟悉评估方法，并结合实际案例准确找到辩点。

第一部分：该类鉴定意见适用案件的主要法律规定

一、财政部《关于印发〈资产评估基本准则〉的通知》（财资〔2017〕43号）（节选）

第九条 资产评估机构受理资产评估业务前，应当明确下列资产评估业务基本事项：

（一）委托人、产权持有人和委托人以外的其他资产评估报告使用人；

（二）评估目的；

（三）评估对象和评估范围；

（四）价值类型；

(五)评估基准日;

(六)资产评估报告使用范围;

(七)资产评估报告提交期限及方式;

(八)评估服务费及支付方式;

(九)委托人、其他相关当事人与资产评估机构及其资产评估专业人员工作配合和协助等需要明确的重要事项。

资产评估机构应当对专业能力、独立性和业务风险进行综合分析和评价。受理资产评估业务应当满足专业能力、独立性和业务风险控制要求,否则不得受理。

第十一条 资产评估机构受理资产评估业务应当与委托人依法订立资产评估委托合同,约定资产评估机构和委托人权利、义务、违约责任和争议解决等内容。

第十三条 执行资产评估业务,应当对评估对象进行现场调查,获取资产评估业务需要的资料,了解评估对象现状,关注评估对象法律权属。

第十六条 确定资产价值的评估方法包括市场法、收益法和成本法三种基本方法及其衍生方法。

资产评估专业人员应当根据评估目的、评估对象、价值类型、资料收集等情况,分析上述三种基本方法的适用性,依法选择评估方法。

第二十二条 资产评估报告正文应当包括下列内容:

(一)委托人及其他资产评估报告使用人;

(二)评估目的;

(三)评估对象和评估范围;

(四)价值类型;

(五)评估基准日;

(六)评估依据;

(七)评估方法;

(八)评估程序实施过程和情况;

（九）评估假设；

（十）评估结论；

（十一）特别事项说明；

（十二）资产评估报告使用限制说明；

（十三）资产评估报告日；

（十四）资产评估专业人员签名和资产评估机构印章。

第二十五条　资产评估报告载明的评估基准日应当与资产评估委托合同约定的评估基准日一致，可以是过去、现在或者未来的时点。

二、《司法鉴定程序通则》（节选）

第十一条　司法鉴定机构应当统一受理办案机关的司法鉴定委托。

第十六条　司法鉴定机构决定受理鉴定委托的，应当与委托人签订司法鉴定委托书。司法鉴定委托书应当载明委托人名称、司法鉴定机构名称、委托鉴定事项、是否属于重新鉴定、鉴定用途、与鉴定有关的基本案情、鉴定材料的提供和退还、鉴定风险，以及双方商定的鉴定时限、鉴定费用及收取方式、双方权利义务等其他需要载明的事项。

第二部分：该类鉴定意见的一般质证要点

一、对评估基准日的审查

评估基准日，是指法定资产评估机构接受客户的委托评估任务后，确定委托评估对象于某一日的公允价值，这个“某一日”就是评估基准日，精确到某年某月某日。评估基准日是界定评估责任范围的依据，也是确定评估结果有效期的重要依据。司法实践中，辩护人（代理人）应该结合具体案件，审查报告确定的评估基准日能否反映评估对象在当时的时间节点的准确价值。比如，在侵犯商业秘密案件中，评估侵权造成的损失时，一般是将商业秘密泄露的那一天确定为评估基准日。

二、审查损失区间日期的确定是否符合案情

在单纯计算价值的报告中往往只有评估基准日，有的评估报告中的损失时间是评估基准日之前的所有时间，有的是某一时间段。此时，需要辩护人（代理人）结合案情判断确定的这段时间是否是给对方造成损失的时间。

三、审查委托程序是否合法

一般刑事案件中控方证据是由侦查机关来委托审查，当然也不排除人民检察院和人民法院再次委托审查的情况。在审查时需要注意，委托程序应该有委托书，评估报告中也应该包含关于委托评估过程的描述。委托机构应该是对本案有司法管辖权的机构，被委托机构、评估人应该有评估资质，评估资质的年检、范围等必须符合要求。容易被忽视的一点是委托评估费用问题，在刑事案件中，委托评估的费用应该由委托机构负责缴纳，而个别案件中，这一费用是由被害人缴纳的。虽然目前并没有法律规定如果由被害人缴纳该费用会导致报告无效，但是评估机构的评估结果和评估费用挂钩，评估结果金额越大评估费用越高，趋利性可能会导致评估机构把评估结果拔高，有了这样的前提，评估结果的客观性将大大降低。

四、审查评估目的是否与委托事项相符

部分辩护人（代理人）会想当然地认为评估目的一定是查明案件的部分事实。但是，委托评估目的的表述有很大的差异，甚至可能由于办案人员对法律条文认识的差异导致委托事项不符合法律要求，或者由于评估机构的不严谨，擅自理解委托事项的字面含义，导致委托事项和评估目的不一致。

五、审查评估人是否到现场进行了勘验

《资产评估基本准则》要求评估人必须现场调查，在实践中评估人也都会现场调查，出现问题的是，出庭接受质询的不一定是去现场的评估人，因此出庭的评估人可能无法说清楚现场情况。

六、审查评估报告是否在开庭时已经超过有效期

评估报告的有效期一般是一年，因为刑事诉讼时间漫长，有可能在侦查阶段

作出的评估报告,在法庭庭审时已经过了有效期,辩护人(代理人)应该注意审查评估报告的有效期。

第三部分:实案诠释鉴定意见质证要点

【案例1】

一、案情简介

本案所涉罪名是聚众扰乱社会秩序罪。被害人欠钱不还,被告人上门采取汽车堵门、封堵锁眼、在门口卸沙子和垃圾等办法讨债,最终被指控涉嫌聚众扰乱社会秩序罪。侦查机关委托了一家资产评估事务所,对被害人的损失进行了评估。

二、鉴定意见原文

××市××坚果制品有限公司

停产期间经济损失价值评估报告书

××评报字(2017)第262号

××××资产评估事务所(普通合伙)接受××市公安局的委托,本着独立、客观、公正的原则,根据中国资产评估准则和其他相关法律、法规的要求,在公开市场的前提下,采用公认的评估方法,按照必要的评估程序,为××市××坚果制品有限公司因无法正常营业涉及的经济损失在评估基准日2017年10月23日的市场价值进行了评估,现将资产评估情况报告如下:

一、委托方、产权持有者和委托方以外的其他评估报告使用者

本评估项目的委托方为××市公安局。

本评估项目的产权持有方为××市××坚果制品有限公司。

本评估报告使用者为委托方及产权持有方,委托方以外其他评估报告使用者包括使用本报告的相关单位和评估行业主管协会等国家法律、法规规定的评估报告使用者。

(一)委托方及产权持有方

委托方:××市公安局

产权持有方:××市××坚果制品有限公司

名称:××市××坚果制品有限公司

统一社会信用代码:××

类型:有限责任公司(自然人独资)

企业住所:××市××村

法定代表人:××

注册资本:壹仟万元整

成立日期:2012年11月22日

营业期限:2012年11月22日至2032年11月21日

经营范围:炒货食品及坚果制品(烘炒类)加工(依法须经批准的项目,经相关部门批准后方可开展经营活动)

(二)委托方以外的其他评估报告使用者

委托方以外的其他评估报告使用者包括使用本报告的相关单位和评估行业主管协会等国家法律、法规规定的评估报告使用者。

二、评估目的

根据《资产评估业务委托约定书》,本次评估目的是了解××市××坚果制品有限公司因无法正常营业涉及的经济损失于评估基准日2017年10月23日的市场价值,为企业索赔提供价值参考依据。

三、评估范围和评估对象

本评估项目的评估对象为××市××坚果制品有限公司于评估基准日(2017年6月30日至9月24日)的停工经济损失;本评估项目的评估范围为××市××坚果制品有限公司申报的经济损失。

经济损失明细以××市××坚果制品有限公司提供的《资产清查明细表》为准。

以上评估范围与委托评估时确定的资产范围一致。

具体评估范围与对象请见本报告所附的《资产评估明细表》。

四、价值类型及其定义

参照国有资产管理与评估的有关法规，遵循客观、独立、公正和科学的原则及其他一般公认的评估原则，我们对评估范围内的资产进行了必要的核查及鉴定，查阅了有关文件及技术资料，实施了我们认为必要的其他程序，在此基础上，根据评估目的以及资产状况，确定资产评估的价值类型为：市场价值。

市场价值，指生产部门所耗费的社会必要劳动时间形成的商品的社会价值。市场价值是指一项资产在交易市场上的价格，它是买卖双方竞价后产生的双方都能接受的价格。

五、评估基准日

本次评估基准日为2017年10月23日。

本次资产评估基准日的确定，本着有利于保证评估结果有效地服务于评估目的，减少和避免评估基准日后的调整事项，准确划定评估范围，准确高效地清查核验资产，合理选取评估作价依据的原则，在委托方同意的基础上选取2017年10月23日为评估基准日。

本次评估中的一切取价标准均为评估基准日有效的价格标准。

六、评估依据

本次评估是在遵守国家现有的有关资产评估的法律、法规以及其他公允的评估依据、计价标准、评估参考资料的前提下进行的。

（一）行为依据

××市公安局××公（××）鉴聘字〔2017〕0070号鉴定聘请书。

（二）法律法规依据

……

（三）准则依据

……

(四)权属依据

1.企业营业执照;

2.评估申报表及其他会计资料;

3.会计凭证等其他产权证明文件;

4.其他资料。

(五)取价依据

评估人员采用的取价标准均为评估基准日正在执行的价格标准,具体包括:

1.《资产评估常用方法与参数手册》;

2.评估专业人员对资产核实、勘察、检测、分析等所搜集的佐证资料;

3.产权持有方提供的相关资料;

4.其他与评估有关的资料。

(六)其他依据

1.××市××坚果制品有限公司提供的资产清单和评估申报表、合同、发票等;

2.产权持有方承诺函;

3.国家有关部门颁布的统计资料和技术标准资料以及评估机构收集的其他有关资料。

七、评估方法

资产评估基本方法包括市场法、收益现值法和成本法。具体评估时要根据评估对象、价值类型、资料收集情况等相关条件,分析三种基本方法的适用性,恰当选择一种或多种资产评估基本方法。

市场法,是指将被评估资产与可比较的参考资产即在市场上交易过的可比资产进行比较,以参考资产的交易价格为基础,加以调整修正后确定其价值的评估方法。市场法以市场实际交易为参照来评价评估对象的现行公允市场价值,具有评估过程直观、评估数据取材于市场的特点。但运用市场法需要获得合适的市场交易参照物。

收益现值法,是指将被评估资产的预期未来收益以一定折现率资本化或折成现值以确定其价值的评估方法。收益现值法是以决定资产内在价值的根本依据——未来盈利能力为基础评价资产价值,反映了资产对于所有者具有价值的本质方面。但预测资产未来收益和选取折现率难度较大,采用收益现值法需要一定的基础条件。

成本法,是指首先估测被评估资产的重置成本,然后估测被评估资产业已存在的各种贬损因素,并将其从重置成本中予以扣除而得到被评估资产价值的各种评估方法的总称。

根据委托方委估资产特点,本次评估对于经济损失的评估采用成本法及收益现值法确定价值,以企业提供的资料作为原始数据进行评估,以估算价格作为最终的评估值。

企业原材料损毁或贬值造成的经济损失:

本次评估原材料毁损,是指原材料因停工不能如期使用造成的发霉变质而造成的损失。根据产权持有方提供的资料,其发霉变质的原材料无法使用,其必须按垃圾物品处理,因此本次评估以该部分的全部价值作为损失价值。

原材料毁损金额 = 原材料平均单价 × 原材料数量

本次评估原材料贬值,是指停工造成未发霉变质部分因新品上市造成积压,低价处理造成的贬值损失。根据产权持有方提供的资料,该部分虽然可以使用,但使用该部分原材料加工产品会给其带来负面影响,使其丧失企业信誉,影响企业未来经营和发展,该部分产品的处理方式是全部按垃圾物品处理或低价处理转让,低价处理转让该部分原材料,有利于减少企业的损失,因此本次评估以折价金额作为产权持有方的损失金额。

原材料贬值金额 = 原材料平均单价 × 原材料数量 × 贬值率

原材料数量以产权持有方提供的资料说明为准。原材料平均单价以产权持有方提供的资料结合市场调查资料估算的价格为准。详见《资产评估明细表》。

经评估,纳入评估范围的原材料损失金额为 579,285.00 元企业借款利息的估算：

根据委托方提供的资料，纳入本次评估范围的企业借款利息包括企业向个人借款发生的利息，利息计息区间为2017年6月30日至9月24日。

向个人借款利息费用的估算，根据权责发生制原则，只估算停产区间2017年6月30日至9月24日的利息金额，共计87天。借款日利率根据借款凭证确定的月利率或年利率计算确定。借款利息的估算采用以下方法：

借款利息总额=本金金额×借款日利率×利息估算区间总天数

本次对于向个人借款利息的确定，以借款方未归还本金为前提，以产权持有方提供的借款收据留存页为基础进行估算。对未归还全部本金的借款全额计算利息，未考虑在估算区间已归还部分利息或本金的情况。

经估算，纳入评估范围的借款利息总计为31,737.70元。详细情况见《资产评估明细表》。

经营损失的估算：

根据产权持有方提供的资料及现场考察情况，××市××坚果制品有限公司已经建成的生产线有两条，包括原味生产加工线、煮制生产加工线，另因他方原因造成花生加工生产线延迟安装、使用。本次评估经营收益(经营损失)的估算包括原味生产加工线停工产生的经营损失、煮制生产加工线停工造成的经营损失、花生加工生产线延迟投入使用产生的经营损失。

根据产权持有方提供的资料，原味生产加工线生产能力为600公斤/小时，煮制生产加工线生产能力为900公斤/小时，花生生产加工线生产能力为500公斤/小时。

本次评估原味生产加工线产品平均价格按10.00元/公斤估算，煮制生产加工线产品平均价格按9.60元/公斤估算，花生生产加工线产品平均价格按9.20元/公斤估算。

每日工作时间按8小时估算。

各生产线达产率按50%估算。

停产天数按87天估算。

销售利润率取地方食品工业近三年平均值12.47%估算。

企业所得税率按25%估算(本次评估不考虑企业所得税)。

由此估算的产权持有方停产期间的经营损失金额为834,931.34元。

停产期间费用支出损失:

停产期间费用支出,指停产期间发生的各项费用支出。由于企业获得的经营收益为企业净收益,产权持有方获得相应补偿后,如果不考虑停产期间发生的各项费用,实际上是在净收益的基础上再支出各项费用,不能准确反映企业的经营净收益(停产停业损失),因此停产停业期间支出的各项费用应为企业发生的损失。

根据产权持有方提供的资料,其停产期间支出的各项费用包括房屋租金、电费、人员工资、借款利息及其他费用等。

房屋租金损失额=年租金总额÷365×停产天数

电费损失额=停产期间支付的电费÷电费交纳时段间隔天数×停产天数

人员工资损失额=停产期间支付的工资总额÷工资支付总天数×停产天数

借款利息损失额=借款总金额×借款日利率×停产天数

其他费用损失:其他费用损失主要为天然气损耗损失,由于产权持有方暂不能提供天然气损耗数据,本次评估暂不考虑天然气损耗损失,按0计。如报告出具后产权持有方能出具天然气损耗证明,则可在本评估报告结论的基础上进行调整。

调整增加额=(2017年6月30日前后天然气剩余量-2017年9月24日前后天然气剩余量)×天然气价格

如产权持有方能提供其他准确日期的天然气剩余量统计数据,亦可按该日期估算平均值。

经评估,停产期间费用支出损失金额为105,286.17元。

根据产权持有方提供的资料,其停产期间损坏意大利百得燃气燃烧器一台、厂区电动大门一个，金杯面包车被抢劫一辆、时风三轮车被抢劫一辆，搅拌机3000瓦电机被抢劫一个。结合产权持有方提供的资料及说明，对于以上设施设备类资产，采用重置成本法对其价值进行评估。

资产价值 = 重置原价 × 成新率

经过以上方法确定的设施设备类资产损失金额为54,600.00元。

在实施了上述资产评估程序和方法后，本次委托评估的停产期间经济损失总计为1,574,102.51元。具体情况见《资产评估明细表》。

八、评估假设

（一）公开市场假设，即假设委托评估的资产拟进入的市场为一个充分发达与完善的市场，即公开市场。

（二）持续经营假设，被评估单位保持现行的经营方式、经营风格和经营范围，除随着市场和科学技术发展进行适当合理的调整和创新外，在其他所有的重大经营方面维持现状，持续经营。

（三）被评估单位的经营环境、行业性质、经营风险以及其他客观经济环境等方面保持稳定、无重大变化，包括：国家的方针政策，国家的利率、汇率水平，被评估单位所在地区的社会经济环境，被评估单位目前执行的税赋、税率政策等无重大改变。

（四）被评估单位及其管理者完全遵守所有有关的法律和法规，管理者具有足够的管理才能和良好的职业道德，管理风险、资金风险、市场风险、技术风险、人才风险等处于可控范围或可以得到有效化解。

（五）被评估单位提供的财务资料和其他相关资料真实可靠，所采用的财务、会计政策等在重要方面不发生变化。

（六）不存在产权及其他重大经济纠纷，无其他不可抗力及不可预测因素对被评估单位经营产生重大不利影响。

（七）当上述条件以及评估中遵循的评估原则、假设和限制条件等其他情况发生变化时，评估结论一般不成立，评估报告失效。

九、评估程序实施过程和情况

××××资产评估事务所(普通合伙)接受资产评估委托后,随即选派资产评估人员,根据资产分布情况组成评估小组。先遣人员进点,配合企业进行资产评估前期准备工作,制订资产评估前期工作计划。随资产评估组正式进驻现场,开展资产评估工作。

本次评估经过前期准备工作、现场实地勘察和评估作价汇总等各阶段工作后,最终于2017年11月8日出具正式资产评估报告。具体实施过程如下:

(一)评估前期准备工作阶段

本阶段的主要工作是:

1. 项目调查与评估、接受委托、签署资产评估业务约定书;

2. 明确评估目的、评估对象和范围;

3. 根据资产评估工作的要求,提出初步评估工作计划;

4. 确定评估项目负责人和评估人员;

5. 初步确定资产评估方法,拟定资产评估操作方案,同时收集资产评估所需文件资料;

6. 与委托方就评估方案进行详细讨论和适当修改,在双方取得一致意见的基础上,确定资产评估方案。

(二)现场评估阶段

根据资产评估的有关原则和规定,对评估范围内的资产进行了产权核实和评估,具体步骤如下:

1. 评估机构提供表格,协助被评估单位对委托评估资产进行清查,搜集准备资料;

2. 根据委托评估资产的实际状况和拟采用的处置方法,选择评估方法和计算公式;

3. 查阅委托评估资产的产权证明文件,相关合同、有关往来发票等资料;

4. 开展市场调研、价格咨询工作;

5. 针对具体对象进行评定估算。

（三）评估汇总阶段

根据初步评估结果，进行汇总分析工作，确认评估工作中没有发生重评和漏评的情况，并根据汇总分析情况，对资产评估结果进行调整、修改和完善。

（四）提交报告阶段

根据评估工作情况，撰写资产评估报告，经公司内部评估报告质量审核程序后，确定资产评估报告，并向委托方提交正式资产评估报告。

十、评估结论

本着独立、公正、科学、客观的原则，经过实施资产评估的法定程序，得出以下评估结论：经估算，在公开市场的前提下，××市××坚果制品有限公司2017年6月30日至9月24日停工期间经济损失总额为1,574,102.51元。详细情况见《资产评估明细表》。

十一、特别事项的说明

（一）本报告所称评估价值系指我们对委托评估资产在现有用途不变并持续经营，以及在评估基准日之状况和外部经济环境前提下，为本报告书所列明的目的而提出的公允估值意见，不对其他用途负责。

（二）本项评估是在独立、公正、客观、科学的原则下作出的，公司及参加评估工作的全体人员与委托方及被评估单位之间无任何特殊利害关系，评估工作是在有关法律监督下完成的，评估人员在评估过程中恪守职业道德和规范，并进行了充分努力。

（三）在评估过程中，被评估单位提供的产权依据、财务会计数据、企业生产经营资料等与评估相关的所有资料是编制本报告的基础，被评估单位应对其所提供资料的可靠性、真实性、准确性、完整性负责。我们的估算是以委托方提供的资料为估算基础，若被评估单位有意隐匿或提供虚假的资料以使评估人员在委托评估资产产权调查和评定估算中产生误导，被评估单位应承担由此而产生的一切法律后果。

（四）纳入评估范围的相关资产我们仅以产权持有方提供的资料为准，我公司的评估人员对被评估单位提供的评估对象权属资料及其来源进行了必要的查验，提供真实、合法、完整的权属资料是被评估单位的责任，我们的责任是对其提供的权属资料做必要的查验。由于对委托评估资产的产权鉴定工作超出了评估工作的范围，因此不能将本评估报告作为对评估对象法律权属或相关资料真实性的确认和保证。若被评估单位不拥有前述评估对象的所有权或评估对象的真实性存在瑕疵，则本评估结论将会受到影响。

（五）在评估过程中，对委托方和被评估单位存在的可能影响评估结论的瑕疵事项，在委托时未做评估说明，或在评估现场勘察中未予明示，并提供相关资料，而评估人员根据专业经验一般不能获知的情况下，评估机构及评估人员不承担相关责任。

（六）报告中的评估结论是反映评估对象在本次评估目的下，根据公开市场的原则确定的市场价值，未考虑相关资产进行产权登记过程中应承担的相关费用和税项，也未对资产评估增值额做任何纳税调整准备。评估结论不应当被视为对评估对象可实现价格的保证。纳入评估范围的资产和数量等由产权持有方提供，评估报告不能被视为其实际数量的证明。产权持有方如提供不实资料，评估结论将受到影响。最终损失赔偿金额以各方协商确定为准或以法院的判决为准。

（七）本次评估涉及一些在评估基准日后必然会有一定的变化的流动性很强的资产、负债项目，因此，最终评估目的实现时的资产及相关负债的实际范围可能与本报告所附的明细表不一致。当这种情况出现时，报告使用方应当将此事项视同资产数量于评估基准日之后发生变化进行处理。

（八）重大期后事项

1. 自评估基准日至评估报告出具日，不存在其他影响评估前提和评估结论而需要对评估结论进行调整的重大事项。

2. 在评估基准日后，截至2018年10月22日的有效期以内，如果资产数量及作价标准发生变化时，应按以下原则处理：

(1)当资产数量发生变化时,应根据原评估方法对资产额进行相应调整;

(2)当资产价格标准发生变化、对资产评估价值产生明显影响时,委托方应及时聘请有资格的评估机构重新确定评估价值。

(九)其他事项

1. 本次评估结果为产权持有方因停产涉及的经济损失项目,我们的评估结论仅仅用于为委托方了解相关经济损失价值提供参考,并不作为未来收益等其他的保证。

2. 本次评估未考虑基准日前及未来经济行为可能产生的相关税费的影响。

3. 根据××市公安局鉴定聘请书确定的企业停产无法正常营业涉及的案件事由为李某、韩某聚众扰乱社会秩序案。

在此提醒评估报告使用者应对以上特别事项对评估结论及定价事项所产生的影响给予必要的关注。

十二、评估报告使用限制说明

(一)本评估报告只能用于委托方了解经济损失价值使用,不得将本报告用于其他任何经济行为。

(二)本评估报告只能由评估报告载明的评估报告使用者使用,超范围使用或不当引用的责任,由使用者、引用者承担,因使用或引用不当造成的后果与出具评估报告的评估机构及签字资产评估师无关。

(三)本评估报告需经评估机构及中国资产评估师签字盖章后,并依据国家法律法规的有关规定发生法律效力。

(四)本评估报告中载明的评估结果仅反映委托评估资产在本次评估目的下,根据持续经营原则确定的市场价值,未考虑将来可能承担的抵押、担保以及其他经济行为所可能带来的损失对资产价格的影响,也未考虑国家宏观经济政策发生重大变化以及遇有自然力和其他不可抗力对资产价格的影响。本评估结果是以持续经营为前提,在该前提变化时,本评估结果无效。

(五)本评估报告使用的有效期为一年,起止日期为 2017 年 10 月 23 日至

2018年10月22日。当评估目的在有效期内实现时,要以本评估结论作为参考依据,同时还需结合评估基准日的期后事项的调整,超过报告书上述使用的有效期,本评估结论将无效。

(六)纳入本次评估范围的个人借款,由于涉及隐私,在本报告中不予直接列示,想了解债权人的相关情况,可根据列示信息向产权持有方查询。

十三、评估报告日

本资产评估报告日为2017年11月8日。

评估机构执行合伙人　中国资产评估师　管×甲

评估项目负责人　　　中国资产评估师　管×乙

评估报告复核人　　　中国资产评估师　崔××

××××资产评估事务所(普通合伙)

2017年11月8日

附件(略)

三、鉴定意见质证要点整理

(一)评估费用缴纳问题

委托机关是××市公安局,而委托费用由被评估单位缴纳。评估机构其实质是营利机构,评估费用是按照最终的评估金额缴纳的,这也就意味着,对于评估机构来说,评估价值越高越好,而被评估单位追求的结果往往是更加严厉地追究对方的刑事责任,这就导致了本评估报告注定评估结果虚高。

(二)价值评估报告超出授权范围

《鉴定聘请书》中载明,聘请评估公司对致使××市××坚果制品有限公司无法正常营业造成的经济损失进行评估,而评估报告是对该公司停产期间经济损失做的价值评估。无法正常营业不等于停产,这是两个完全不同的概念,在案件中亦是完全不同的两个事实。评估机构在没有委托机构授权的情况下,将无法正常营业扩大为停产,等于将计算的时间、范围扩大。

（三）价值评估报告依据的事实不准确

评估报告计算的停产期间为2017年6月30日至9月24日，这个时间段××坚果制品有限公司并没有停产，这一事实在本案中是证据确凿的，因此，评估报告在计算的大前提错误的情况下，损失数额亦不具有任何准确性。

（四）价值评估过程中提取检材不合法

资产评估人员到现场对评估对象进行调查，收集、获取资产评估业务需要的资料，并对该资料进行核查和验证，是其基本职责。但是，该评估报告所使用的全部检材却仅为被害人单方提供的资料，并未依法对评估所使用的全部各项资料进行核查和验证，使评估报告结论失去了客观公正和真实的根基，违反了《资产评估基本准则》第8条、第13条、第15条之规定。在民事纠纷案件中，有关司法鉴定的检材必须是当事人双方进行过质证且无异议后方能作为检材进行提供。但在证据要求更加严格、需要贯彻谦抑原则的刑事案件中，检材完全由所谓被害人单方提供，显然违背了《资产评估基本准则》的规定。

作为专业的资产评估事务所，××××资产评估事务所对此未能做到勤勉尽责、谨慎从业，是违背评估道德和评估基本准则的。

（五）价值评估报告实体方面错误百出

《资产评估结果汇总表》《存货—原材料清查评估明细表》《停业期间费用支出评估明细表》《固定资产—机器设备清查评估明细表》的表格均是由本案××××资产评估事务所提供给××市××坚果制品有限公司的，并且以上表格资料也全是由被害人个人填写的，评估人员未进行核实，且案卷中未见到相关的合同、票据等。

1.《存货—原材料清查评估明细表》中有关原材料的损失不具有真实客观性

第一，案卷中及庭审发问评估人员均未见评估所依据的购买原材料的相关合同、发票，原材料实物照片，称重数量照片，原材料发生霉变的照片及认定霉变的鉴定方法和结论等。第二，评估报告中显示原材料葫芦子、葵花子、熟料、糊料的总损坏额为22,510.00元，停业停产损失（经营收益）额为834,931.34元。也就是说,50 多万元的成本能够生产出 80 多万元的经济收益,如此高的经济回报率显然与市场经济客观事实不符,评估结果必然是失真的。第三,××市××坚果制品有限公司作为多年生产坚果的企业,一是对原材料的储存应有最基本的储藏设备和方法,二是对原材料也应根据淡季和旺季的不同来选择备料。夏季明显是坚果销售的淡季,自然存货和购料会相应减少。在淡季储存 275,210 斤的原材料,对于一个仅有两名员工、两条生产线的乡村坚果制品有限公司来说,是明显违背常识的错误数据。第四,本案被告人自始至终在讨账期间都未给××市××坚果制品有限公司断电或者扰乱车间生产,因此不存在损害原材料的任何可能性,即使有原材料的损失,也是该公司自己保管不当导致,与被告人的行为无关。

2. 关于停产停业损失(经营收益)问题

第一,经营收益应当包括生产成本和净利润,因此停产停业的损失计算项目实际上又将原材料损失、停业期间的费用支出、设备设施损失的费用再次计算到了经营收益当中。原材料、停业期间的费用、设备设施均属于生产成本,计算收益时应当将这些费用减去,只应计算净利润。第二,本案没有直接证据证明××市××坚果制品有限公司的停产期间是 2017 年 6 月 30 日至 9 月 24 日。所谓的停产期间,仅仅是被害人单方说辞,而根据证人证言和被告人供述,以及 2017 年 9 月 14 日辩护人到该公司大门口取证的录像内容,却证明××市××坚果制品有限公司的大门在 2017 年 6 月 30 日至 9 月 24 日并非一直处于被堵或被锁的状态。第三,该评估机构依据的是全食品行业平均经营收入的 12% 计算该项损失,不具有客观科学性。同工不同利是市场经济的普遍现象。评估机构仅能以被评估公司的会计账簿作为评估实际利润的依据,而不能采用评估值计算,这是评估工作中最基本的常识。但是××市××坚果制品有限公司并未提供任何会计账簿,因此该项评估结果是毫无事实依据的。更何况经营损失属于间接损失和期待利益,就本罪而言,法律没有将间接损失列入情节是否严重的法定或酌定范围,该评估报告将间接损失列入,于法无据。

3. 关于停业期间费用支出的评估属于重复计算，不具有客观科学性

该项损失中的租金、电费、工人工资、利息等共计105,286.17元均为企业生产成本，评估机构已经对××市××坚果制品有限公司的经营收益进行了计算，而经营收益是由生产成本和利润构成的，因此在计算经营收益时就已经包括了租金、电费、工人工资、利息等费用，再次将这些费用单独列项进行计算明显是重复计算。另外，该项评估事实和法律依据不足，评估结果明显是违法的。第一，关于租金。案卷中《租赁协议》违法，因此××市××坚果制品有限公司的生产经营活动也均是违法的，不应受《刑法》保护。《租赁协议》约定违反了《合同法》第52条①之规定，双方协议中关于出租营业执照的条款因违反强制性规定，属无效合同，因合同无效产生的损失应由合同当事人承担，与本案被告人没有任何关系。第二，关于电费。如果本案中企业因被告人的堵门行为造成了停产停业，那么自然是不应当产生电费的，既然没有产生电费，又何来的电费损失？实际上，据辩护人到国家电网公司××市分公司了解，××市××坚果制品有限公司一直有大量的用电量，该公司一直在进行非法生产，从未因为被告人的行为停产。第三，关于工资支出。工资支出应当提供相应的会计财务报表、转账记录、支取工资记录等予以证明，在没有任何证据的情况下，无法证明工资支出损失的真实性，评估机构所作出的评估意见不具有客观真实性。第四，借款利息损失。计算利息首先应当明确借款本金，表格中借款本金项为空，但是评估机构竟在没有借款本金的前提下计算出了利息损失，实属荒唐。

4. 关于固定资产——机器设备的损失评估不具有客观科学性

第一，燃气燃烧器、金杯面包车、时风三轮车、搅拌机电机、大门等损失与本案堵门行为不具有关联性；第二，被评估的设备并非由被告人非法占有或者损坏，设备实际上没有毁坏，即根本不存在造成这些资产发生损失的事实。况且金杯面包

---

① 已失效，参见《民法典》第146条："行为与相对人以虚假的意思表示实施的民事法律行为无效。以虚假的意思表示隐藏的民事法律行为的效力，依照有关法律规定处理。"

车并非××市××坚果制品有限公司的资产,不应当列入被评估对象当中;第三,这些设备的价值应当在购买发票载明的价格基础上,考虑其原价值、折旧率进行评估从而得出损失金额。但是案卷中没有燃气燃烧器、金杯面包车、时风三轮车、搅拌机电机、大门等购买时的发票,即评估机构是在不知物品购买时间、使用年限、购买价格的前提下进行的评估,且评估表格上显示的产品原价值和净价值竟然是一样的,显然,评估机构没有客观考虑设备的折旧率。

(六)评估报告特别事项说明部分的内容,充分表明了其未尽到应有的对评估活动所使用的资料进行核查和验证的职责

评估报告第 11 条第 6 项明确声明:“评估结论不应当被视为对评估对象可实现价格的保证。纳入评估范围的资产和数量等由产权持有方提供,评估报告不能被视为其实际数量的证明,产权持有方如提供不实资料,评估结论将必然受到影响。最终损失赔偿金以各方协商确定为准或以法院的判决为准。”该项内容不应当列入特别事项的说明当中,因为只有无法用肉眼查看、无法使用仪器测量的,隐蔽的评估对象的数量才会列入特别事项进行说明。而本案中被评估对象的存货——原材料是客观存在的,这种能够亲眼看到和使用仪器测量的评估对象,应当由评估人员到场实地进行测量,并记录被评估对象的名称、种类、数量、状态等基本特征,从而收集到准确的评估对象的种类和数量。本案中评估机构将实际数量列入特别事项中,便充分说明其未依规进行核查和验证。

根据“特别事项的说明”第 2 条中的描述,评估依据的基础是被评估单位提供的各类资料,被评估单位应对其所提供资料的真实性、可靠性、准确性、完整性负责。这就意味着,若被评估单位有意隐匿或提供虚假资料,评估报告将失去其中立性,失去其客观、真实性。被评估单位是本案纠纷发生的一方当事人,其提供的资料具有天然的片面性、主观性,这是可以预料的,也是必然的。所以,本案评估报告不应被采信。

【案例2】

一、案情简介

吴×,在ZXX公司工作多年,后于201×年离开ZXX公司,到一家类似的民营企业工作,在这里他发明了多项专利并研发了新的工艺包——“美丽工艺包”。该民营企业在将工艺技术工业化的过程中,需要设计院设计图纸,于是,该民营企业将新工艺包等资料交给了江西某设计院,签订了合同,让其设计PID图纸等。江西某设计院与ZXX公司曾有过合作,对ZXX公司的工艺比较清楚,吴×为了让江西某设计院能够尽快设计出图纸,离开时将随身带的ZXX公司工艺包交给了江西某设计院,供其参考。后该民营企业技术开发成功。其间,又有多人离开ZXX公司。201×年,ZXX公司启动追究离职人员的刑事责任的诉讼,201×年立案,201×年涉案×人被捕羁押。

二、鉴定意见原文

价值评估鉴定报告

××资评报字(201×)0×000号

××市公安局:

××资产评估有限公司接受贵方的委托,根据国家有关资产评估的规定,本着客观、独立、科学的原则,按照公认的资产评估方法,对ZXX公司拥有的JA化技术研发费用和被侵犯造成的损失进行了评估。本公司评估人员按照必要的评估程序对委托评估的资产实施了市场调查与查询,对委托评估资产在201×年7月1日所表现的市场价值做出了公允反映。评估报告的有效使用期限为报告日后一年(201×年1月22日至201×年1月21日),现将评估情况及评估结果报告如下:

一、委托方、产权持有单位及委托方以外的报告使用者概况

(一)委托方概况

本次评估的委托方为××市公安局。

（二）产权持有单位概况

本次评估的产权持有单位为ZXX公司。

1. 单位名称、住所、注册资本、法定代表人

……

2. 企业性质、企业历史沿革（包括隶属关系的演变）、经营业务范围

……

3. 近三年企业的资产、财务、负债状况和经营业绩

……

4. 执行的主要会计政策

……

（三）委托方以外的评估报告使用者

……

二、评估目的

本次评估的目的是估算ZXX公司拥有的JA化技术商业秘密的研发费用和宋×、吴×等×人涉嫌侵犯JA化技术商业秘密对ZXX公司造成的损失，作为公安机关、检察院、法院等部门立案、诉讼、审判的依据。

三、评估对象、范围和资产性质

（一）评估对象和评估范围列示

本次评估的对象是宋×、吴×等×人涉嫌侵犯ZXX公司JA化技术商业秘密，评估范围是JA化技术研发费用和宋×、吴×等×人涉嫌侵犯JA化技术商业秘密对ZXX公司造成的损失。委托评估资产的类型属于可辨认无形资产的范畴。

J生产技术主要有H生产技术、HA化技术、H重排技术、××××精制技术。HA化技术，是指自H装置生产的H，在HA化装置中与××反应，得到含有H2的反应产物清液（××为溶剂），然后经过××工序、××工序得到H2的技术。

（二）评估对象描述

……

四、价值类型及定义

本次评估的价值类型为市场价值、本次评估是对ZXX公司的JA化技术研发费用和被侵权造成的损失进行评估，且对本评估报告没有特殊要求，因此根据实际情况选择市场价值为评估价值类型。

市场价值，是指自愿买方与自愿卖方在各自理性行事且未受任何强迫的情况下，评估对象在评估基准日进行正常公平交易的价值的估计价值。

五、评估基准日

本项目资产评估基准日为201×年7月1日。

该基准日能良好地反映资产状况，符合本次评估目的。经与委托方协商，共同确定该日期为评估基准日。在评估报告中所进行的有关数字的测算，一切取价标准均以评估基准日有效的价格标准为依据。

六、评估依据

……

七、评估方法

……

故本次评估采用收益法和成本法两种方法，考虑本次评估范围及目的，采用成本法确定委托评估资产的重置成本，采用收益法确定产权持有单位的损失。

（一）成本法

所谓重置成本，就是资产的现行再取得成本；技术类无形资产评估的重置成本，是指委托评估技术研制的全部物化劳动和活劳动的费用支出，即按现时价格确定的各项研发投入。按照下列公式计算：

重置成本＝原始成本×修正价格指数

修正价格指数＝评估基准日所属年度的价格指数÷费用形成日所属年度的价格指数

本次评估中，评估人员考虑的因素主要包括：

1. 根据委托方提供的资料，本次委托评估资产为ZXX公司拥有的JA化技术，ZXX公司为实现该委托评估资产开展了大量的工作，并支付了相应的成本费用，ZXX公司以外的其他方如果要获得上述委托评估资产的使用权，应根据委托评估资产的投入情况支付相应的费用，即ZXX公司在许可他人使用的同时获得相应的收益。

2. 根据委托方提供的资料，产权持有单位对委托评估资产的投入主要为××投入、××投入和××投入等。因委托方并不能提供产权持有单位确切的××投入和××投入金额，本次评估中研发费用只以其提供的××投入为基础数据进行测算。

（二）收益现值法

本次评估中，收益现值法以ZXX公司与××有限公司共同设立××J有限责任公司，并收取××有限公司JA化技术的许可费和实施公司实现（及未来）的委托评估技术产品销售规模产生的收益入手，综合计算未来可能取得的收益，再通过一定的分成率，得出该评估对象在一定的经营规模下（应用于××万吨/年项目）于评估基准日的公允价值，再分别按宋×、吴×等×人涉嫌侵犯ZXX公司的JA化技术商业秘密的程度，即根据各自应用于项目产能的情况最终分别确定其给产权持有单位造成的损失。

评估值=许可费用收益部分评估值+未来产品收益部分评估值

1. 技术许可费收益部分

先确定ZXX公司收取××有限公司关于J成套技术在各年的许可费收益或预期收益，再对各年的许可费收益按相应的修正价格指数进行调整，并按JA化技术在成套技术中的技术比重确定其分成率，最终计算出委托评估对象的许可费收益部分的评估值。

许可费收益部分评估值=（各期J成套技术许可费用×修正价格指数）之和×A化技术在J成套技术中的占比

2. 委托评估技术产品产生的收益部分

先确定ZXX公司与××有限公司共同设立的××J有限责任公司实施委托评估对象在剩余经济寿命期内的各项收益，再通过一定的折现率、分成率计算出委托评估对象评估基准日的价值。

未来产品收益部分评估值＝未来收益期内的收益额现值之和×分成率

……

3. 确定侵权损失

本次委托评估对象的收益源于ZXX公司对××J有限责任公司关于“2×××万吨/年J生产装置的技术许可合同”的许可费收益和××J有限责任公司委托评估对象产品的历史销售收入及未来销售预测。

首先，依据上述××J有限责任公司计算JA化技术应用于××万吨/年项目时的评估值，即JA化技术应用于××万吨/年项目时产权持有单位ZXX公司应获得的收益；其次，按宋×、吴×等×人涉嫌侵犯ZXX公司的JA化技术商业秘密的程度，即根据各自应用于项目产能的情况最终分别确定其给产权持有单位造成的损失。

详见《资产评估说明》。

八、评估程序实施过程和情况

本次评估中，本评估机构实施了以下必要的评估程序，主要有：

1. 接受委托：201×年10月28日，听取委托方介绍案情，确定本次评估工作的目的和评估对象及范围，选定评估基准日。

2. 编制评估计划书：201×年10月31日，评估人员根据对委托评估对象的了解、委托评估对象复杂程度编制评估计划书，确定时间进度、人员安排和技术方案。

3. 现场调查、资产清查和核实：201×年12月7日，现场核查委托方提供的各项相关资料，并在委托方协调安排下对×××分公司进一步验证。同日与委托方×××市公安局签署资产评估业务鉴定聘请书。

4. 资料收集与分析:201×年11月1日至201×年1月9日,通过各种方式收集资料,并对委托方提供的资料与所收集到的资料进行分析。

5. 评定估算:201×年12月26日至201×年1月19日,收集查阅有关资料进行研究、分析、比较,拟定适宜的方法进行评估值的计算,从而形成委托评估对象的初步评估结论,形成评估鉴定报告书稿、评估鉴定报告书说明初稿。

6. 内部审核:201×年1月20日,公司内部对评估鉴定报告、评估鉴定报告说明进行三级审核后向委托方提交了电子版交流意见稿。

7. 提交评估鉴定报告:经与委托方沟通,201×年1月22日将正式评估鉴定报告提交给委托方。

九、评估假设

……

十、评估结论

依本次评估工作的评估目的、经评定测算评估人员最后确定,ZXX公司JA化技术的研发费用为人民币×××亿元整;宋×等×人涉嫌侵犯JA化技术商业秘密并应用于××集团××公司产能××万吨/年的J项目,评估基准日给ZXX公司造成的直接收益损失为人民币×××亿元;吴×1人涉嫌侵犯JA化技术商业秘密并应用于甲化工股份有限公司、乙化工股份有限公司、丙科技有限公司、丁化工有限公司等N家公司的J项目(产能共计××万吨/年),评估基准日给ZXX公司造成的直接收益损失为人民币×××亿元整。

十一、特别事项说明

……

十二、评估报告使用限制说明

……

十三、评估报告日

评估报告日为201×年1月22日。

评估机构名称:××资产评估有限公司

企业法定代表人:王×× 高级工程师

报告人:张×× 中国资产评估师111××××6

报告审核人:刘×× 110××××5

报告复核人:江×× 高级工程师

201×年1月22日

附件(略)

关于对"××资评报字(201×)0×000号价值评估鉴定报告"评估值的补充说明

依本次评估工作的评估目的、评估根据,经评定测算评估人员最后确定,ZXX公司JA化技术在"××万吨/年"J项目技术总体收益为××××万元;评估人员考虑项目产能条件,宋×等×人涉嫌侵犯JA化技术商业秘密并应用于××集团××公司产能××万吨/年的J项目,评估基准日给ZXX公司造成的直接收益损失为人民币×××亿元整;其中JA化技术商业秘密许可费收益损失人民币××××万元整,实施商业秘密收益损失人民币××××万元整。吴×1人涉嫌侵犯JA化技术商业秘密并应用于甲化工股份有限公司、乙化工股份有限公司、丙科技有限公司、丁化工有限公司等×家公司的J项目(产能共计××万吨/年),评估基准日给ZXX公司造成的直接收益损失为人民币×××亿元整;其中JA化技术商业秘密许可费收益损失人民币×××亿元,实施商业秘密收益损失人民币×××亿元整。

××资产评估有限公司

二〇一×年五月二十六日

三、鉴定意见质证要点整理

首先，在ZXX公司的技术信息不属于商业秘密的情况下，××资评报字(201×)0×000号《价值评估鉴定报告》及补充说明没有任何实质性意义。

其次，按照法律规定，只有在ZXX公司的商业秘密已经被公开披露，丧失了秘密性时，讨论其损失才具有意义。而在本案当中，ZXX公司的商业秘密并没有被公开，讨论其损失没有意义。

最后，该《价值评估鉴定报告》已经过了有效期，补充说明不能作为主报告时间的延续，依据评估师的行业惯例也不能改变《价值评估鉴定报告》第××页载明的此类情况需要重新鉴定的情况。但是，辩护人认为无须重新鉴定，因为商业秘密不成立，该报告不应采信。

下面，辩护人将对《价值评估鉴定报告》及补充说明进行解读。

(一)成本法计算指数不明确

××资产评估用成本法计算ZXX公司的研发费用重置成本，ZXX公司关于J的研发成本包含了多个板块，在计算研发成本时，不考虑将其中A化装置这一个板块的合同拿出来，而是将整个流程的研发费用全部计算罗列，显然很不科学。虽然，庭审中评估师称其已经考虑此因素并将其他研发费用剔除，但是很显然，评估师所言不实，看看ZXX公司的研发合同就知道。

辩护人注意到，在ZXX公司的研发内容中，其主要投入是催化剂反应F膜的研发，仅催化剂这一项的投入就高达××万元，而××公司使用的是从国外购买的××，无论是××、××、××都与××公司的不同，××公司的核心技术与ZXX公司完全不同，这部分内容没有被剔除。

特别要指出的是，在ZXX公司的研发合同中没有T器数据的研发和投入，这也从侧面反映出T器属于公知技术，不需要研发。

(二)收益法计算有重复

1. 本案中，价值损失鉴定报告认定的直接收益损失×××亿元包括了两部分：技术许可费和实施商业秘密收益，其中技术许可费按照××万吨/年生产线中

A 化技术的收益损失为基数,即 × × × × 万元/万吨 × N 家公司的 × × 万吨 = × × × 亿元。实施商业秘密收益损失按照 × × 万吨/年生产线中 A 化技术的收益损失为基数,即 × × × × 万元/万吨 × N 家公司的 × × 万吨 = × × × 亿元。辩护人为什么说许可费 + 收益费 = 收益损失属于重复计算呢? 例如,A 许可给 B 某技术,许可费 1 元,B 凭此技术赚了 100 元,B 赚取的 100 元和 A 没有任何关系。同理,用 × × 有限公司作参考,也不应该将 × × 有限公司后来赚取的钱作为收益,这属于重复计算,是严重错误的。

2. 许可合同实际上包含了五个单元(H 制备、HA 化、H、J 精制和三废处理),而本案只涉及第二个单元——HA 化,按照鉴定报告第 × × 页所述,许可费收益部分评估值 =(各期 J 成套技术许可费 × 修正价格指数)之和 × A 化技术在 J 成套技术中的技术占比。按照评估师当庭描述,成套技术占比的计算方式是依照惯例,这样重要的数据竟然没有法律依据而是按照惯例,这个惯例是否科学、是否公平? 不仅许可合同有这样的问题,收益费的计算也有问题,成套技术的收益费和仅一个 A 化装置的收益费是不同的,但此情况并没有被考虑进去。

3. 没有进行市场比较,仅仅采用了许可给 × × 有限公司的费用作为参考基础数据,是错误的。应该以同规模、同时期、同技术的三家以上的许可费的平均数作为参数。

4. ZXX 公司与 × × 有限公司签订的成套技术是不是本案中所谓的侵犯商业秘密的技术,在鉴定报告中没有体现,技术有更新、有不同,如何能够确定此技术为彼技术?

5.《价值评估鉴定报告内容摘要》中产能共计 × × 万吨/年错误,应为 × × 万吨/年。

综上所述,价值评估报告不科学、不准确,无论是采用成本法还是收益现值法,都没有准确计算出涉及的技术在其中的占比,不应采信。

刑事责任能力司法鉴定意见的质证要点

刑事责任能力，指行为人构成犯罪和承担刑事责任所必须具备的刑法意义上辨认和控制自己行为的能力。影响刑事责任能力的因素有很多种，本书关于刑事责任能力司法鉴定讨论的是有精神疾病的人的刑事责任能力鉴定，它常常成为重大案件的关键证据，亦是社会舆论关注的焦点。刑事责任能力司法鉴定存在重复鉴定率高、鉴定意见不稳定的情况，也是诉讼中较为复杂的一个领域。

判断被告人是否存在精神疾病是一个专业性非常强的问题，并非法律专业人士可以胜任，而需由具有丰富的精神病学知识和经验的专家加以判断。而精神病学又是一门经验学科，缺乏客观评价指标，著名学者陈虎在《不激不随》一书中提到，目前我国精神疾病鉴定缺乏真正客观的鉴定方法和成熟的科学标准。实践中，行为人出于逃避刑罚制裁的目的，也会使刑事责任能力司法鉴定过程中鉴定人获得的资料的准确性受到影响。这些因素都导致了该类司法鉴定具有高度的不稳定性，也使刑事责任能力司法鉴定意见是目前存在争议比较大的一种证据。

第一部分:该类鉴定意见适用案件的主要法律规定

一、《公安机关鉴定规则》(公通字〔2017〕6号)(节选)

第十六条 公安机关办案部门对与案(事)件有关需要检验鉴定的人身、尸体、生物检材、痕迹、文件、视听资料、电子数据及其它相关物品、物质等,应当及时委托鉴定。

第二十条 委托鉴定单位提供的检材,应当是原物、原件。

无法提供原物、原件的,应当提供符合本专业鉴定要求的复印件、复制件。所提供的复印件、复制件应当有复印、复制无误的文字说明,并加盖委托鉴定单位公章。

送检的检材、样本应当使用规范包装,标识清楚。

第二十一条 委托鉴定单位及其送检人向鉴定机构介绍的情况、提供的检材和样本应当客观真实,来源清楚可靠。委托鉴定单位应当保证鉴定材料的真实性、合法性。

对受到污染、可能受到污染或者已经使用过的原始检材、样本,应当作出文字说明。

对具有爆炸性、毒害性、放射性、传染性等危险的检材、样本,应当作出文字说明和明显标识,并在排除危险后送检;因鉴定工作需要不能排除危险的,应当采取相应防护措施。不能排除危险或者无法有效防护,可能危及鉴定人员和机构安全的,不得送检。

二、《公安机关鉴定机构登记管理办法》(节选)

第八条 鉴定机构经登记管理部门核准登记,取得《鉴定机构资格证书》,方可进行鉴定工作。

《鉴定机构资格证书》由公安部统一监制,分为正本和副本,正本和副本具有同等的法律效力。《鉴定机构资格证书》正本悬挂于鉴定机构住所内醒目位置,副本主要供外出办理鉴定有关业务时使用。

第十二条 公安机关的鉴定机构可以申报登记开展下列鉴定项目:

（一）法医类鉴定，包括法医临床、法医病理、法医人类学和法医精神病鉴定；

（二）DNA 鉴定；

（三）痕迹鉴定；

（四）理化鉴定，包括毒物、毒品和微量物质的鉴定；

（五）文件证件鉴定；

（六）声像资料鉴定；

（七）电子数据鉴定；

（八）环境损害鉴定；

（九）交通事故鉴定；

（十）心理测试；

（十一）警犬鉴别。

根据科学技术发展和公安工作需要，鉴定机构可以申请开展其他鉴定项目。

第十五条　登记管理部门应当每年对鉴定机构资格审验一次，并及时将审验结果通报至鉴定机构。

第十七条　对于年度审验不合格的鉴定机构，登记管理部门应当责令其限期改正。鉴定机构应当在改正期内暂停相关鉴定项目。

三、《司法鉴定程序通则》（节选）

第十一条　司法鉴定机构应当统一受理办案机关的司法鉴定委托。

第十二条　委托人委托鉴定的，应当向司法鉴定机构提供真实、完整、充分的鉴定材料，并对鉴定材料的真实性、合法性负责。司法鉴定机构应当核对并记录鉴定材料的名称、种类、数量、性状、保存状况、收到时间等。

诉讼当事人对鉴定材料有异议的，应当向委托人提出。

本通则所称鉴定材料包括生物检材和非生物检材、比对样本材料以及其他与鉴定事项有关的鉴定资料。

第十九条　司法鉴定机构对同一鉴定事项，应当指定或者选择二名司法鉴定人进行鉴定；对复杂、疑难或者特殊鉴定事项，可以指定或者选择多名司法鉴定人进行鉴定。

第二十五条 鉴定过程中，需要对无民事行为能力人或者限制民事行为能力人进行身体检查的，应当通知其监护人或者近亲属到场见证；必要时，可以通知委托人到场见证。

对被鉴定人进行法医精神病鉴定的，应当通知委托人或者被鉴定人的近亲属或者监护人到场见证。

对需要进行尸体解剖的，应当通知委托人或者死者的近亲属或者监护人到场见证。

到场见证人员应当在鉴定记录上签名。见证人员未到场的，司法鉴定人不得开展相关鉴定活动，延误时间不计入鉴定时限。

第二十六条 鉴定过程中，需要对被鉴定人身体进行法医临床检查的，应当采取必要措施保护其隐私。

四、《精神障碍者司法鉴定精神检查规范》(SF/Z JD0104001—2011)(节选)

3.2 由精神疾病司法鉴定人完成精神检查工作。精神检查应在比较安静的环境中进行，尽量避免外界的干扰。

3.3 鉴定人在精神检查前要熟悉案卷材料，检查时应以材料中的异常现象和可能的病因为线索，有重点地进行检查，并根据被鉴定人表现及交谈中发现的新情况进行针对性检查，避免刻板、公式化。

3.4 鉴定人作精神检查时，应以平和、耐心的态度对待被鉴定人，以消除交流的障碍，建立较为合作的关系；应根据被鉴定人的年龄、性别、个性、职业和检查当时的心理状态，采用灵活的检查方式以取得最佳的效果。

3.5 精神检查可以采用自由交谈法与询问法相结合的方式进行，一方面使被鉴定人在较为自然的气氛中不受拘束地交谈，另一方面又可在鉴定人有目的的提问下使其谈话不致偏离主题太远，做到重点突出。

3.6 精神检查时，既要倾听，又要注意观察被鉴定人的表情、姿势、态度及行为，要善于观察被鉴定人的细微变化，并适时描述记录。

3.7 精神检查时，要注意覆盖下述检查内容，做到全面、细致，并适时作好记录，确保记录内容真实和完整，必要时可进行录像、录音。

3.8 鉴定人认为必要时，可进行相关心理测验或实验室检查。

4.1 合作被鉴定人的精神检查

4.1.1 一般情况

a）意识状态：意识是否清晰，有何种意识障碍，包括意识障碍的水平和内容。

b）定向力：时间、地点及人物的定向力；自我定向如姓名、年龄、职业等。

c）接触情况：主动或被动，合作情况及程度，对周围环境的态度。

d）日常生活：包括仪表、饮食、大小便；女性病人的经期情况；与其他人的接触及参加社会活动情况等。

4.1.2 认知过程

a）知觉障碍：

1）错觉：种类、出现时间及频度，与其他精神症状的关系及影响。

2）幻觉：种类、出现时间及频度，与其他精神症状的关系及影响，特别要检查有否诊断价值大的症状。

3）感知综合障碍：种类、出现时间及频度，与其他精神症状的关系及影响。

b）注意障碍：是否集中、涣散。

c）思维障碍：

1）思维过程和思维逻辑：语量和语速有无异常，有无思维迟缓、思维奔逸、思维中断、破裂性思维、思维贫乏及逻辑推理障碍等。

2）思维内容和结构：

有无妄想：种类、出现时间，内容及性质，发展动态，涉及范围，是否固定或成系统，荒谬程度或现实程度，与其他精神症状的关系。

有无强迫观念：种类、内容，发展动态及与情感意向活动的关系。

有无超价观念：种类，内容，发展动态及与情感意向活动的关系。

d）记忆障碍：有无记忆力减退（包括即刻记忆、近记忆及远记忆），记忆增强，有无遗忘、错构及虚构等,可辅助进行记忆测验。

e)智能障碍:包括一般常识、专业知识、计算力、理解力、分析综合及抽象概括能力等方面。可辅助进行智力测验。

f)自知力障碍:被鉴定人对所患的精神疾病是否存在自知力。

4.1.3 情感表现

包括是否存在情感高涨、情感低落、情感淡漠、情感倒错、情感迟钝、焦虑、紧张等。并注意被鉴定人的表情、姿势、声调、内心体验及情感强度、稳定性,情感其他精神活动是否配合,对周围事物是否有相应的情感反应。

4.1.4 意志与行为活动

有无意志减退或增强,本能活动的减退或增强,有无木僵及怪异的动作行为。注意其稳定性及冲动性,与其他精神活动的关系及协调性等。

4.2 不合作被鉴定人的精神检查

处于极度兴奋躁动,木僵、缄默、违拗及意识模糊等状态的被鉴定人属于不合作被鉴定人。

4.2.1 一般情况

a)意识:通过观察被鉴定人的面部表情、自发言语、生活自理情况及行为等方面进行判断。

b)定向力:通过观察被鉴定人的自发言语、生活起居及接触他人时的反应等方面进行判断。

c)姿态:姿势是否自然,有无不舒服的姿势,姿势是否长时间不变或多动不定,肌力、肌张力如何。

d)日常生活:饮食及大小便能否自理,女性被鉴定人能否主动料理经期卫生。

4.2.2 言语

被鉴定人兴奋时应注意言语的连贯性及内容,有无模仿言语,吐字是否清晰,音调高低,是否用手势或表情示意。缄默不语时是否能够用文字表达其内心体验与要求,有无失语症。

4.2.3 面部表情与情感反应

面部表情如呆板、欣快、愉快、焦虑等，有无变化。周围无人时被鉴定人是否闭眼、凝视，是否警惕周围事物的变化。询问有关问题时，有无情感流露。

4.2.4 动作与行为

有无本能活动亢进、蜡样屈曲、刻板动作、模仿动作、重复动作。有无冲动、自伤、自杀行为。有无抗拒、违拗、躲避、攻击及被动服从。动作增多或减少，对指令是否服从。

五、《法医类司法鉴定执业分类规定》(节选)

第二十四条 法医精神病鉴定是指运用法医精神病学的科学技术或者专门知识，对涉及法律问题的被鉴定人的精神状态、行为/法律能力、精神损伤及精神伤残等专门性问题进行鉴别和判断并提供鉴定意见的活动。

法医精神病鉴定包括精神状态鉴定、刑事类行为能力鉴定、民事类行为能力鉴定、其他类行为能力鉴定、精神损伤类鉴定、医疗损害鉴定、危险性评估、精神障碍医学鉴定以及与心理、精神相关的其他法医精神病鉴定等。

第二十六条 刑事类行为能力鉴定。对涉及犯罪嫌疑人或被告人、服刑人员以及强奸案件中被害人的行为能力进行鉴定。包括刑事责任能力、受审能力、服刑能力(含是否适合收监)、性自我防卫能力鉴定等。

第二部分：该类鉴定意见的一般质证要点

一、对鉴定资料的审查

辩护人(代理人)应审查鉴定意见所使用的资料是否齐全。该类鉴定资料一般来说分为两种：第一种是案卷资料，第二种是调查资料。第一种资料在鉴定意见正文中关于材料来源的部分都会有标注，如询问笔录、讯问笔录、被告人的毒检报告、病历资料、既往鉴定书、相关微信聊天记录等全部案卷材料。第二种调查资料是向办案人员了解被鉴定人的有关案情，了解其接受讯问时以及在押期间表现的情况并形成文字记录；向被鉴定人亲属了解被鉴定人有关情况，包括疾病表现以及案发前的有关精神状态并形成文字记录；向办案人员了解其他有关情况等。

二、对是否进行了心理学检查的审查

按照《精神障碍者司法鉴定精神检查规范》的规定，被鉴定人不是必须做相关医学心理学检查。《精神障碍者司法鉴定精神检查规范》第3.4条规定，鉴定人做精神检查时，应以平和、耐心的态度对待被鉴定人，以消除交流的障碍，建立较为良好的合作关系；应根据被鉴定人的年龄、性别、个性、职业和检查当时的心理状态，采用灵活的检查方式以取得最佳的效果。第3.8条规定，鉴定人认为必要时，可进行相关心理测验或实验室检查。根据以上规定，虽然做心理测验或实验室检查不是法律规定之必须，但是在一些特殊案例中辩护人（代理人）仍应该审查是否做了心理学检查，以确定司法鉴定之准确性。

三、对被鉴定人疾病史材料的审查

被鉴定人的疾病历史治疗资料在一定程度上可以反映当事人的患病情况，对于判断其在案发时是否属于精神分裂症、处于恢复期还是处于波动期等有一定的参考价值。若是辩护人，应该主动将这些资料提供给办案机关，以作为鉴定的参考资料；若是诉讼代理人，应该审查对方提交资料的真伪，尤其要注意出院医嘱的描述，注意几次治疗的原因及病程迁延的过程，以作为判断鉴定意见是否符合病程的参考。

四、对精神检查的审查

精神检查，是鉴定人与被鉴定人进行接触交谈的活动，是提供鉴定意见的重要步骤之一。辩护人（代理人）应该审查鉴定人是否做了精神检查。按照《精神障碍者司法鉴定精神检查规范》的要求，做精神检查时，鉴定人应熟悉案卷材料，应以材料中的异常现象和可能的病因为线索，有重点地进行检查，并根据被鉴定人表现及交谈中发现的新情况进行针对性检查，避免刻板、公式化；应以平和、耐心的态度对待被鉴定人，以消除交流的障碍，建立较为合作的关系；应根据被鉴定人的年龄、性别、个性、职业和检查当时的心理状态，采用灵活的检查方式。

五、对鉴定意见有没有排除诈病的审查

刑事责任能力鉴定最先要排除诈病的情况，按照《中国精神障碍分类与诊断标准》（第三版）（CCMD－3）做诊断的时候就有排除标准规定，要排除其他疾病才能确定一个诊断。每一个疾病的诊断有四个方面的标准：症状标准、严重程度标准、病程标准，以及排除标准。临床精神病学和司法精神病鉴定的规定有所不同，在刑事案件司法鉴定中，诈病被列在了排除诊断的第一位。

六、对知情意活动欠协调问题的审查

知情意活动欠协调是精神科对精神分裂症的定义，正常人的精神活动是协调的。所谓协调，是指个人心理活动中的知、情、意三个方面是协调的，遇到高兴的事高兴，遇到悲伤的事悲伤，并有相应的行为。每一个心理活动也是如此，对周围发生的事可以正确感知和判断，除了个体心理活动感知，情感和行为之间的相互协调之外，精神活动和周围环境也要协调。辩护人（代理人）需要仔细研究鉴定意见中以及卷宗中所描述的被鉴定人的表现是否属于知情意活动欠协调。

七、对自知力问题的审查

自知力可以在精神分裂症的病情不同时期有不同表现，也是衡量病情的重要指标。衡量病好没好、症状是否缓解的重要指标之一就是自知力指标。随着病期不同，自知力会波动，疾病严重时自知力就丧失了，病情痊愈时自知力完全恢复，病情有所缓解时也许患者会有部分自知力。辩护人（代理人）在审查时需要关注被鉴定人的自知力变化，审查其在案发时是否有自知力。

第三部分：实案诠释鉴定意见质证要点

一、案情简介

管×，案发时23周岁，因琐事对被害人王×怀恨在心，遂于2018年8月26日17时许，在××市××区××宿舍内持事先准备好的尖刀，刺击王×的右侧颈部。经鉴定，王×符合被单刃锐器刺击右侧颈部，造成右侧颈内静脉横断致失血性休克死亡。司法鉴定意见书认定管×为精神分裂症，在本案当中被评定为限定

刑事责任能力人,鉴定时具有受审能力。

诉讼中,王×父亲对管×被评定为限定刑事责任能力人不服,随后公安机关委托了另外一家鉴定机构重新鉴定,鉴定结果仍认定管×为限定刑事责任能力人,鉴定时具有受审能力。王×父亲及其代理人在庭审中仍对该评定结果不予认可,认为管×不属于限定刑事责任能力人,属于完全刑事责任能力人,而管×的辩护人对鉴定意见和对管×的刑事责任能力的评定结果表示认可。

二、鉴定意见原文

××市公安局监所管理队司法鉴定中心

精神病司法鉴定意见书

××公监管司鉴[2018]精鉴字第250号

一、基本情况

被鉴定人:管×,男,23岁……

户籍地:××××××××

身份证号:××××××××××××××××××

委托单位:××市公安局××分局刑事侦查支队

案件名称:故意杀人

委托鉴定事项:刑事责任能力

受理日期:2018年9月3日

鉴定日期:2018年9月25日,10月25日补充材料

鉴定地点:××市公安局监所管理队司法鉴定中心

在场人员:××市公安局××分局民警××

鉴定资料来源:

1. 卷宗、病历材料;

2. 办案人员及家属介绍。

二、案情摘要

2018年8月26日17时许，被鉴定人管×在××市××区室内持刀将王×杀害，后被抓获。

三、调查材料

被鉴定人管×为独子……姑姑有精神分裂症。

据其母亲反映，管×性格……

摘自××精神卫生中心住院病历记录（病案号：××，时间：2014年9月2日至12月1日）……精神检查可引出幻听，关系妄想，被监视感，无自知力。诊断精神分裂症，经NECT及药物治疗后出院。

摘自××大学××医院多专家会诊结果摘要（病历号：××，时间：2015年4月29日）……经多专家会诊后诊断为精神分裂症，建议抗精神病药物治疗。

摘自管×前室友A询问笔录（时间：2018年10月23日10时54分至11时45分）……

摘自管×室友B询向笔录（时间：2018年8月27日0时5分至0时55分）……

2018年8月26日17时许，被鉴定人管×在××市××区室内持刀将王×杀害，后被抓获，据办案人员介绍，审理中……

摘自××市公安局××分局看守所现实表现材料记录（2018年9月5日），管×羁押期间表现……

四、检查所见

被鉴定人自行步入检查室……叙述个人简历与调查材料基本一致：“……”自评……谈及生病经历时述：“……”问其是否有精神病时答：“……”谈及案情时述：“……”精神检查中……情感淡漠，记忆智能未见缺损，知情意活动欠协调，自知力不完整。

五、分析说明

根据现有调查材料结合检查所见说明：被鉴定人管×精神病家族史阳性。平素性格……2012年始无明显诱因渐出现精神异常，主要表现为……曾被多家医院诊断为精神分裂症，经药物治疗后症状缓解，但出院后自行停药，症状时有波动……精神检查时……情感淡漠，记忆智能未见缺损，知情意活动欠协调，自知力不完整。综上所述，根据《中国精神障碍分类与诊断标准》（第三版）（CCMD－3），诊断为精神分裂症。

被鉴定人管×于2012年始渐出现精神异常，未经系统治疗、病情时有波动，伴明显人格改变……事发前……2018年8月26日17时许，其认为……持刀将王×杀害……审理中……精神检查时自述……但其归案后……综上表明，其实施违法行为时受疾病影响，辨认控制能力削弱，故评定为限制刑事责任能力。

六、鉴定意见

被鉴定人管×诊断为精神分裂症。实施违法行为时受疾病影响，辨认控制能力削弱，评定为限制刑事责任能力。

七、鉴定人员

副主任法医师：王××

副主任法医师：黄××

主任医师：王××

××市公安局监所管理队司法鉴定中心

二〇一八年×月六日

××法庭科学技术鉴定研究所

司法鉴定意见书

××［2019］医鉴字0506号

一、一般情况

委托单位：××市公安局

委托日期：2019年3月19日

受理日期:2019年4月11日

被鉴定人:管×,男,户籍地×××××××(身份证号码:××××××××××××××××××)

案件名称:涉嫌故意杀人案

委托目的:管×的刑事责任能力、受审能力

鉴定资料来源:

1. 相关材料复印件;

2. 鉴定会谈记录。

检查日期:2019年4月11日

检查地点:本所

到场人员:张××(警官)、李××(被鉴定人之母)

二、检案摘要

在办理管×涉嫌故意杀人一案中,为正确处理案件,办案单位委托我所对管×刑事责任能力进行重新鉴定。

我所接受委托后,按照相关法律法规及技术规范的要求,鉴定人认真审阅了委托单位提供的所有材料,调查了有关情况,并对被鉴定人进行了精神状况检查等。经过分析、讨论后,提出以下鉴定意见。

三、调查材料

管×系独生子……

……并入住××培训学校的××宿舍,与A、B、C三人同住。三人均感觉管×……后三人向老师提出调宿舍,并于2018年××月××日搬出××宿舍。

同日王×和另两名同学搬入××宿舍与管×同住……

2018年××月××日,管×的父母见管×时,管×说……

2018年8月26日17时许,管×在宿舍内持事先准备好的尖刀,击王×右侧颈部,致其死亡。作案后管×一直躲在……直被警察抓获。

当日对其尿检进行毒检……

多次讯问,管×问答……

自称……

家人反映,管×家族中有精神病史……管×曾在××市××医院住院半年……首次到××精神卫生中心门诊就诊……后在该中心住院治疗……

2015年4月29日,管×曾在××大学××医院经多专家会诊,诊断为精神分裂症……

××市公安局监所管理总队司法鉴定中心2018年1月6日出具精神司法鉴定意见书……

……

四、检查所见

按照《精神障碍者司法鉴定精神检查规范》(SF/Z JD0104001—2011)对被鉴定人进行检查。

被鉴定人自行步入检查室……询问下……

关于案情,称……情感反应淡漠,对案件的处理没有想法,知情意活动欠协调。自知力不完整。

……

五、分析说明

(一)精神医学诊断

综合调查材料及精神检查所见,被鉴定人……综合分析,按照《中国精神障碍分类与诊断标准》(第三版)(CCMD-3),被鉴定人诊断为精神分裂症。

(二)刑事责任能力评定

……

被鉴定人管×作案表现为明显敏感多疑,把本应与其无关的事物认为与其有关,认定被害人故意对其放屁。但更主要的是被鉴定人的精神活动不协调,控制能力削弱,导致行为后果与行为原因极不相称。案发前,被鉴定人曾因……同样说明被鉴定人精神活动不协调,存在控制能力障碍。

……被鉴定的上述异常表现属于其所患精神分裂症的表现和后果。综合分析,按照《精神障碍者刑事责任能力评定指南》(SF/Z JD0104002—2016),被鉴定人管×在本案中评定为限定刑事责任能力。

(三)受审能力评定

……按照《精神障碍者受审能力评定指南》(SF/Z JD0104005—2018),被鉴定人管×目前评定为具有受审能力。

六、鉴定意见

被鉴定人管×诊断为精神分裂症,在本案中,评定为限定刑事责任能力。目前评定为具有受审能力。

司法鉴定人　呼××

《司法鉴定人执业证》证号:110060××××5

司法鉴定人　马××

《司法鉴定人执业证》证号:110060××××9

司法鉴定人　袁××

《司法鉴定人执业证》证号:110060××××6

××法庭科学技术鉴定研究所

二〇一九年五月十三日

三、鉴定意见质证要点整理

辩护人的总体辩护意见如下:评定为限制刑事责任能力的××[2019]医鉴字0506号鉴定意见应该采信。

被害人的诉讼代理人及专家辅助人对该鉴定意见就鉴定程序问题、鉴定资料问题、精神检查和诈病问题、精神病症状问题、诊断标准问题以及病期问题六个方面提出了意见。但是,辩护人认为,××[2019]医鉴字0506号鉴定意见是一份科学的、经得起专业检验的、客观的、中立的、正确的意见。

（一）鉴定意见程序问题

鉴定机构的主管机关是司法部，关于重新鉴定的人员组成应适用司法部颁布的《司法鉴定程序通则》。根据《司法鉴定程序通则》第 32 条的规定，接受重新鉴定委托的司法鉴定机构的资质条件应当不低于原司法鉴定机构，进行重新鉴定的司法鉴定人中应当至少有一名具有相关专业高级专业技术职称。

被害人的诉讼代理人质疑重新鉴定时的鉴定人组成，认为人员组成的职称结构不符合《公安机关鉴定规则》第 44 条规定的"选择与原鉴定人专业技术资格或者职称同等以上的鉴定人实施"。实际上，司法鉴定只需要两名鉴定人员，重新鉴定的人员组成中有两人和原鉴定的人员组成的职称结构相同。

（二）鉴定资料问题

一方面，鉴定意见的正文部分关于材料来源都有标注，如证人询问笔录、被告人讯问笔录、病历资料、既往鉴定书、相关微信聊天记录，还有被害人一方父母及辩护人提供的对原鉴定意见以及反映情况的文字材料，并且向办案人员了解了被鉴定人的有关案情，也了解了其在接受讯问时以及在押期间表现的情况，同时向被鉴定人母亲家人了解了被鉴定人有关情况，包括疾病表现以及案发前的有关精神状态，并形成了文字记录。另一方面，鉴定意见不是科研报告，专家辅助人提出的手机短信、光盘应摘录到鉴定意见上的观点，没有任何法律支持。专家辅助人同样认可鉴定意见书所载明的材料已经足够做出鉴定意见，鉴定人不可能将所有看过的材料都以文字方式体现在鉴定书上。

（三）精神检查和诈病的问题

鉴定人在按《中国精神障碍分类与诊断标准》（第三版）（CCMD－3）做诊断的时候首先要做的就是要排除其他疾病，才能确定一个诊断。诈病是列在排除诊断第一位的，这也是按照这一标准进行司法鉴定的应有之意。专家辅助人提出的精神检查量表没有强制性规定必须使用。

××［2019］医鉴字 0506 号鉴定意见"四、检查所见"记载，鉴定人已经按照《精神障碍者司法鉴定精神检查规范》（SF/Z JD0104001—2011）对被鉴定人进行了检查。

（四）精神病症状问题

有部分患者表现为易激惹，即使轻微的刺激或不愉快也可能引发患者产生剧烈而短暂的情感反应，患者对自己的情绪控制能力下降，有时不明原因地大发脾气。①

本案中，被害人从同学反映以及家庭教育来讲，不可能做出冲着被告人面部放屁的行为。放屁在医学上称为排气，是一种生理现象，精神正常的成年人不可能认为他人排气行为对别人是一种伤害或侮辱行为，而管×这样认为，同时做出用刀杀人的行为，明显偏离正常人的思维，可以理解为病理性思维。被鉴定人精神活动不协调，存在控制能力障碍，辨认和控制能力削弱，该鉴定意见应该被采纳。

（五）诊断标准问题

鉴定意见采用的是《中国精神障碍分类与诊断标准》（第三版）（CCMD－3），这是中华医学会精神科学会主编的标准。该标准和《疾病和有关健康问题的国际统计分类》（ICD－10）在2016年修订《精神障碍者刑事责任能力评定指南》（SF/Z JD0104002—2016）时都存在，同样都是可以使用的。目前中国大部分国家级司法鉴定机构均采用该标准进行鉴定。

根据《精神障碍者刑事责任能力评定指南》（SF/Z JD0104002—2016）关于规范性引用文件的规定，下列文件对于本技术规范的应用是必不可少的：凡是注日期的引用文件，仅所注日期的版本适用于本技术规范；凡是不注日期的引用文件，其最新版本（包括所有的修改单）适用于本技术规范。对该规定的正确理解应是，针对同一技术规范的不同版本，适用注日期或最新版本。《中国精神障碍分类与诊断标准》（第三版）（CCMD－3）和《疾病和有关健康问题的国际统计分类》（ICD－10）非同一技术规范，两技术规范都可引用，到目前为止两个规范都未出新的版本，不存在引用注日期或是最新版本的选择。

---

① 参见陆林主编：《沈渔邨精神病学》（第6版），人民卫生出版社2018年版，第311页。

（六）病期问题

专家辅助人提出管×在××市××精神卫生中心的出院疗效评估是痊愈，在××医院就医时提到“自知力可”，因此断定管×处于恢复期。

但是，医学上讲的临床痊愈，并不是疾病完全去除。《精神障碍者刑事责任能力评定指南》（SF/Z JD0104002—2016）关于刑事责任能力的评定，如条款第3.2.2条限定刑事责任能力的评定、第5.1.2条限定刑事责任能力的评定标准等均未提到病期的标准。

管×之前虽曾服药并住院治疗，但是其没有得到系统持续治疗。因此，管×在案发时病情处于不完全缓解期，存在波动甚至是复发可能。

按照精神分裂患者的治疗规范，管×的停药是不符合治疗原则的。《精神障碍者刑事责任能力评定指南》（SF/Z JD0104002—2016）推荐首发患者维持治疗至少1年，复发患者维持治疗2～5年。

精神分裂症是一种慢性迁延性疾病，反复发作是其典型特征，众多精神科教科书中都有这样的描述。考虑管×停药多年，目前处在病情波动期、缓解期，甚至是复发期，出现病理性的情感爆发，加上病理性思维支配，所以出现了杀人行为。

（七）其他质证要点

第一，鉴定人受办案机关委托而不是以个人名义委托，两次鉴定意见一次是公安机关所属的鉴定机构出具，一次是被害人家属自己选定的鉴定机构出具，两次鉴定的六名鉴定人，鉴定结论一致，由此可知鉴定人的立场是客观的、中立的，对法律负责，与案件当事人无利益关系。而被害人申请的专家辅助人，立场决定其不可能客观中立。

第二，本案鉴定意见的鉴定人是专职鉴定人，其中一位是博士，上一年度的鉴定案件量是493件，其专业技术、学术功底、实践经验都远远高于专家辅助人。被害人申请的两位专家辅助人，一位年事已高，早已脱离鉴定一线，另外一位则是兼职鉴定人，教育背景只有本科学历，其上一年度的鉴定量仅有30件。

第三，鉴定意见经审查、质证可以作为证据使用，而专家辅助人意见不可以作为证据使用,只能用来印证其他证据(包括鉴定意见)是否合理。

四、法院判决

法院综合认证如下:在程序方面符合《司法鉴定程序通则》对于鉴定以及重新鉴定的相关规定,在实体方面对于鉴定标准、鉴定资料、鉴定过程及方法、医学诊断、依据控制能力评定刑事责任能力等几个方面,鉴定书所作认定足以采信。

综上所述,虽然本案两份鉴定意见在刑事责任能力评定时的理由和观点不尽相同,但所作出的管×系限制刑事责任能力的结论是一致的,基于上述分析,本案的相关鉴定意见可以采信。诉讼代理人所提相关代理意见,法院不予采纳,辩护人所提相关辩护意见,法院予以采纳。

毒品司法鉴定意见的质证要点

毒品鉴定，是按照法律规范，由具有毒品鉴定专门知识的人，使用科学的方法，对涉及毒品犯罪案件的有关样品进行提取、分离、检验，最终出具结论性意见的活动。

在毒品案件中，对毒品进行定性和定量的鉴定是认定犯罪嫌疑人、被告人有罪的关键证据，司法实践中对毒品的鉴定或者由公安机关设立的鉴定机构进行，或者委托其他鉴定机构进行。另外，最高人民法院、最高人民检察院、公安部联合发布的《办理毒品犯罪案件适用法律若干问题的意见》明确要求“可能判处死刑的毒品犯罪案件，毒品鉴定结论中应有含量鉴定的结论”，因此涉毒案件中会有对疑似毒品物进行定性和定量鉴定的两份鉴定意见。

毒品鉴定意见只是涉毒案件证据的一种，在这类案件中，辩护人（代理人）应该高度重视其他证据和鉴定意见的相互印证和衔接，把毒品扣押、提取、称量、取样、送检、检验各环节的证据与鉴定意见衔接对合，审查证据链条是否可以完整闭合。

第一部分:该类鉴定意见适用案件的主要法律规定

一、《公安机关鉴定机构登记管理办法》(节选)

第十条 单位申请鉴定机构资格,应当具备下列条件:

(一)有单位名称和固定住所;

(二)有适合鉴定工作的办公和业务用房;

(三)有明确的鉴定项目范围;

(四)有在项目范围内进行鉴定必需的仪器、设备;

(五)有在项目范围内进行鉴定必需的依法通过资质认定或者实验室认可的实验室;

(六)有在项目范围内进行鉴定必需的资金保障;

(七)有开展该鉴定项目的三名以上的鉴定人;

(八)有完备的鉴定工作管理制度。

二、《公安机关鉴定规则》(节选)

第十条 具有下列情形之一的,鉴定人应当自行提出回避申请;没有自行提出回避申请的,有关公安机关负责人应当责令其回避;当事人及其法定代理人也有权要求其回避:

(一)是本案当事人或者当事人的近亲属的;

(二)本人或者其近亲属与本案有利害关系的;

(三)担任过本案证人、辩护人、诉讼代理人的;

(四)担任过本案侦查人员的;

(五)是重新鉴定事项的原鉴定人的;

(六)担任过本案专家证人,提供过咨询意见的;

(七)其他可能影响公正鉴定的情形。

第三十一条 鉴定工作实行鉴定人负责制度。鉴定人应当独立进行鉴定。

鉴定的实施,应当由两名以上具有本专业鉴定资格的鉴定人负责。

第四十二条 对有关人员提出的补充鉴定申请，经审查，发现有下列情形之一的，经县级以上公安机关负责人批准，应当补充鉴定：

（一）鉴定内容有明显遗漏的；

（二）发现新的有鉴定意义的证物的；

（三）对鉴定证物有新的鉴定要求的；

（四）鉴定意见不完整，委托事项无法确定的；

（五）其他需要补充鉴定的情形。

经审查，不存在上述情形的，经县级以上公安机关负责人批准，作出不准予补充鉴定的决定，并在作出决定后三日以内书面通知申请人。

第四十三条 对有关人员提出的重新鉴定申请，经审查，发现有下列情形之一的，经县级以上公安机关负责人批准，应当重新鉴定：

（一）鉴定程序违法或者违反相关专业技术要求的；

（二）鉴定机构、鉴定人不具备鉴定资质和条件的；

（三）鉴定人故意作出虚假鉴定或者违反回避规定的；

（四）鉴定意见依据明显不足的；

（五）检材虚假或者被损坏的；

（六）其他应当重新鉴定的情形。

重新鉴定，应当另行指派或者聘请鉴定人。

经审查，不存在上述情形的，经县级以上公安机关负责人批准，作出不准予重新鉴定的决定，并在作出决定后三日以内书面通知申请人。

第四十四条 进行重新鉴定，可以另行委托其他鉴定机构进行鉴定。鉴定机构应当从列入鉴定人名册的鉴定人中，选择与原鉴定人专业技术资格或者职称同等以上的鉴定人实施。

第四十六条 鉴定文书应当包括：

（一）标题；

（二）鉴定文书的唯一性编号和每一页的标识；

（三）委托鉴定单位名称、送检人姓名；

（四）鉴定机构受理鉴定委托的日期；

（五）案件名称或者与鉴定有关的案（事）件情况摘要；

（六）检材和样本的描述；

（七）鉴定要求；

（八）鉴定开始日期和实施鉴定的地点；

（九）鉴定使用的方法；

（十）鉴定过程；

（十一）《鉴定书》中应当写明必要的论证和鉴定意见，《检验报告》中应当写明检验结果；

（十二）鉴定人的姓名、专业技术资格或者职称、签名；

（十三）完成鉴定文书的日期；

（十四）鉴定文书必要的附件；

（十五）鉴定机构必要的声明。

第四十七条 鉴定文书的制作应当符合以下要求：

（一）鉴定文书格式规范、文字简练、图片清晰、资料齐全、卷面整洁、论证充分、表述准确；使用规范的文字和计量单位。

（二）鉴定文书正文使用打印文稿，并在首页唯一性编号和末页成文日期上加盖鉴定专用章。鉴定文书内页纸张两页以上的，应当在内页纸张正面右侧边缘中部骑缝加盖鉴定专用章。

（三）鉴定文书制作正本、副本各一份。正本交委托鉴定单位，副本由鉴定机构存档。

（四）鉴定文书存档文件包括：鉴定文书副本、审批稿、检材和样本照片或者检材和样本复制件、检验记录、检验图表、实验记录、鉴定委托书、鉴定事项确认书、鉴定文书审批表等资料。

（五）补充鉴定或者重新鉴定的，应当单独制作鉴定文书。

三、《公安机关缴获毒品管理规定》(公禁毒〔2016〕486号)(节选)

第十二条 对办理毒品案件过程中发现的毒品,办案人员应当及时固定、提取,依法予以扣押、收缴。

办案人员应当在缴获毒品的现场对毒品及其包装物进行封装,并及时完成称量、取样、送检等工作;确因客观原因无法在现场实施封装的,应当经办案部门负责人批准。

第十八条 毒品保管人员对本部门办案人员或者其他办案部门、鉴定机构移交的毒品,应当当场检查毒品及其包装物的封装是否完好以及封装袋上的标记、编号、签名等是否清晰、完整,并对照有关法律文书对移交的毒品逐一查验、核对。

对符合条件可以办理入库的毒品,毒品保管人员应当将入库毒品登记造册,详细登记移交毒品的种类、数量、封装情况、移交单位、移交人员、移交时间等情况,在《扣押清单》《证据保全清单》或者《收缴/追缴物品清单》上签字并留存一份备查。

对缺少法律文书、法律文书对必要事项记载不全、移交的毒品与法律文书记载不符或者移交的毒品未按规定封装的,毒品保管人员可以拒绝接收,并应当要求办案人员及时补齐相关法律文书、信息或者按规定封装后移交。

第二十四条 缴获毒品不随案移送人民检察院、人民法院,但办案部门应当将其清单、照片或者其他证明文件随案移送。

对需要作为证据使用的毒品,不起诉决定或者判决、裁定(含死刑复核判决、裁定)发生法律效力,或者行政处罚决定已过复议诉讼期限后方可销毁。

四、最高人民检察院公诉厅《毒品犯罪案件公诉证据标准指导意见(试行)》(节选)

一、一般证据标准

……

(三)关于犯罪客观方面的证据

……

8、毒品鉴定和检验报告,包括毒品鉴定、制毒物品鉴定、毒品原植物鉴定、毒品原植物的种子或幼苗鉴定、文检鉴定、指纹鉴定、犯罪嫌疑人或被告人是否吸食毒品的检验报告,以及被引诱、教唆、欺骗、强迫吸毒的被害人和被容留吸毒的人员是否吸食毒品的检验报告;

9、现场勘验、检查笔录及照片、录像、现场制图,包括对现场的勘验、对人身的检查、对物品的检查;

10、毒品数量的称量笔录;

11、视听资料,包括录音带、录像带、电子数据等。

通过上述证据证明:毒品犯罪事实是否存在;犯罪嫌疑人、被告人是否实施毒品犯罪行为;犯罪嫌疑人、被告人实施毒品犯罪行为的性质;犯罪的时间、地点、手段、后果;毒品的种类及其数量;共同犯罪中,犯罪嫌疑人、被告人之间的关系及其在共同犯罪中所起的作用和地位;犯罪嫌疑人、被告人的财产状况;是否具有法定或酌定从重、从轻、减轻或免除处罚的情节;涉及管辖、强制措施、诉讼期限的事实;其他与定罪量刑有关的事实。

收集、审查、判断上述证据需要注意的问题:

1、毒品犯罪案件中所涉及的毒品、制毒物品,以及毒品原植物、种子、幼苗,都必须属于刑法规定的范围。

2、收集证据过程中,应注意固定、保全证据,防止证据在转移过程中因保管失当而发生变化或灭失。

3、公安机关对作为证据使用的实物应当随案移送检察机关,对不宜或不便移送的,应将这些物品的扣押清单、照片或者其他证明文件随案移送检察机关。

4、注意审查犯罪嫌疑人、被告人的供述等言词证据,对于以刑讯逼供、诱供、指供、骗供等非法方法收集的言词证据,坚决依法予以排除。

5、在毒品、制毒物品等物证灭失的情况下,仅有犯罪嫌疑人、被告人自己的供述,不能定罪;但是,当犯罪嫌疑人、被告人的供述与同案犯的供述吻合,并且完全排除诱供、刑讯逼供、串供等情形,能够相互印证的口供可以作为定罪的证据。

6、毒品数量是指毒品净重。称量时,要扣除包装物和容器的重量。毒品称量应由二名以上侦查人员当场、当面进行，并拍摄现场照片。查获毒品后，应当场制作称量笔录，要求犯罪嫌疑人当场签字；犯罪嫌疑人拒绝签字的，应作出情况说明。

7、审查鉴定时，要注意鉴定主体是否合格、鉴定内容和范围是否全面、鉴定程序是否符合规范（包括检材提取、检验、鉴定方法、鉴定过程、鉴定人有无签字等）、鉴定结论是否明确具体、鉴定报告的体例形式是否符合规范要求，以及鉴定结论是否告知犯罪嫌疑人、被告人。

8、公安机关依法使用技术侦查手段秘密收集的证据，因为涉及保密问题，不能直接作为证据使用；必须使用技术侦查手段秘密收集的证据证明犯罪事实时，应将其转化为诉讼证据。

五、最高人民法院、最高人民检察院、公安部《办理毒品犯罪案件毒品提取、扣押、称量、取样和送检程序若干问题的规定》（公禁毒〔2016〕511号）（节选）

第六条 对同一案件在不同位置查获的两个以上包装的毒品，应当根据不同的查获位置进行分组。

对同一位置查获的两个以上包装的毒品，应当按照以下方法进行分组：

（一）毒品或者包装物的外观特征不一致的，根据毒品及包装物的外观特征进行分组；

（二）毒品及包装物的外观特征一致，但犯罪嫌疑人供述非同一批次毒品的，根据犯罪嫌疑人供述的不同批次进行分组；

（三）毒品及包装物的外观特征一致，但犯罪嫌疑人辩称其中部分不是毒品或者不知是否为毒品的，对犯罪嫌疑人辩解的部分疑似毒品单独分组。

第七条 对查获的毒品应当按其独立最小包装逐一编号或者命名，并将毒品的编号、名称、数量、查获位置以及包装、颜色、形态等外观特征记录在笔录或者扣押清单中。

在毒品的称量、取样、送检等环节，毒品的编号、名称以及对毒品外观特征的描述应当与笔录和扣押清单保持一致；不一致的，应当作出书面说明。

第九条 现场提取、扣押等工作完成后，一般应当由两名以上侦查人员对提取、扣押的毒品及包装物进行现场封装，并记录在笔录中。

封装应当在有犯罪嫌疑人在场并有见证人的情况下进行；应当使用封装袋封装毒品并加密封口，或者使用封条贴封包装，作好标记和编号，由侦查人员、犯罪嫌疑人和见证人在封口处、贴封处或者指定位置签名并签署封装日期。犯罪嫌疑人拒绝签名的，侦查人员应当注明。

确因情况紧急、现场环境复杂等客观原因无法在现场实施封装的，经公安机关办案部门负责人批准，可以及时将毒品带至公安机关办案场所或者其他适当的场所进行封装，并对毒品移动前后的状态进行拍照固定，作出书面说明。

封装时，不得将不同包装内的毒品混合。对不同组的毒品，应当分别独立封装，封装后可以统一签名。

第十四条 称量应当使用适当精度和称量范围的衡器。称量的毒品质量不足一百克的，衡器的分度值应当达到零点零一克；一百克以上且不足一千克的，分度值应当达到零点一克；一千克以上且不足十千克的，分度值应当达到一克；十千克以上且不足一百千克的，分度值应当达到十克；一百千克以上且不足一吨的，分度值应当达到一百克；一吨以上的，分度值应当达到一千克。

称量前，称量人应当将衡器示数归零，并确保其处于正常的工作状态。

称量所使用的衡器应当经过法定计量检定机构检定并在有效期内，一般不得随意搬动。

法定计量检定机构出具的计量检定证书复印件应当归入证据材料卷，并随案移送。

第十五条 对两个以上包装的毒品，应当分别称量，并统一制作称量笔录，不得混合后称量。

对同一组内的多个包装的毒品，可以采取全部毒品及包装物总质量减去包装物质量的方式确定毒品的净质量；称量时，不同包装物内的毒品不得混合。

第十六条 多个包装的毒品系包装完好、标识清晰完整的麻醉药品、精神药品制剂的,可以按照其包装、标识或者说明书上标注的麻醉药品、精神药品成分的含量计算全部毒品的质量,或者从相同批号的药品制剂中随机抽取三个包装进行称量后,根据麻醉药品、精神药品成分的含量计算全部毒品的质量。

第十七条 对体内藏毒的案件,应当将犯罪嫌疑人排出体外的毒品逐一称量,统一制作称量笔录。

犯罪嫌疑人供述所排出的毒品系同一批次或者毒品及包装物的外观特征相似的,可以按照本规定第十五条第二款规定的方法进行称量。

第十八条 对同一容器内的液态毒品或者固液混合状态毒品,应当采用拍照或者录像等方式对其原始状态进行固定,再统一称量。必要时,可以对其原始状态固定后,再进行固液分离并分别称量。

第二十一条 毒品的取样一般应当在称量工作完成后,由两名以上侦查人员在查获毒品的现场或者公安机关办案场所完成。必要时,可以指派或者聘请具有专门知识的人进行取样。

在现场或者公安机关办案场所不具备取样条件的,应当按照本规定第九条的规定对毒品及包装物进行封装后,将其送至鉴定机构并委托鉴定机构进行取样。

第二十二条 在查获毒品的现场或者公安机关办案场所取样的,应当在有犯罪嫌疑人在场并有见证人的情况下进行,并制作取样笔录。

对已经封装的毒品进行取样前,应当在有犯罪嫌疑人在场并有见证人的情况下拆封,并记录在取样笔录中。

取样笔录应当由取样人、犯罪嫌疑人和见证人签名。犯罪嫌疑人拒绝签名的,应当在取样笔录中注明。

必要时,侦查人员应当对拆封和取样的主要过程进行拍照或者录像。

第二十三条 委托鉴定机构进行取样的,对毒品的取样方法、过程、结果等情况应当制作取样笔录,但鉴定意见包含取样方法的除外。

取样笔录应当由侦查人员和取样人签名,并随案移送。

第二十四条 对单个包装的毒品,应当按照下列方法选取或者随机抽取检材:

（一）粉状。将毒品混合均匀，并随机抽取约一克作为检材；不足一克的全部取作检材。

（二）颗粒状、块状。随机选择三个以上不同的部位，各抽取一部分混合作为检材，混合后的检材质量不少于一克；不足一克的全部取作检材。

（三）膏状、胶状。随机选择三个以上不同的部位，各抽取一部分混合作为检材，混合后的检材质量不少于三克；不足三克的全部取作检材。

（四）胶囊状、片剂状。先根据形状、颜色、大小、标识等外观特征进行分组；对于外观特征相似的一组，从中随机抽取三粒作为检材，不足三粒的全部取作检材。

（五）液态。将毒品混合均匀，并随机抽取约二十毫升作为检材；不足二十毫升的全部取作检材。

（六）固液混合状态。按照本款以上各项规定的方法，分别对固态毒品和液态毒品取样；能够混合均匀成溶液的，可以将其混合均匀后按照本款第五项规定的方法取样。

对其他形态毒品的取样，参照前款规定的取样方法进行。

第二十五条 对同一组内两个以上包装的毒品，应当按照下列标准确定选取或者随机抽取独立最小包装的数量，再根据本规定第二十四条规定的取样方法从单个包装中选取或者随机抽取检材：

（一）少于十个包装的，应当选取所有的包装；

（二）十个以上包装且少于一百个包装的，应当随机抽取其中的十个包装；

（三）一百个以上包装的，应当随机抽取与包装总数的平方根数值最接近的整数个包装。

对选取或者随机抽取的多份检材，应当逐一编号或者命名，且检材的编号、名称应当与其他笔录和扣押清单保持一致。

第二十六条 多个包装的毒品系包装完好、标识清晰完整的麻醉药品、精神药品制剂的，可以从相同批号的药品制剂中随机抽取三个包装，再根据本规定第二十四条规定的取样方法从单个包装中选取或者随机抽取检材。

第二十七条 在查获毒品的现场或者公安机关办案场所取样的,应当使用封装袋封装检材并加密封口,作好标记和编号,由取样人、犯罪嫌疑人和见证人在封口处或者指定位置签名并签署封装日期。犯罪嫌疑人拒绝签名的,侦查人员应当注明。

从不同包装中选取或者随机抽取的检材应当分别独立封装,不得混合。

对取样后剩余的毒品及包装物,应当按照本规定第九条的规定进行封装。选取或者随机抽取的检材应当由专人负责保管。在检材保管和送检过程中,应当采取妥善措施防止其发生变质、泄漏、遗失、损毁或者受到污染等。

第二十八条 委托鉴定机构进行取样的,应当使用封装袋封装取样后剩余的毒品及包装物并加密封口,作好标记和编号,由侦查人员和取样人在封口处签名并签署封装日期。

第三十条 对查获的全部毒品或者从查获的毒品中选取或者随机抽取的检材,应当由两名以上侦查人员自毒品被查获之日起三日以内,送至鉴定机构进行鉴定。

具有案情复杂、查获毒品数量较多、异地办案、在交通不便地区办案等情形的,送检时限可以延长至七日。

公安机关应当向鉴定机构提供真实、完整、充分的鉴定材料,并对鉴定材料的真实性、合法性负责。

第三十四条 对毒品原植物及其种子、幼苗,应当委托具备相应资质的鉴定机构进行鉴定。当地没有具备相应资质的鉴定机构的,可以委托侦办案件的公安机关所在地的县级以上农牧、林业行政主管部门,或者设立农林相关专业的普通高等学校、科研院所出具检验报告。

六、《疑似毒品中海洛因的气相色谱、气相色谱-质谱检验方法》(GB/T 29635—2013)(节选)

4 原理

本方法采用内标法或外标法进行质量控制,对疑似毒品固体样品中的海洛因进行有机溶剂提取，用气相色谱－质谱联用（GC－MS）进行定性分析，用气相色谱－氢火焰离子化检测器（GC－FID）对海洛因进行定量分析。

七、《疑似毒品中甲基苯丙胺的气相色谱、高效液相色谱和气相色谱－质谱检验方法》（GB/T 29636—2013）（节选）

4　原理

本方法采用内标法或外标法进行质量控制，对疑似毒品固体样品的甲基苯丙胺进行有机溶剂提取，用气相色谱－质谱联用（GC－MS）进行定性分析，用气相色谱－氢火焰离子化检测器（GC－FID）或高效液相色谱（HPLC）对甲基苯丙胺进行定量分析。

八、《计量法实施细则》（节选）

第六条　计量基准的量值应当与国际上的量值保持一致。国务院计量行政部门有权废除技术水平落后或者工作状况不适应需要的计量基准。

第七条　计量标准器具（简称计量标准，下同）的使用，必须具备下列条件：

（一）经计量检定合格；

（二）具有正常工作所需要的环境条件；

（三）具有称职的保存、维护、使用人员；

（四）具有完善的管理制度。

九、公安部《刑事技术鉴定规则》（节选）

第四条　刑事技术鉴定，必须由具有鉴定员以上职称的专业技术人员担任。本人或者近亲属与案件有利害关系的人，担任过本案的侦查、证人，或者与本案当事人有其他关系、可能影响公正鉴定的人，不能充当鉴定人。鉴定人的回避，由所在公安机关负责人决定。

第八条　刑事技术鉴定，要按下列程序进行：预备检验、分别检验、比对检验、综合评断。每个程序都要作出详细、客观的记录。最后制作鉴定书。

第九条　对检材进行物理检验或化学检验，要标明取材部位，并作详细记录。消耗性的检材，要注意留存，以备复核检验；检材过少无法留存的，应事先征得送检单位同意,并在委托登记表中注明。

第十条 凡需做鉴定实验的,由主办鉴定人组织实施。要严格选用与检材质量、形态相同或近似的材料,运用与发生案件时相同或近似的形成条件和方法进行实验。实验情况,要如实记录,并由参加实验的人签名。鉴定实验记录,是综合评断的依据,不能代替鉴定书。

第十一条 鉴定书的内容,包括绪论、检验、论证、结论。

"绪论":收检日期,送检单位,送检人,简要案情,检材名称、种类、数量、提取方法、载体及包装、运输情况,鉴定要求。

"检验":检材和样本的形态、色质、大小、检验、实验的步骤、方法、手段、数据、特征图形。

"论证":对检验发现的特征、数据进行综合评断,论述结论的科学依据。

"结论":鉴定的结果。

鉴定书要文字简练,描述确切。照片要真实清晰,特征要标划鲜明。

尸体检验、物证分析,出具检验报告,不出鉴定书。

确因检材不够鉴定条件,而无法作出肯定性结论的,可以出具分析意见。

第十二条 鉴定书由鉴定人签名,检验报告由检验人签名,注明技术职称,并加盖"刑事技术鉴定专用章"。

十、最高人民法院、最高人民检察院、公安部《关于印发〈办理毒品犯罪案件适用法律若干问题的意见〉的通知》(公通字〔2007〕84号)(节选)

四、关于死刑案件的毒品含量鉴定问题

可能判处死刑的毒品犯罪案件,毒品鉴定结论中应有含量鉴定的结论。

第二部分:该类鉴定意见的一般质证要点

一、对鉴定机构资质的审查

根据《公安机关鉴定机构登记管理办法》第10条第5项的规定,有在项目范围内进行鉴定必需的依法通过资质认定或者实验室认可的实验室才能够申请设立鉴定机构。所以,辩护人(代理人)应该审查鉴定机构被中国合格评定国家认可委员会认可通过的时间,确定其鉴定时是否具有资格。辩护人(代理人)还应审查鉴定机构是否与案件或案件当事人有利害关系或其他特殊关系。鉴定意见未附鉴定人、鉴定机构资格证明文件的,辩护人(代理人)应当要求补强证据,否则不能作为定案证据。

如果案件中做了重新鉴定,辩护人(代理人)需要对新鉴定意见的鉴定人、鉴定机构的资格进行审查,审查其是否符合《司法鉴定程序通则》对重新鉴定的要求,并对第一次和第二次鉴定意见进行比较,从中或许也可以发现鉴定意见的错误之处。

二、对鉴定意见的形式的审查

审查鉴定意见是否完备;是否具备序言、简要案情、检材取样、检验过程及记录、分析说明、鉴定意见等内容;鉴定意见尾部是否有两名以上鉴定人亲笔签名、是否有鉴定机构盖章。

三、对鉴定意见中关于提取、扣押毒品叙述的审查

实践中,侦查机关可能存在对检材扣押程序的合法性重视程度不够,提取的检材范围有限,提取、扣押后的保管存在多头管理、职责不明的情况。所以,辩护人(代理人)应重点审查检材提取过程是否合法。

四、对鉴定意见中送检过程、拆封、取样过程叙述的审查

最高人民法院、最高人民检察院、公安部《办理毒品犯罪案件毒品提取、扣押、称量、取样和送检程序若干问题的规定》第 7 条第 2 款规定:“在毒品的称量、取样、送检等环节,毒品的编号、名称以及对毒品外观特征的描述应当与笔录和扣押清单保持一致;不一致的,应当作出书面说明。”第 25 条第 2 款规定:“对选取或者随机抽取的多份检材,应当逐一编号或者命名,且检材的编号、名称应当与其他笔录和扣押清单保持一致。”

因此,辩护人(代理人)应审查检材提取后,其送检过程、拆封、取样过程是否依照法定程序进行,检材的提取数额情况是否有记录;检材与原始提取物是否为同一物，检材的提取时间与检验鉴定时间间隔的长短是否在合理范围内。

比如，有的鉴定意见中，提取检材时会从涉案毒品某X个部位提取，但是这最多证明有X个独立包装的白色晶体含有毒品，无法证明其他独立包装中是否含有毒品及毒品含量。因为这些编号不同的检材来自不同的独立包装，其检验结果中每一组共十个独立的检材鉴定出的毒品含量完全一致，一般情况下是不可能的，虽然辩护人（代理人）认可实践中也不排除有这种极小的可能，但是也不能排除其他两种合理怀疑：一是鉴定人把各组检材混同后进行了取样从而得出完全一样的含量结果；二是鉴定人为了省事只取了其中的个别检材，主观上直接认定其他检材也具有相同的含量。

五、审查是否进行了分组鉴定

司法实践中，公安机关一般会将所缴获的毒品全部交由鉴定机构进行鉴定处理，而鉴定机构在实际的鉴定工作中，如果存在涉案毒品数量较多、品种繁多的情况，可能为了省事而采取随机抽样的方式对所送检的毒品进行鉴定。更有甚者，将不同种类的毒品进行混合取样来代替对全部毒品的鉴定，这种做法将直接导致毒品定性的不准确。因此，辩护人（代理人）应该重点审查是否对在不同地点缴获的多个包装的缴获物品进行了分组鉴定；是否对犯罪嫌疑人或物品持有人供述缴获物品存在差异的多个包装的物品进行了分组鉴定；是否对缴获物品本身或者包装物的外观特征不一致的多个包装的缴获物品根据缴获物品及其包装物的外观特征进行了分组鉴定。

六、对鉴定过程的审查

实体上，要重点审查鉴定意见所记载的鉴定过程是否符合规定。鉴定人在对样品进行鉴定时，首先要对样品进行粉碎，然后通过溶解提取等物理或化学方法处理，再对样品进行定性定量的鉴定，对鉴定的整个过程及分析所采用的鉴定方式，依照行业标准和法律、司法解释等规范性文件的要求，均应在鉴定意见中有详细明确的记录。但是在司法实践中，多数情况是鉴定意见中不写或者仅寥寥几笔记载鉴定过程,记载了鉴定过程的,也有很多存在技术环节的错误,如缺乏对检测过程的描述。有对检材、配比、溶入试剂、设备温度、气压、惰性气体的描述,鉴定意见的检测过程部分才完整。因此,辩护人(代理人)应该审查鉴定意见对检测的分析论证是否周密、分析论证和鉴定结论是否矛盾、鉴定意见与案件其他证据是否矛盾。

七、对检测方法的审查

鉴定中采取的检测方法错误——这样的低级错误在实践中经常发生。毒品种类不同,其检测标准亦不同,公安部制定了一整套毒品检测定性定量的理化检验标准,每种毒品都有其独特的理化检验方法,并会生成独特的波峰波谷图谱,理化检验报告的毒品图谱与该类检验标准附注的图谱完全一致,方可认定毒品种类。比如,送检的检材是海洛因疑似物,检测方法却是 IFSC 04 - 05 - 04 - 2011,但是这个检测方法其实是关于生物样品中氯胺酮(俗称 K 粉)的检验方法,而海洛因疑似物的检测标准应采用《疑似毒品中海洛因的气相色谱、气相色谱 - 质谱检验方法》(GB/T 29635—2013)。因此,辩护人(代理人)应该审查鉴定意见的检测方法是否正确。

八、审查是否附有检测图表

公安部发布的《理化检验报告书的编写规定》(GT/A 201—1998)第 3.2 条规定:“检验部分主要包括检验的技术手段和方法、检验用仪器和/或条件、比对样品的性质、数据的重现性、检验结果(包括数据、图、照片等)。”毒品鉴定意见中应当附有相关的检测图表才完整有效。但个案中的鉴定意见,可能存在鉴定过程描述中反映其使用了气相色谱仪、气相色谱 - 质谱联用仪做毒品定性、定量分析鉴定,却不附色谱图、质谱图的情况。辩护人(代理人)应对是否附有检测图表进行审查。

九、审查是否进行了含量鉴定

辩护人(代理人)应注意重大可能判处死刑的案件中是否有含量鉴定,最高人民法院《全国部分法院审理毒品犯罪案件工作座谈会纪要》(法〔2008〕324

号)第5点,最高人民法院、最高人民检察院、公安部《关于印发〈办理毒品犯罪案件适用法律若干问题的意见〉的通知》第4点,《办理毒品犯罪案件毒品提取、扣押、称量、取样和送检程序若干问题的规定》(公禁毒〔2016〕511号)第33条中均有明确规定,要求在可能判处死刑的毒品犯罪案件中必须要有毒品含量鉴定。

第三部分:实案诠释鉴定意见质证要点

一、案情简介

2016年起,被告人张××长期在××市从事毒品贩卖活动,并纠集被告人胡××、胡金×及杨业×帮助其贩卖毒品,其中被告人张××与下家唐×、董××、杨××等人电话联系,谈妥毒品交易的数额、价格等后,唐×、董××、杨××等人通过ATM存款、银行转账等方式将相应款项转入被告人张××持有、控制及使用的邓××、黄××、向××等人的不同的银行账户内,被告人张××随即安排被告人胡××、胡金×及杨业×等人将毒品送至××市区隐蔽地点存放,然后通知买家自行前往上述地点取走毒品。截至2017年4月,被告人张××等人通过上述方式共贩卖甲基苯丙胺5000余克。

二、鉴定意见原文

××市公安司法鉴定中心

毒品检验报告

杭公司鉴(毒号)字[2017]××××号

一、绪论

1. 委托单位:××市公安局××区分局禁毒大队

2. 送检人:王××、季××

3. 受理日期:2017年5月5日

4. 案情摘要:2017 年 5 月 5 日,××市公安局××区分局禁毒大队民警王××、季××送来“胡××涉嫌贩卖毒品案”相关检材,要求进行毒品检验。

5. 检材和样本:

DP171263 – 001 可疑晶体样品 10 支(塑料离心管包装);DP171263 – 002 可疑药丸样品 1 支(塑料离心管包装);DP171263 – 003 可疑晶体样品 10 支(塑料离心管包装);DP171263 – 004 可疑晶体样品 10 支(塑料离心管包装)。

6. 鉴定要求:甲基苯丙胺定性检验

7. 检验开始日期:2017 年 5 月 5 日

8. 检验地点:××市公安司法鉴定中心

二、检验

称重:送检可疑样品(编号顺序按办案人员提供的先后顺序)相关重量见案件办理笔录。

送检检材采用公安部物证鉴定中心毒品检验方法《甲基苯丙胺定性定量检验方法》(IFSC04 – 02 – 07 – 2011)进行检验。

三、检验意见

送检可疑样品(编号顺序按办案人员提供的先后顺序)相关重量见案件办理笔录。

在本实验室条件下,送检检材 DP171263 – 001 可疑晶体样品 10 支,均检出甲基苯丙胺;送检检材 DP171263 – 002 可疑药丸样品 1 支,检出咖啡因;送检检材 DP171263 – 003 可疑晶体样品 10 支,均检出甲基苯丙胺;送检检材 DP171263 – 004 可疑晶体样品 10 支,均检出甲基苯丙胺。

鉴定人:助理工程师　沈××

助理工程师　王××

二〇一七年六月十四日

三、鉴定意见质证要点整理

(一)鉴定机构和鉴定人不具有法定的资质

关于鉴定人资质:两位鉴定人均是助理工程师,辩护人也在××省司法厅调取了两位鉴定人并未备案的证明。根据最高人民法院、最高人民检察院、公安部、国家安全部、司法部《关于做好司法鉴定机构和司法鉴定人备案登记工作的通知》(司发通〔2008〕165 号)第 2 条第 3 项的规定,检察院和公安机关的内部司法鉴定中心可以自行发证,但也必须要在司法行政机关备案登记并向社会公告,如果没有,相当于没有鉴定人的资质。根据全国人民代表大会常务委员会《关于司法鉴定管理问题的决定》第 4 条的规定,下列三类人可以作为鉴定人:(1)具有与所申请从事的司法鉴定业务相关的高级专业技术职称;(2)具有与所申请从事的司法鉴定业务相关的专业执业资格或者高等院校相关专业本科以上学历,从事相关工作五年以上;(3)具有与所申请从事的司法鉴定业务相关工作十年以上经历,具有较强的专业技能。《公安机关鉴定规则》《公安机关鉴定人登记管理办法》的规定也与此一致。而本案仅附有二人助理工程师的资格证书,并未附相关学历、工作经历的证明,也就是说,其二人不具有相应的鉴定资格。

(二)提取过程不合法

本案证据材料显示,案发现场提取、扣押的疑似毒品未进行现场封装。最高人民法院、最高人民检察院、公安部《办理毒品犯罪案件毒品提取、扣押、称量、取样和送检程序若干问题的规定》第 9 条规定:“现场提取、扣押等工作完成后,一般应当由两名以上侦查人员对提取、扣押的毒品及包装物进行现场封装,并记录在笔录中。封装应当在有犯罪嫌疑人在场并有见证人的情况下进行;应当使用封装袋封装毒品并加密封口,或者使用封条贴封包装,作好标记和编号,由侦查人员、犯罪嫌疑人和见证人在封口处、贴封处或者指定位置签名并签署封装日期。犯罪嫌疑人拒绝签名的,侦查人员应当注明。确因情况紧急、现场环境复杂等客观原因无法在现场实施封装的,经公安机关办案部门负责人批准,可以及时将毒品带至公安机关办案场所或者其他适当的场所进行封装,并对毒品移动前后的状态进行拍照固定，作出书面说明。封装时，不得将不同包装内的毒品混同。对不同组的毒品，应当分别独立封装，封装后可以统一签名。”

本案中，根据被告人张××、邓××的供述，案发前大行李袋已经有些裂开，在未进行现场封装的情况下，涉案毒品疑似物经过从××市到××市的长途运输，13日17时被查获，22时45分才开始称量、取样，其间不能排除涉案毒品疑似物被调包、被改变数量等可能性。

（三）送检材料、样本来源不明

在侦查机关查获涉案毒品疑似物的时候，未见任何对应的称量、封装、送检笔录，未对毒品疑似物进行标记，根据公安部《物证的封装要求》（GA/T 966—2011）[①]的规定，公安机关在调取物证时应当封装编号，查获的毒品疑似物应当编号后送检。本案中，公安机关送检的毒品疑似物没有进行编号，送检材料包装袋上也没有任何数字予以印证，因此，无法保证检材与查获物的一致性。在检材来源不明、鉴定资料严重欠缺的情况下，无法确定扣押时的毒品疑似物与送检的毒品疑似物具有同一性，导致无法确认该检验结论的准确性和唯一性。

（四）鉴定意见中对鉴定过程没有记载，导致无法确定鉴定意见的科学性和真实性

鉴定意见是技术评价，如果没有鉴定过程记载描述，就只能依靠对鉴定人资格的信赖而判断鉴定意见的正确性，如此也就不需要鉴定过程，鉴定人直接出卖资格，签个字就可以了。在杭公司鉴（毒号）字［2017］××××号鉴定意见中，辩护人无法得知检验过程的记录、鉴定的实施过程和科学依据，包括检材处理、鉴定程序、所用技术方法、技术标准和技术规范等内容，极难审查检验结论的准确性和唯一性。

---

① 此标准已失效。

骨龄司法鉴定意见的质证要点

骨龄鉴定，是指应用医学和生物学的理论和技术，通过对个体骨骼生长发育程度的检验来判断其目前的生物学年龄，从而确定该个体时间年龄的鉴定，是法医物证鉴定的一种。人类骨骼发育的变化基本相似，每一根骨头的发育过程都具有连续性和阶段性。不同阶段的骨头具有不同的形态特点，因此，骨龄评估能较准确地反映个体的生长发育水平和成熟程度。

最高人民检察院《关于"骨龄鉴定"能否作为确定刑事责任年龄证据使用的批复》（高检发研字〔2000〕6 号）明确指出："犯罪嫌疑人不讲真实姓名、住址，年龄不明的，可以委托进行骨龄鉴定或其他科学鉴定，经审查，鉴定结论能够准确确定犯罪嫌疑人实施犯罪行为时的年龄的，可以作为判断犯罪嫌疑人年龄的证据使用。如果鉴定结论不能准确确定犯罪嫌疑人实施犯罪行为时的年龄，而且鉴定结论又表明犯罪嫌疑人年龄在刑法规定的应负刑事责任年龄上下的，应当依法慎重处理。"自此之后，骨龄鉴定被广泛应用于司法判案过程中，并扮演十分重要的角色。

但是，由于骨骼的年龄变化受性别、营养、种族、健康、地理环境等诸多因素的影响,骨龄鉴定只能确定一个年龄范围,不能精确计算出该个体的实际年龄。数据显示,骨龄鉴定结果准确率只有60%。所以骨龄鉴定相较其他鉴定来说有一定的不准确性、不确定性。因此,骨龄鉴定意见只能作为一项参考指标,而不能作为唯一的证据来认定生理年龄,更不能直接将骨龄当作年龄本身作为定罪量刑的依据。

第一部分:该类鉴定意见适用案件的主要法律规定

一、最高人民检察院《关于"骨龄鉴定"能否作为确定刑事责任年龄证据使用的批复》(节选)

犯罪嫌疑人不讲真实姓名、住址,年龄不明的,可以委托进行骨龄鉴定或其他科学鉴定,经审查,鉴定结论能够准确确定犯罪嫌疑人实施犯罪行为时的年龄的,可以作为判断犯罪嫌疑人年龄的证据使用。如果鉴定结论不能准确确定犯罪嫌疑人实施犯罪行为时的年龄,而且鉴定结论又表明犯罪嫌疑人年龄在刑法规定的应负刑事责任年龄上下的,应当依法慎重处理。

二、《司法鉴定程序通则》(司法部令第132号)(节选)

第七条 司法鉴定人在执业活动中应当依照有关诉讼法律和本通则规定实行回避。

第十五条 具有下列情形之一的鉴定委托,司法鉴定机构不得受理:

(一)委托鉴定事项超出本机构司法鉴定业务范围的;

(二)发现鉴定材料不真实、不完整、不充分或者取得方式不合法的;

(三)鉴定用途不合法或者违背社会公德的;

(四)鉴定要求不符合司法鉴定执业规则或者相关鉴定技术规范的;

(五)鉴定要求超出本机构技术条件或者鉴定能力的;

(六)委托人就同一鉴定事项同时委托其他司法鉴定机构进行鉴定的;

(七)其他不符合法律、法规、规章规定的情形。

第二十条 司法鉴定人本人或者其近亲属与诉讼当事人、鉴定事项涉及的案件有利害关系，可能影响其独立、客观、公正进行鉴定的，应当回避。

司法鉴定人曾经参加过同一鉴定事项鉴定的，或者曾经作为专家提供过咨询意见的，或者曾被聘请为有专门知识的人参与过同一鉴定事项法庭质证的，应当回避。

第二十五条 鉴定过程中，需要对无民事行为能力人或者限制民事行为能力人进行身体检查的，应当通知其监护人或者近亲属到场见证；必要时，可以通知委托人到场见证。

对被鉴定人进行法医精神病鉴定的，应当通知委托人或者被鉴定人的近亲属或者监护人到场见证。

对需要进行尸体解剖的，应当通知委托人或者死者的近亲属或者监护人到场见证。

到场见证人员应当在鉴定记录上签名。见证人员未到场的，司法鉴定人不得开展相关鉴定活动，延误时间不计入鉴定时限。

第三十六条 司法鉴定机构和司法鉴定人应当按照统一规定的文本格式制作司法鉴定意见书。

三、《中国人手腕骨发育标准（CHN法）》（TY/T 001—92）（节选）

4.1 关于手腕各骨的权重

手腕各骨权重的确立既要考虑各骨所代表的生物学因素，又要考虑各骨在骨龄评定中的可靠性，在骨龄评价中某些骨化中心对骨发育程度的评价可能比其它骨化中心有更高的应用价值。手腕部各骨化中心出现时间及发育速度的相关研究表明掌指骨的代表性大于腕骨、尺骨和桡骨。腕骨中的三角骨、月骨、舟骨、大多角骨、小多角骨和尺骨骨化中心出现晚，生长发育期短，而且出现次序最无规律、变异程度最大。在各骨评价的可靠性方面，许多报告都曾指出腕骨的评定最困难，是引起误差的主要来源。因而提出在骨龄评定方法中取消腕骨的建议。

第二部分:该类鉴定意见的一般质证要点

一、对鉴定过程合法性的审查

此类鉴定多是为了对未成年人进行鉴定,因此需要注意鉴定过程是否有监护人在场。根据《司法鉴定程序通则》第 25 条第 1 款的规定:“鉴定过程中,需要对无民事行为能力人或者限制民事行为能力人进行身体检查的,应当通知其监护人或者近亲属到场见证;必要时,可以通知委托人到场见证。”骨龄鉴定时,需要有被鉴定人的监护人或近亲属在场,即便鉴定是为了解决犯罪嫌疑人是否真的是未成年人的问题,在鉴定过程中仍然应该按照案卷中显示的犯罪嫌疑人年龄适用《司法鉴定程序通则》,请其监护人或近亲属在场。

二、对鉴定资质的审查

鉴定资质是辩护人(代理人)在各类案件中均应审查的内容。但是,对骨龄鉴定机构的审查有别于其他刑事科学技术鉴定,因为骨龄鉴定最初是应用于青少年生长发育医学测试和运动员资格审定的科技手段,后来才逐步发展成司法实务领域的一种辅助鉴定活动,目前我国的专业骨龄鉴定人才大多仍在体育科研机构和儿童医院研究中心,尽管他们临床经验丰富,有更为成熟的技术,但是不一定拥有相关司法鉴定资质。司法实践中有部分办案机关直接委托相关科研机构的做法是错误的。辩护人(代理人)在工作中应该重点审查鉴定资质。

三、对鉴定人鉴定经验、能力的审查

司法鉴定属于事实评价、技术评价,因此,任何一个司法鉴定都无法避免地受到鉴定人的主观经验、个人判断的影响。骨龄鉴定的一个重要的过程是将被鉴定人的 X 光片与《中国人骨成熟度评价标准及应用 CHN 计分法和骨龄标准图谱》[①]中参照的骨龄标准图谱进行比对,从而判断出被鉴定人的年龄区域。骨龄标准图

---

① 张绍岩等:《中国人骨成熟度评价标准及应用 CHN 计分法和骨龄标准图谱》,人民体育出版社 1995 年版。

谱是以半岁为界线,每隔半岁一组骨骼图片,相邻骨骼图片的差异非常小。这就需要鉴定人具有丰富的经验,掌握全面的客观资料,包括被鉴定人的生活环境、生长发育过程中可能影响其发育的重大事件、饮食、就医、身体健康状况等,全面客观地综合分析所有的图片情况后作出判断。

基于鉴定人经验、能力不同,骨龄鉴定具有主观性强的特点,即便适用同一鉴定标准,适用同一鉴定方法,对同一名被鉴定人进行鉴定,不同的鉴定人都有可能得出不同的结论。所以辩护人(代理人)应该查阅鉴定人的临床经验、鉴定经验、教育背景等,这些都有可能影响到鉴定结论的准确性。

四、对鉴定人回避问题的审查

因骨龄鉴定意见具有较强的专业性,尤其是在某些刑事案件中关系到罪与非罪的问题,证据越关键就越容易牵动各方。律师作为辩护人或者诉讼代理人一定要注意鉴定人与案件当事人之间是否存在一定的利害关系。如果存在利害关系,则鉴定人可能作出对一方当事人不利的倾向性意见,妨碍案件的正常裁决。辩护人(代理人)要对骨龄鉴定意见进行实质性的科学有效审查,避免"暗箱操作"隐患。

五、对骨龄鉴定文书的形式审查

对骨龄鉴定意见进行规范性与否的审查,要根据《司法鉴定程序通则》《司法鉴定文书规范》等法律法规对鉴定意见书中的各项内容展开全面审查,包括对基本情况、检验流程、备注说明、专业解答、鉴定意见、落款标注等信息的审查,同时要审查鉴定文书中是否具备有关资质认定的必备要件,包括骑缝章、落款章、钢印、责任人签名等。形式审查的目的在于使法官对鉴定意见的严谨性产生怀疑。

六、对鉴定方法科学性的审查

当前实践中,公认度较高的权威鉴定方法是体育运动委员会制定的《中国人手腕骨发育标准(CHN 法)》(TY/T 001—92)、公安部物证鉴定中心的"六大关节判断骨龄法"、具有较强应用价值的顾氏图谱法、李果珍百分计数法。这些骨龄鉴定方法各有优缺点,基本都是针对 18 周岁以下的青少年骨龄而设定的。目前,

CHN 法主要用于运动员年龄推断,误差不超过一年。而公安部物证鉴定中心研究运用的六大关节推断骨龄,年龄适用于 12~20 岁,主要断定 14 岁、16 岁、18 岁三个年龄点。

应该说,目前司法实践中并没有形成统一、完善的骨龄鉴定技术标准体系,许多科研机构构建了骨龄鉴定技术标准,并具有较强的应用价值,但在国家层面尚未出台具体的技术标准和行业规范,这成为当前骨龄鉴定法律适用和司法实践的困境。

就目前而言,以上几种骨龄鉴定的标准都是科学的,鉴定结论也有相当的准确度。问题在于骨龄鉴定作为一种科学鉴定方法,有其自身无法逾越的局限,那就是目前的技术水平只能达到判断被鉴定人属于某一个年龄段范围,而无法判断精准的时间年龄。一般来说,测评结果最准确、误差最小的首先是手部骨龄,其次是足、膝、肘、肩、髋部骨龄。骨龄鉴定结论在一些案件中事关被告人生死,因此,辩护人(代理人)应该审查或者向鉴定人提出疑问,以判断鉴定人是否是在本着科学谨慎的态度观察了被鉴定人全身六大关节骨龄发育情况后作出的综合分析判断,是否能够确保鉴定结论的准确性。

七、对骨龄鉴定意见如何使用的质证

尽管最高人民检察院在《关于"骨龄鉴定"能否作为确定刑事责任年龄证据使用的批复》中明确提出,在某些特定情形下骨龄鉴定意见具有法律效力。但是,在目前司法实践中仍应对此保持克制态度,骨龄鉴定意见不能作为唯一证据使用。

首先,骨龄鉴定意见之结论不是一个固定的时间点,而是一个时间段,如"骨龄为十四周岁以下"并无法真正精准地判定出犯罪嫌疑人年龄。刑事诉讼对年龄证明的要求很高,必须是相当精确的。按照法律的规定,对行为人的年龄证明,许多情况下要精确到日期,甚至要精确到时、分,所以,骨龄鉴定检测结果只能大概确定待证事实。

其次,骨龄鉴定有滞后性,通常在案发后一段时间进行,鉴定出的结果只能是行为人鉴定时的骨龄,而不是行为人实施行为时的骨龄。因此,司法实践中要避免认定事实错误,不能将骨龄鉴定意见作为唯一依据。

辩护人(代理人)应当将上述各种因素综合衡量、全面审视,审查鉴定意见与案件其他证据是否互相印证、补充,是否可以形成证据链条证实被告人的真实年龄,从而提出是否可以采信的意见。尤其是在骨龄鉴定意见与犯罪嫌疑人自报年龄作为一对一证据而互相矛盾时,应从犯罪嫌疑人的身份查证情况及供述态度等方面全面分析,不能回避矛盾。

第三部分:实案诠释鉴定意见质证要点

一、案情简介

听障男性某乙涉嫌盗窃案中,无法证实该犯罪嫌疑人年龄,通过鉴定其骨龄,判断其是否达到刑事责任年龄。

二、鉴定意见原文

骨龄鉴定报告单

单位名称:××市公安局××分局

证件名称:警察证

经办者签字:赵×、张×

提请鉴定日期:2015年10月10日

被鉴定者姓名:某乙

被鉴定者性别:男

X光片拍摄

拍摄日期:2015年10月10日

X光片编号:0000001

拍摄人员签字:王×

鉴定结果

骨龄鉴定结果:18 岁以上

鉴定依据:根据《中国青少年儿童手腕骨成熟度及评价方法》(TY/3001—2006)标准,该受试者骨龄为 18 岁以上。

鉴定者签字:王×

鉴定日期:2015 年 10 月 10 日

鉴定单位:××省体育科学研究所(公章)

三、鉴定意见质证要点整理

这是笔者在档案中找到的一份 2015 年的鉴定意见。当时的鉴定意见尚不如现在规范,但即便按照当时的《司法鉴定程序通则》,仍然可看出该鉴定意见有很多显而易见的瑕疵甚至错误:(1)鉴定主体的资格问题,××省体育科学研究所不具有鉴定主体资格。(2)鉴定人只有一人,违反规定。按照当时适用的 2007 年《司法鉴定程序通则》第 19 条的规定,司法鉴定机构对同一鉴定事项,应当指定或者选择 2 名司法鉴定人共同进行鉴定。(3)X 光片拍摄未显示拍摄的是身体的哪个部位,不能确定是手部、足、膝、肘、肩折或髋部。部位的不同直接影响着鉴定结论的准确性。(4)鉴定人没有充分考虑被鉴定人的特殊情况。被鉴定人是听障人士,他的生活环境、生长发育过程可能有别于常人。鉴定人是不是在全面客观地综合分析所有的图片情况后作出的判断,至少从《鉴定报告》中无法得知。

总之,这份鉴定意见粗糙简单,缺失了鉴定过程必要的描述和记载,无法让人信服。

DNA 司法鉴定意见的质证要点

DNA，是 Deoxyribo Nucleic Adid 的缩写，中文译名为脱氧核糖核酸，是组成基因的生物大分子。基因，是指基本遗传功能单位，即携带遗传信息的 DNA 序列。DNA 司法鉴定亦可称为生物物证，是指以机体某种组织、毛发、血液或其他体液作为检材和样本，运用免疫学、生物学、生物化学、分子生物学等的理论和方法，利用遗传学标记系统的多态性对生物学检材的种类种属及个体来源进行鉴定。其主要内容包括个体识别、亲子鉴定、性别鉴定、种族和种属认定等。

DNA 鉴定意见作为证据，在各类民刑事案件中被广泛使用，被称为“法庭科学有史以来最大的进步”，在民事诉讼中，为大众广泛熟悉的是 DNA 亲子鉴定；而在刑事诉讼中，DNA 鉴定在确认被害人身份、建立犯罪嫌疑人（被告人）与犯罪现场或被害人的客观联系、鉴别真凶等方面，具有重要作用。

一个完整的 DNA 鉴定过程主要包括获取检材、DNA 提取、DNA 分型（STR 多态性检验）和统计学计算与解释四个方面，在鉴定意见书中，无论是个体识别还是亲子鉴定，常常是用似然率（likelihood ratio，LR）这一概念来判断的。

第一部分：该类鉴定意见适用案件的主要法律规定

一、公安部《关于印发〈DNA 鉴定文书规范〉的通知》（公刑〔2018〕349 号）（节选）

5.5.2.6 检材和样本

5.5.2.6.1 依照送检人填写的鉴定委托书和鉴定事项确认书上的有关内容，逐项如实列出送检的检材和样本，并进行唯一性编号。检材和样本的名称应与现场勘验记录、检查记录、扣押物品清单、鉴定委托书、鉴定事项确认书和现场勘验等相关信息系统保持一致。

5.5.2.6.2 检材和样本的编号从受理、提取、扩增、电泳到图谱分析全过程应保持一致性和唯一性，并可溯源。

5.5.2.6.3 鉴定事项确认书上已注明经初检确定属性的检材，可以标明其属性，如："血斑"、"精斑"。

5.5.2.6.4 鉴定事项确认书上未注明经初检确定属性的检材，不能标明其属性，可用"可疑斑迹"等用语加以描述。

5.5.2.6.5 可以进行描述的检材和样本，应对检材和样本（如种类、数量、形状、来源、包装情况、颜色等）进行描述，同时应根据检材原包装物上的内容，标明检材名称，如："标记有'××'字样的××1 份"。颜色等判定不清的，可用"可疑斑迹"等用语加以描述。人员身份信息准确无误的，可在人员姓名后注明公民身份号码。

5.5.2.6.6 当从同一类数量较多的检材中取部分检材检验时，应相应注明，如："标记有'××'字样的毛发 1 份，取其中 2 根，分别编号为×、×号"。

5.5.2.6.7 当从同一检材的不同部位取样检验时，应相应注明，并可按照"×-1、×-2、×-3"的方式进行编号或者使用连续的唯一性编号。

5.5.2.6.8 当委托单位分多批次送交检材和样本时，应注明每批次检材和样本的受理日期。

5.5.2.6.9 应在鉴定事项确认书中客观描述每一份检材在移交时的封装情

况,如:“外包装未破损”。

5.5.2.7 鉴定要求

指委托单位对所送检材和样本要求检验、鉴定的内容。应依照送检人填写的鉴定事项确认书填写鉴定要求,也可统称为“DNA 检验”。对于重新鉴定的案(事)件,应写明原鉴定单位、原鉴定结果(意见)以及重新鉴定的原因、重新鉴定的内容。

5.5.3.1.4 DNA 提取

逐项列出对各个检材和样本所采用的 DNA 提取方法。采用 GA/T 383 以外的 DNA 提取方法时,要特殊注明。不需要或无法进行 DNA 提取时,可省略此部分。

5.5.3.1.5 DNA 质和量的检测

逐项列出对各个检材和样本所采用的 DNA 质和量的检测方法。采用 GA/T 383 以外的 DNA 质和量的检测方法时,要特殊注明。不需要或无法进行 DNA 质和量的检测时,可省略此部分。

5.5.3.1.6 DNA 多态性检验

逐项列出对各个检材和样本所采用的 DNA 多态性检验方法,如:常染色体 STR 多态性检验、线粒体 DNA 序列多态性检验、Y 染色体 STR 多态性检验等,并对方法、试剂、仪器、操作、分析等进行描述。采用 GA/T 383 以外的 DNA 多态性检验方法时,要特殊注明。

5.5.3.2 检验结果

5.5.3.2.1 预检验结果的描述

逐项列出对检材所进行的各项预检验的阳性或阴性结果。

5.5.3.2.2 确证检验结果的描述

逐项列出对检材所进行的各项确证检验的阳性或阴性结果。

5.5.3.2.3 DNA 质和量的检测结果的描述

逐项列出对检材和样本所进行的各项 DNA 质和量的检测结果。

5.5.3.2.4 常染色体 STR 多态性检验结果的描述

根据 ISFG(国际法医遗传学会)标准,逐项列出所检验检材和样本的各个常染色体基因座的基因型(分型)。检验结果以表格的形式列出,标明检材和样本编号、基因座名称及分型。每个检材和样本在各个基因座上的基因型以数字表示,数字间以"/"分隔;纯合子只标出 1 个数字;未得到分型或无法明确判定分型的基因座分型标为"-";完全未得到分型的检材在表格后以文字形式说明,形式为:"×号检材未获得常染色体 STR 多态性检验结果";Amelogenin 基因座(简写为 Amel),标为"X"或"X/Y",与常染色体 STR 多态性检验结果在表格中一并列出。

当检材获得混合基因型时,若各基因座的谱带完整且谱带峰高、面积比完全符合两个个体的混合分型,可在表格中列出分型数据;若两个个体混合分型不清楚的或两个以上个体混合的或无法判定混合个体来源的混合分型,在表格中不列出分型数据,可在表格后以文字形式说明,形式为:"×号检材获得混合常染色体 STR 多态性检验结果"。

5.5.3.2.6 Y 染色体 STR 多态性检验结果的描述

根据 ISFG(国际法医遗传学会)标准,逐项列出所检验检材和样本的各个 Y 染色体基因座的基因型(分型)。检验结果以表格的形式列出,标明检材和样本编号、基因座名称及分型。每个检材和样本在各个基因座上的基因型以数字表示,数字间以"/"分隔;未得到分型或无法明确判定分型的基因座分型标为"-";完全未得到分型的检材在表格后以文字形式说明,形式为:"×号检材未获得 Y 染色体 STR 多态性检验结果"。

5.5.3.2.7 其他方法 DNA 多态性检验结果的描述

根据其他方法的 DNA 相关标准,逐项列出所检验检材和样本的其他方法 DNA 多态性检验结果。

5.5.5.2 常染色体 STR 多态性检验鉴定意见形式及要求

5.5.5.2.1 在个体识别检验中,当检材未检出基因型时,鉴定意见的形式为:“××检材(×号)未检出STR分型/人DNA”;当检材与样本的基因型不相同时,给出排除的鉴定意见,形式为.:“××检材(×号)检出的个体DNA不是来源于××、××”;当检材和样本的基因型完全相同(未检出的谱带除外)时,根据所检测基因座的基因频率,计算其似然率(LR),并根据计算结果给出鉴定意见,形式为:“××检材(×号)检出的人血/人精斑/STR分型/DNA与××在×(基因座名称)等×个基因座基因型相同,其似然率为××”。

5.5.5.2.2　对于两个个体的混合分型,当比对样本有3个以上(含3个)基因座在该分型中未找到相应的等位基因时,给出排除的鉴定意见,形式为:“××检材(×号)检出混合基因型,不包含××的DNA分型”;当混合分型的各基因座的谱带完整且谱带峰高、面积比完全符合两个个体的混合,可以给出包含的鉴定意见,形式为:“××检材(×号)检出混合基因型,包含××或××、××的DNA分型”,若计算似然率可列出;当混合分型基因座的谱带不完整但要求与比对样本进行比对时,分型完整个体(主要提供者)可以给出包含的鉴定意见,分型不完整个体(次要提供者)可以给出不排除包含的鉴定意见,形式为:“××检材(×号)检出混合基因型,包含××的DNA分型,不排除包含××的DNA分型”;其他情况,不给出鉴定意见。

5.5.5.2.3　在亲权鉴定检验中,当累积亲权指数(CPI)<0.0001时,给出排除的鉴定意见,形式为:“××不是××的生物学父/母亲”;当CPI>10000时,给出认定的鉴定意见,形式为:“××、××是××的生物学父、母亲,亲权指数为××”;当CPI介于0.0001~10000时,应继续增加其他DNA多态性检验。

5.5.5.3　线粒体DNA序列多态性检验鉴定意见形式及要求

5.5.5.3.1　当检材和样本序列的特征点数量、位置不相同时,鉴定意见的形式为:“××检材(×号)与××在检出的mtDNA序列不相同,排除二者来源于同一母系”。

5.5.5.3.2　当检材和样本序列相同时,鉴定意见的形式为:“××检材(×号)与××在检出的mtDNA ××~××(给定范围,取检材和样本比对范围的交集)间的序列相同,不排除二者来源于同一母系”。

5.5.5.3.3 当检材和样本序列的特征点数量、位置全部相同,突变后的碱基不相同时,如检材为 16300 A/T,而样本为 16300 A,可以给出不排除的鉴定意见,鉴定意见的形式为:“××检材(×号)检出的 mtDNA 与××不排除来源于同一母系”。

5.5.5.4 Y 染色体 STR 多态性检验鉴定意见形式及要求

5.5.5.4.1 在排除突变的影响后,当检材和样本 Y 染色体 STR 基因型不相同时,鉴定意见的形式为:“××检材(×号)与××在检出的×(基因座名称)等×个 Y 染色体 STR 基因座基因型不相同,排除二者来源于同一父系”。

5.5.5.4.2 当检材和样本 Y 染色体 STR 基因型相同时,鉴定意见的形式为:“××检材(×号)与××在检出的×(基因座名称)等×个 Y 染色体 STR 基因座基因型相同,不排除二者来源于同一父系”。

5.5.5.4.3 对于两个个体的 Y 染色体 STR 混合分型,鉴定意见的形式参照 5.5.5.2.2。

5.5.6 署名及日期

5.5.6.1 鉴定文书正文的最后应列出全部参与检验鉴定的具有鉴定资格的鉴定人及授权签字人专业技术资格或者职称,并由本人用黑色签字笔或钢笔在打印的姓名后签名。

5.5.6.2 鉴定文书中列出的具有鉴定资格的鉴定人应为两人以上(含两人),其中一人为复核人。鉴定人、复核人、授权签字人均应对检验结果、鉴定意见的真实性负责。

5.5.6.3 在鉴定人下方打印鉴定文书形成日期。鉴定文书形成日期以鉴定文书出具日为准。

5.5.6.4 多个单位参与检验鉴定时,应按照主办单位在前的原则依次排列鉴定单位及其鉴定人。

5.5.7 鉴定机构用印

鉴定文书(正本、副本)应加盖鉴定专用章。印章加盖在正文首页唯一性编号和末页鉴定文书形成日期上，印文用红色。对于正文包含两页（含两页）以上的鉴定文书，应在正文纸张正面右侧边缘中部骑缝加盖鉴定专用章。

鉴定文书的副本还应在正文首页加盖副本章。

5.6 附件

附件作为对鉴定文书正文的补充，用来表述与检验鉴定有关，但未包含在鉴定文书正文中的内容。如：鉴定机构资格证书复印件、鉴定人资格证书复印件等。

二、《公安机关鉴定规则》（公通字〔2017〕6号）（节选）

第十六条 公安机关办案部门对与案（事）件有关需要检验鉴定的人身、尸体、生物检材、痕迹、文件、视听资料、电子数据及其它相关物品、物质等，应当及时委托鉴定。

第二十条 委托鉴定单位提供的检材，应当是原物、原件。

无法提供原物、原件的，应当提供符合本专业鉴定要求的复印件、复制件。所提供的复印件、复制件应当有复印、复制无误的文字说明，并加盖委托鉴定单位公章。

送检的检材、样本应当使用规范包装，标识清楚。

第二十一条 委托鉴定单位及其送检人向鉴定机构介绍的情况、提供的检材和样本应当客观真实，来源清楚可靠。委托鉴定单位应当保证鉴定材料的真实性、合法性。

对受到污染、可能受到污染或者已经使用过的原始检材、样本，应当作出文字说明。

对具有爆炸性、毒害性、放射性、传染性等危险的检材、样本，应当作出文字说明和明显标识，并在排除危险后送检；因鉴定工作需要不能排除危险的，应当采取相应防护措施。不能排除危险或者无法有效防护，可能危及鉴定人员和机构安全的，不得送检。

第三十一条 鉴定工作实行鉴定人负责制度。鉴定人应当独立进行鉴定。

鉴定的实施，应当由两名以上具有本专业鉴定资格的鉴定人负责。

第三十三条 鉴定机构应当在受理鉴定委托之日起十五个工作日内作出鉴定意见,出具鉴定文书。法律法规、技术规程另有规定,或者侦查破案、诉讼活动有特别需要,或者鉴定内容复杂、疑难及检材数量较大的,鉴定机构可以与委托鉴定单位另行约定鉴定时限。

需要补充检材、样本的,鉴定时限从检材、样本补充齐全之日起计算。

第四十条 对鉴定意见,办案人员应当进行审查。

对经审查作为证据使用的鉴定意见,公安机关应当及时告知犯罪嫌疑人、被害人或者其法定代理人。

第四十三条 对有关人员提出的重新鉴定申请,经审查,发现有下列情形之一的,经县级以上公安机关负责人批准,应当重新鉴定:

(一)鉴定程序违法或者违反相关专业技术要求的;

(二)鉴定机构、鉴定人不具备鉴定资质和条件的;

(三)鉴定人故意作出虚假鉴定或者违反回避规定的;

(四)鉴定意见依据明显不足的;

(五)检材虚假或者被损坏的;

(六)其他应当重新鉴定的情形。

重新鉴定,应当另行指派或者聘请鉴定人。

经审查,不存在上述情形的,经县级以上公安机关负责人批准,作出不准予重新鉴定的决定,并在作出决定后三日以内书面通知申请人。

第四十六条 鉴定文书应当包括:

(一)标题;

(二)鉴定文书的唯一性编号和每一页的标识;

(三)委托鉴定单位名称、送检人姓名;

(四)鉴定机构受理鉴定委托的日期;

(五)案件名称或者与鉴定有关的案(事)件情况摘要;

(六)检材和样本的描述;

（七）鉴定要求；

（八）鉴定开始日期和实施鉴定的地点；

（九）鉴定使用的方法；

（十）鉴定过程；

（十一）《鉴定书》中应当写明必要的论证和鉴定意见，《检验报告》中应当写明检验结果；

（十二）鉴定人的姓名、专业技术资格或者职称、签名；

（十三）完成鉴定文书的日期；

（十四）鉴定文书必要的附件；

（十五）鉴定机构必要的声明。

第二部分：该类鉴定意见的一般质证要点

一、对生物检材提取方式及程序的审查

DNA检测具有敏感性，稍有不慎检材就会失效。因此，对检材提取方式及程序的审查就格外重要。司法实践中常出现的检材方面的错误大致有：

(1)应当提取的检材没有提取，或者提取了应当鉴定的检材而最终没有鉴定。比如，在提取血液时，应该提取凝固的血液而没有提取或者提取失败。必要时鉴定人不能局限于棉签擦拭，而应该用刀提取凝固的血液样本。

(2)提取检材的方法不适当。采集DNA检材方式不当，会造成DNA检材的破坏。随着DNA技术的广泛应用，DNA检验已从最初对血斑等常规检材的检验，发展到对微量和疑难检材的成功检验，而且接触性样本（指纹、手机拭子、方向盘拭子）的检出率也在逐渐提高。辩护人（代理人）应当审查检材的提取方法。提取方法应在鉴定意见中有记载。辩护人（代理人）应该结合案件其他证据，判断侦查人员在提取检材时是否会误提附着于检材或散落在现场的采集人自身脱落的上皮细胞和毛发。

(3)检材的保管方面没有遵守严格的程序。保管不善会使重要检材受到外

界影响而导致降解或者污染，如现场提取可疑血痕和组织后，不经过晾干直接装入物证袋，或装于塑料袋导致 DNA 检材的腐败、降解、污染和损毁，或者出现需要补充鉴定时检材灭失，导致无法补充或重新鉴定。

(4)DNA 采集人不具有资格的程序错误。一般 DNA 采集是由经过培训的公安现场勘查人员、法医、医生进行。采集工作是否符合程序及采集技术、是否能够应对采集难度，一定程度上决定了鉴定意见是否可以顺利进行。所以，辩护人（代理人）在特殊案件中，如现场被严重破坏等案件中，对采集人的采集能力、采集过程要重点审查。比如，一些案件中采集人需要借助技术，利用辅助光源和增强显示试剂的功能发现潜在证据，对人眼不能识别的潜在证据进行检测、提取，以全面获取精斑、体液等生物性痕迹证据及隐性物理痕迹证据。如果辩护人（代理人）认为在案发现场应该有类似证据，而鉴定意见又没有使用这样的方法提取检材并鉴定，辩护人（代理人）应该审查无法获取证据的原因，或者审查采集人是否利用了技术、是否有能力采集并获取检材、获取的检材是否全面、作出的鉴定是否能科学客观反映事实。

二、对提取、送检的检材是否与本案有关联的审查

DNA 鉴定从检材的收集、保管、送检、分析到出具鉴定意见乃至鉴定文书的打印核对，每一个环节都由人操作完成，都有发生错误的可能，辩护人（代理人）必须认真审查判断。如果检材的提取等程序都合法，此时应该审查检材与案件本身的关联性，如某强奸案中，行为人作案后把从别处捡来的避孕套扔在犯罪现场，妄想嫁祸他人，对这种 DNA 鉴定进行审查，应注意是否对避孕套的里面、外面都进行了比对鉴定。

三、对检材序号及基因座的比对审查

在审查 DNA 鉴定时，一定要对检材序号和基因座进行对比审查，不能只看鉴定结果。目前最常用的 DNA 检验方法采用荧光标记的短串联重复扩增技术，可以同时检验 16 个 STR 基因位点甚至更多，而 DNA 鉴定中一般都会列有表格，就两种生物物证检验结果进行比对，一般来说 16 个基因位点中有 13、14、15、16 个

位点相同，辩护人（代理人）在审查时必须逐一对照，如果出现所对照的位点与鉴定结果不一致的，应申请进行补正或重新鉴定。

四、对实验技术的错用、简化和夸大作用的审查

辩护人（代理人）作为非专业人士，审查时不可迷信实验技术，实验技术有时候也会出错，鉴定意见不是万能的。比如，线粒体 DNA 技术只可用于确认被检人的母系亲缘关系，不可用于对犯罪嫌疑人的“同一认定”；单亲鉴定中检测体系联体累计非父排除率要达到 99.99%；在个别母子鉴定中可加做 SNP 或者线粒体 DNA 遗传标记检验；Y 染色体 DNA 分析结果有助于排除无辜犯罪嫌疑人，而当检材与样本匹配时，却不可作为定案根据，因为犯罪嫌疑人的兄弟、父亲、叔叔、儿子抑或共同父系远亲皆有嫌疑。

五、对微量物证检验的弱点的审查

如今微量 DNA 检验已广泛应用于司法实践之中，灵敏度从微克级发展到纳克级，小于 100 皮克的 DNA 检材也可成功分析。司法实践中，现场遗留的生物物证（如精斑、血痕、毛发、组织等）常常被行为人销毁和破坏。而微量 DNA 物证是行为人在不经意间留下的，是不受意识控制的新陈代谢产生的脱落细胞，人只要到过现场，或多或少就会遗留下脱落的细胞。

但在现场发现的微量物证，并不能确定都是行为人所留，也可能是跟被害人接触的与案件无关人员的 DNA 附着在被害人身上而被带入现场，如公交车上乘客之间的擦蹭、因医疗关系而产生的接触等。在一些怀疑发生在夫妻之间的杀人案中，在住所中或者日常用品类凶器上提取到的夫妻二人的 DNA 并不能说明案件证据确凿。夫妻二人生活在一起，接触同样的物品，在住所各处都留下生物物证都在情理之中。在众所周知的辛普森杀妻案中，DNA 证据就是因此而被排除的。所以，辩护人（代理人）在审查使用微量 DNA 检验的鉴定意见中，尤其是自己的当事人不承认到过现场、不承认有犯罪行为时，需要特别注意。

六、审查分析鉴定分析与鉴定结论是否矛盾

辩护人（代理人）要重点审查鉴定意见是否符合本专业的检验鉴定技术方

法要求，鉴定意见结论的依据是否确实充分、客观科学，审查鉴定意见结论的论证是否符合逻辑关系。如某绑架案，对被告人驾驶过的车辆进行 DNA 鉴定，论证分析部分显示"检材'越野车方向盘拭子'上未检测出 DNA 分型"，而鉴定结论却是"送检的'越野车方向盘拭子'经 15 个 STR 分型未排除被告人，支持该生物检材为被告人所留"，即出现了论证分析部分与结论部分矛盾的情况。

七、将 DNA 鉴定意见与在案其他证据结合进行综合审查

DNA 证据确实具有诸多优点，其带来的高破案率、高定罪率，使司法人员对其十分信赖，也导致个别检察官、法官只进行了证据形式要件的审查，甚至在仅有 DNA 证据的情况下或者在 DNA 证据与其他证据相悖时，不加分析地采信 DNA 证据。作为辩护人（代理人）应该认清这一点，DNA 证据并不是没有漏洞，并不是案件唯一证据，要结合案件其他证据呈现的事实，对 DNA 证据下功夫研究，勇于和善于提出质证意见。

此外，也不能排除鉴定人的主观故意或人为疏忽，如美国法庭科学家帕梅拉·菲西（Pamela Fish）因曾隐瞒两起案件的无罪 DNA 鉴定结论而被开除；青海省李某林杀人案中，也因为工作人员疏忽造成被害人与嫌疑人的样本录入错误，导致错误结论。总之，辩护人（代理人）应抱着怀疑的态度对 DNA 鉴定进行全面、细致的审查。

第三部分：实案诠释鉴定意见质证要点

一、案情简介

2016 年起，被告人张××长期在××市从事毒品贩卖活动，并纠集被告人胡××、胡金×及杨业×帮助其贩卖毒品，其中被告人张××与下家唐×、董××、杨××等人电话联系，谈妥毒品交易的数额、价格等以后，唐×、董××、杨××等人通过 ATM 存款、银行转账等方式将相应款项转入被告人张××持有、控制及使用的邓××、黄××、向××等人不同的银行账户内，被告人张××随即安排被告人胡××、胡金×及杨业×等人将毒品送至××市区隐蔽地点存放,然后通知买家自行前往上述地点取走毒品。截至2017年4月,被告人张××等人通过上述方式共贩卖甲基苯丙胺5000余克。

二、鉴定意见原文

××市××区公安司法鉴定中心
法庭科学DNA鉴定书

××司鉴(DNA)字[2017]×××号

一、绪论

1. 委托单位:××市公安局××区分局刑事科学技术室

2. 送检人:丁××、李××

3. 受理日期:2017年4月28日、5月4日、5月31日

4. 案情摘要:据送检人介绍,2015年至2016年10月,胡××多次向一名叫大秋的四川男子购买毒品,在今年8月向一名叫阳阳的男子购买毒品

5. 送检检材:

以下检材于2017年4月28日送检:

(1)502室租房衣柜内1号黑色塑料袋,采用洁净棉签擦拭其表面,标记为01832017-30-135-W0001号检材。

(2)502室租房衣柜内2号黑色塑料袋,采用洁净棉签擦拭其表面,标记为01832017-30-135-W0002号检材。

(3)502室租房衣柜内3号黑色塑料袋,采用洁净棉签擦拭其表面,标记为01832017-30-135-W0003号检材。

(4)502室租房衣柜内红色塑料袋,采用洁净棉签擦拭其表面,标记为01832017-30-135-W004号检材。

(5)502室租房衣柜内白色塑料袋,采用洁净棉签擦拭其表面,标记为

01832017－30－135－W0005 号检材。

(6)502 室租房内南侧架子上由上至下第二层北侧纸盒内钥匙,采用洁净棉签擦拭其表面,标记为 1832017－30－135－W0006 号检材。

(7)502 室租房内南侧架子上由上至下第二层南侧纸盒内舒肤佳肥皂包装盒,采用洁净棉签擦拭其表面,标记为 01832017－30－135－W0007 号检材。

(8)502 室租房内舒肤佳肥皂包装盒内称重器,采用洁净棉签擦拭其表面,标记为 01832017－30－135－W0008 号检材。

……

(14)502 室租房内床南侧地面上吸毒工具上带锡纸吸管,采用洁净棉签擦拭其表面,标记为 01832017－30－135－W0014 号检材。

……

(18)电动车内黑色无纺布袋内白色塑料袋内黑色塑料袋,采用洁净棉签擦拭其表面,标记为 01832017－30－135－W0018 号检材。

……

(31)犯罪嫌疑人胡××(男,身份证号码为:43122919870601××××,××省××州苗族××自治县×××乡)口腔拭子,标记为 01832017－30－135－R0001 号检材。

以下检材于 2017 年 5 月 4 日送检:

(32)犯罪嫌疑人张××(男,身份证号码为:43122519851203××××,××省××市××县××乡)口腔拭子,标记为 01832017－30－135－R0002 号检材。

以下检材于 2017 年 5 月 31 日送检:

(33)犯罪嫌疑人胡金×(男,身份证号码为:43122919850927××××,××省××苗族侗族××县××乡)口腔拭子,标记为 01832017－30－135－R0003 号检材。

6. 鉴定要求:对上述检材进行 DNA 检验和同一比对

7. 检验开始日期:2017 年 4 月 30 日、2017 年 5 月 4 日、2017 年 6 月 4 日

8. 检验地点:××市××区公安司法鉴定中心 DNA 室

二、检验

本项鉴定按照行业标准 GA/T 383—2014 中方法进行。

(一)检验过程

1. DNA 提取:按硅珠法提取 01832017 – 30 – 135 – W0001 号至 01832017 – 30 – 135 – W00030 号检材 DNA;按 Chelex 法提取 01832017 – 30 – 135 – R0001 号至 01832017 – 30 – 135 – R0003 号检材 DNA。

2. 常染色体 STR 多态性检验:取所有检材 DNA 适量,使用 Identifiler Plus 试剂盒进行 PCR 复合扩增,扩增产物应用 AB1 – 3500XL 型基因分析仪电泳分离和激光扫描分析,得到上述检材 STR 分型。

(二)检验结果

材料与分型 基因座	D8S1179	D21S11	D7S820	CSF1P0	D3S1358	TH01	D13S317	D16S539
01832017 – 30 – 135 – R0001	13/14	29/32.2	11	10/11	16/17	9/10	8/11	9/12
01832017 – 30 – 135 – R0002	11/13	30/32.2	8/12	11/12	15/16	6/9	8/10	10
01832017 – 30 – 135 – R0003	11/12	30	10	12	16/18	7/8	8/10	10/12
01832017 – 30 – 135 – W0008	11/12/13/14	29/30/32.2	10/11	10/11/12	16/17/18	7/8/9/10	8/10/11	9/10/12
01832017 – 30 – 135 – W0015	13/14	29/32.2	11	10/11	16/17	9/10	8/11	9/12
01832017 – 30 – 135 – W0025	11/12/13/14	29/30/32.2	1011	10/11	14/15/16/17	7/8/9/10	8/10/11	9/10/11/12

材料与分型 基因座	D2S1338	D19S433	vWA	TPOX	D18S51	D5S818	FGA	AMEL
01832017 – 30 – 135 – R0001	22/23	14/14.2	17	8/11	14/16	12/13	21/23	X/Y
01832017 – 30 – 135 – R0002	18/25	13/14.2	14/18	8	16/18	9/11	21/27	X/Y

续表

材料与分型 基因座	D2S1338	D19S433	vWA	TPOX	D18S51	D5S818	FGA	AMEL
01832017 – 30 – 135 – R0003	21/22	12/16.2	16/19	8/11	12/16	10/12	25/26	X/Y
01832017 – 30 – 135 – W0008	21/22/23	12/14/14.2/16.2	16/17/19	8/11	12/14/16	10/12/13	21/23/25/26	X/Y
01832017 – 30 – 135 – W0015	22/23	14/14.2	17	8/11	14/16	12/13	21/23	X/Y
01832017 – 30 – 135 – W0025	21/22/23	14/14.2/15.2/16.2	16/17	8/11	14/16	11/12/13	21/22/23	X/Y
01832017 – 30 – 135 – W0005 号、01832017 – 30 – 135 – W0006 号、01832017 – 30 – 135 – W0009 号、01832017 – 30 – 135 – W0011 号至 01832017 – 30 – 135 – W0014 号、01832017 – 30 – 135 – W0017 号、01832017 – 30 – 135 – W0018 号、01832017 – 30 – 135 – W0020 号至 01832017 – 30 – 135 – W0024 号、01832017 – 30 – 135 – W0027 号至 01832017 – 30 – 135 – W0030 号检材未检出 DNA 信息;01832017 – 30 – 135 – W0001 号至 01832017 – 30 – 135 – W0004 号、01832017 – 30 – 135 – W0007 号、01832017 – 30 – 135 – W0010 号、01832017 – 30 – 135 – W0016 号、01832017 – 30 – 135 – W0019 号、01832017 – 30 – 135 – W0026 号检材检出混合 DNA 分型,无法判断等位基因型								

三、论证

人类染色体 D8S1179、D3S1358、vWA、FGA、D21S11、D18S51、D5S818、D13S317、D7S820、D16S539、TH01、TPOX、CSF1P0、D2S1338、D19S433 等基因座均是人类遗传标记,具有人类种属特异性和组织性,联合应用可以进行同一认定,其累积个体识别能力为 $1-7\times10^{-18}$。

本鉴定中,01832017 – 30 – 135 – W0015 号、1832017 – 30 – 135 – R0001 号检材在 D8S1179 等 15 个基因座检测结果相同,根据上述结果采用中国汉族群体 STR 数据资料统计学计算,得到似然率为 5.97×10^{16}。

01832017 – 30 – 135 – W0008 号检材检出混合 DNA 分型,在 D8S1179 等 15 个基因座均含有 01832017 – 30 – 135 – R0001 号、01832017 – 30 – 135 – R0003 号检材的等位基因。

01832017 – 30 – 135 – W0025 号检材检出混合 DNA 分型,在 D8S1179 等 15 个基因座均含有 01832017 – 30 – 135 – R0001 号检材的等位基因。

01832017－30－135－W0001号至01832017－30－135－W0004号、01832017－30－135－W0007号、01832017－30－135－W0010号、01832017－30－135－W0016号、01832017－30－135－W0019号、01832017－30－135－W0026号检材检出混合DNA分型，无法判断等位基因型，不具比对条件。

四、鉴定意见

1. 所送检的502室租房内床南侧地面上吸毒工具不带锡纸吸管检出的DNA，在排除同卵多胞胎及外源性干扰的前提下，支持为犯罪嫌疑人胡××所留，不支持为其他随机个体所留。

2. 所送检的502室租房内舒肤佳肥皂包装盒内称重器检出混合DNA分型，可以由犯罪嫌疑人胡××和犯罪嫌疑人胡金×的DNA分型混合形成。

3. 所送检的电动车内黑色无纺布袋内白色塑料袋内黑色塑料袋结头拭子检出混合DNA分型，包含犯罪嫌疑人胡××的DNA分型。

4. 所送检的502室租房衣柜内1号黑色塑料袋、502室租房衣柜内2号黑色塑料袋、502室租房衣柜内3号黑色塑料袋、502室租房衣柜内红色塑料袋、502室租房内南侧架子上由上至下第二层南侧纸盒内舒肤佳肥皂包装盒、502室租房内南侧架子上由上至下第三层快递盒内西湖龙井茶叶罐内由外向内第一层黑色塑料袋、电动车内黑色无纺布袋、电动车内黑色无纺布袋内黑色塑料袋、电动车内黑色无纺布袋内白色塑料袋拎手拭子1均检出混合DNA分型。

5. 所送检的502室租房衣柜内白色塑料袋、502室租房内南侧架子上由上至下第二层北侧纸盒内钥匙、502室租房内南侧架子上由上至下第三层快递盒内装有麻古的西湖龙井茶叶罐、502室租房内南侧架子上由上至下第三层快递盒内西湖龙井茶叶罐内由外向内第二层黑色塑料袋、502室租房内南侧架子上由上至下第三层快递盒内西湖龙井茶叶罐外由外向内第一层黑色塑料袋、502室租房内南侧架子上由上至下第三层快递盒内西湖龙井茶叶罐外由外向内第二层白色塑料袋、502室租房内床南侧地面上吸毒工具上带锡纸吸管、电动车内黑色无纺布袋内白色塑料袋、电动车内黑色无纺布袋内白色塑料袋内黑色塑料袋、电动车右侧刹车拭子、电动车右侧把手拭子、电动车左侧刹车拭子、电动车左侧把手拭子、电动车内黑色无纺布袋拎手拭子、电动车内黑色无纺布袋内白色塑料袋拎手拭子、电动车内黑色无纺布袋内黑色塑料袋结头拭子、电动车后备厢拭子、电动车坐垫下方盖板搭扣拭子均未检出 DNA 信息。

（以下无正文）

鉴定人：主检法医师　吴××

副主任法医师　严××

授权签字人：副主任法医师

2017 年×月××日

三、鉴定意见质证要点整理

作为第一被告张××的辩护人，笔者对鉴定意见提出如下质证意见：

（一）本案检材提取方法不当，鉴定意见不科学、不严谨

DNA 的司法鉴定中，DNA 检材提取方式不当会造成 DNA 检材的破坏，检材提取方法非常关键，不同的检材，提取方法也不同。目前的司法实践中，接触性检材的提取方法有 Chelex－100 法、磁珠法、硅珠法三种，Chelex－100 法适于常量且污染轻、杂质少的常规检材，磁珠法适于污染严重、含抑制剂的微量检材，硅珠法适于污染不严重的微量检材。

本鉴定意见记载，"检材 DNA 提取：按硅珠法提取 01832017－30－135－W0001 号至 01832017－30－135－W00030 号检材 DNA"，这也就意味着所有自现场提取的检材的 DNA，无论检材受污染程度如何，均只使用了同一种检材提取方法，这种鉴定方法明显不当。

尤其是在鉴定结论 1、2、3 中记载检出胡金×、胡××的 DNA 分型，但是很显然检材"送检的 502 室租房内床南侧地面上吸毒工具不带锡纸吸管、502 室租房内舒肤佳肥皂包装盒内称重器、电动车内黑色无纺布袋内白色塑料袋内黑色塑料袋结头拭子"三者污染程度不同，所使用的检材提取方法也应该有所不同，采集人

对01832017－30－135－W0001号至01832017－30－135－W00030号多达30种检材采取了同一种提取方法，可见该鉴定意见的不严谨、不科学。

（二）××司鉴（DNA）字［2017］×××号司法鉴定意见和本案没有关联性

第一，被告人张××自始至终供述与胡金×不认识，胡金×在3次笔录中一直供称与张××不认识，胡金×手机号鉴定中未显示有张××号码，胡金×在侦查期间均称不清楚晶哥（张××）的身份，也未辨认出晶哥系张××。但一审庭审时却翻供称其在老家的时候见过张××，不能排除胡金×为减轻罪责而推卸责任的可能性。

第二，即便如鉴定意见结论1、2、3所述，在502室租房内、电动车内黑色无纺布袋内白色塑料袋内黑色塑料袋检测出了胡××和胡金×的DNA分型，这只能证明胡金×可能到过此地，可能在此生活过，但是却无法证明本案关键的待证事实，即张××是否认识胡金×，胡金×持有的毒品和张××有无联系。

毒物司法鉴定意见的质证要点

毒物鉴定属于法医类鉴定，是案件办理中专业性较强的一类鉴定，是指运用法医毒物学的理论和方法，结合现代仪器分析技术，对体内外未知毒(药)物、毒品及代谢物进行定性、定量分析，并通过对毒物毒性、中毒机理、代谢功能的分析，结合中毒表现、尸检所见，综合作出毒(药)物中毒的鉴定。毒物鉴定的意义在于查清案件中某些需要专门知识进行判断的隐而不显的事实，甚至是核心事实。法医鉴定工作中常遇到死因不明、人身损害案件，法医毒物分析对于区分是中毒还是因病致死伤、澄清医疗纠纷责任等，均起着重要作用。

第一部分：该类鉴定意见适用案件的主要法律规定

一、最高人民法院《关于适用〈中华人民共和国刑事诉讼法〉的解释》(节选)

第九十八条 鉴定意见具有下列情形之一的，不得作为定案的根据：

(一)鉴定机构不具备法定资质，或者鉴定事项超出该鉴定机构业务范围、技术条件的；

(二)鉴定人不具备法定资质，不具有相关专业技术或者职称，或者违反回避规定的；

（三）送检材料、样本来源不明，或者因污染不具备鉴定条件的；

（四）鉴定对象与送检材料、样本不一致的；

（五）鉴定程序违反规定的；

（六）鉴定过程和方法不符合相关专业的规范要求的；

（七）鉴定文书缺少签名、盖章的；

（八）鉴定意见与案件事实没有关联的；

（九）违反有关规定的其他情形。

第九十九条　经人民法院通知，鉴定人拒不出庭作证的，鉴定意见不得作为定案的根据。

鉴定人由于不能抗拒的原因或者有其他正当理由无法出庭的，人民法院可以根据情况决定延期审理或者重新鉴定。

鉴定人无正当理由拒不出庭作证的，人民法院应当通报司法行政机关或者有关部门。

二、司法部、国家市场监管总局《关于规范和推进司法鉴定认证认可工作的通知》（司发通〔2018〕89号）（节选）

二、工作要求

（四）法人或者其他组织申请从事司法鉴定业务，或者已经审核登记的司法鉴定机构申请增加鉴定业务范围，所申请的鉴定业务范围包括法医物证、法医毒物、微量物证、环境损害鉴定的，其相应的检测实验室应当首先通过资质认定或者实验室认可。

三、全国人民代表大会常务委员会《关于司法鉴定管理问题的决定》（节选）

二、国家对从事下列司法鉴定业务的鉴定人和鉴定机构实行登记管理制度：

（一）法医类鉴定；

（二）物证类鉴定；

（三）声像资料鉴定；

(四)根据诉讼需要由国务院司法行政部门商最高人民法院、最高人民检察院确定的其他应当对鉴定人和鉴定机构实行登记管理的鉴定事项。

法律对前款规定事项的鉴定人和鉴定机构的管理另有规定的,从其规定。

四、国家认监委、司法部《关于印发〈司法鉴定机构资质认定评审准则〉的通知》(节选)

4.9.1 司法鉴定机构应当建立和保持记录控制程序。

4.9.2 司法鉴定人员在鉴定过程中应当进行实时记录并签字。记录的内容应当真实、客观、准确、完整、清晰,有足够的信息以保证其能够再现或者对鉴定活动进行正确评价。

5.1.5 司法鉴定机构技术管理者、授权签字人应当具有司法鉴定人资格并同时具有副高级以上本专业领域的技术职称,或者取得司法鉴定人资格后在本专业领域从业5年以上。

5.3.1 司法鉴定机构应当按照技术标准或者技术规范实施鉴定活动。

司法鉴定机构应当优先选择国家标准、行业标准、地方标准或者司法部批准使用的技术规范;无上述标准时应当优先选择经省级以上司法行政机关指定的组织确认的方法。

缺少作业指导书影响鉴定结果的,司法鉴定机构应当制定相应的作业指导书。

5.3.3 司法鉴定机构自行制订的非标准方法,经省级以上司法行政机关指定的组织确认后,可以作为资质认定项目。

5.3.4 司法鉴定机构使用的标准应当现行有效,便于工作人员使用。

5.4.1 司法鉴定机构应当按照司法行政机关规定的仪器设备配置要求,配备鉴定所需仪器设备和标准物质,并对所有仪器设备进行维护。

依靠借用或者租用仪器设备进行的司法鉴定事项不予资质认定,司法行政机关另有规定的除外。

5.8.2 司法鉴定文书至少包含以下信息:

a)标题;

b)司法鉴定机构名称及许可证号;

c)鉴定委托(鉴定要求与鉴定事项);

d)唯一性编号;

e)委托人;

f)鉴定材料;

g)检验检测过程;

h)鉴定方法和依据;

i)检验检测结果和鉴定意见。适用时,形成对检验检测结果和鉴定意见的分析说明;

j)司法鉴定人执业证号。

五、公安部《关于公安机关办理醉酒驾驶机动车犯罪案件的指导意见》(公交管〔2011〕190号)(节选)

1、严格血样提取条件。交通民警要严格按照《交通警察道路执勤执法工作规范》的要求检查酒后驾驶机动车行为,检查中发现机动车驾驶人有酒后驾驶机动车嫌疑的,立即进行呼气酒精测试,对涉嫌醉酒驾驶机动车、当事人对呼气酒精测试结果有异议,或者拒绝配合呼气酒精测试等方法测试以及涉嫌饮酒后、醉酒驾驶机动车发生交通事故的,应当立即提取血样检验血液酒精含量。

2、及时固定犯罪证据。对查获醉酒驾驶机动车嫌疑人的经过、呼气酒精测试和提取血样过程应当及时制作现场调查记录;有条件的,还应当通过拍照或者录音、录像等方式记录;现场有见证人的,应当及时收集证人证言。发现当事人涉嫌饮酒后或者醉酒驾驶机动车的,依法扣留机动车驾驶证,对当事人驾驶的机动车,需要作为证据的,可以依法扣押。

5、规范血样提取送检。交通民警对当事人血样提取过程应当全程监控,保证收集证据合法、有效。提取的血样要当场登记封装,并立即送县级以上公安机关检验鉴定机构或者经公安机关认可的其他具备资格的检验鉴定机构进行血液酒精含量检验。因特殊原因不能立即送检的，应当按照规范低温保存，经上级公安机关交通管理部门负责人批准，可以在3日内送检。

6、提高检验鉴定效率。要加快血液酒精检验鉴定机构建设，加强检验鉴定技术人员的培养。市、县公安机关尚未建立检验鉴定机构的，要尽快建立具有血液酒精检验职能的检验鉴定机构，并建立24小时值班制度。要切实提高血液酒精检验鉴定效率，对送检的血样，检验鉴定机构应当在3日内出具检验报告。当事人对检验结果有异议的，应当告知其在接到检验报告后3日内提出重新检验申请。

第二部分：该类鉴定意见的一般质证要点

一、对鉴定主体适格性的审查

（一）审查鉴定机构资质

从事法医毒物鉴定的机构，实行登记管理制度，其相应的检测实验室应当通过资质认定或者实验室认可。可以通过司法行政部门网查询该鉴定实验室是否属于司法行政部门登记认可的从事法医毒物鉴定的机构。

（二）审查鉴定业务范围

毒品毒物鉴定对象的种类包括体外检材、体液、生物组织、毛发。不同样本对鉴定机构的鉴定能力有不同要求，鉴定机构在其业务范围中应当注明、限定。辩护人（代理人）应结合毒物鉴定种类，审查鉴定机构的业务范围是否包括了案件所涉毒物鉴定的种类。

（三）审查鉴定人员资格

审查司法鉴定机构技术管理者、授权签字人是否具有司法鉴定人资格且是否同时具有副高级以上本专业领域的技术职称，或者是否在取得司法鉴定人资格后在本专业领域从业5年以上。

二、对毒物检材来源合法合规性的审查

审查检材的来源、取得、保管、送检是否符合法律、有关规定，与相关提取笔录、扣押物品清单等记载的内容是否相符，检材是否充足、可靠。在司法实践中，

存在事件性质不明确,尚未进入侦查程序,当事人自行提取相关检材的情况,导致检材提取过程不规范;有的案件检材来源与提取笔录存在矛盾;还有的案件存在现场勘查提取的检材没有在现场勘验笔录中记载,导致出现先进行毒物鉴定,再补充检材来源笔录的情况,这些都属于检材来源中的严重瑕疵。

三、对鉴定方法和标准的审查

(一)审查技术标准适用是否符合规定

根据《司法鉴定机构资质认定评审准则》的规定,司法鉴定机构应当优先选择国家标准、行业标准、地方标准或者司法部批准使用的技术规范;无上述标准时应当优先选择经省级以上司法行政机关指定的组织确认的方法。司法鉴定机构使用的标准应当现行有效。司法鉴定机构自行制定的非标准方法,经省级以上司法行政机关指定的组织确认后,可以作为资质认定项目。

(二)审查采取的方法是否能够达到鉴定目的

鉴定人根据毒物鉴定目的、检材的不同,采取的鉴定方法应当也不同。毒物检验中常用的检验方法有:化学检验法(该方法的缺点是毒物含量低时很难检出)、薄层色谱法、微量结晶法(此两种方法适用于检材多为药片粉末等较纯净的物质)、气相色谱法、高效液相色谱法、气相色谱/质谱法、紫外分光光度法、红外分光光度法、免疫化学分析等方法。在司法实践中,辩护人(代理人)要结合案情,判断鉴定方法是否符合案件事实。比如,涉毒案件事实尚不明确或造成中毒的毒物不明,引发的原因待查,则需要对可能涉及的毒物进行分离鉴别和必要的含量测定;检验目标物明确的,则需要对指定的毒物进行定性鉴别。

四、对鉴定主体的鉴定能力的审查

鉴定机构的仪器配置和规范管理水平不同,以及法医毒物鉴定人的专业知识技能、技术方法选择、综合判断能力的差异,将影响鉴定过程和鉴定结果的科学性和可比性,因此,辩护人(代理人)应该审查鉴定所使用的仪器的先进性,鉴定人的知识结构、经历等。

五、对毒物检验结论的审查

毒物检验结论主要分为阳性和阴性，在检验中即使得出阳性结论，也有特殊情况，例如，检验结论虽然检出某种药物，但其含量属于人体内脏组织中的正常值，就不能以中毒论。再如，尸体内脏组织中检出医疗药物，不能仅凭毒物检验结论判定是否是中毒案件，因为有的药物成分从本质上看有药物和毒物两方面功效，必须结合案件其他方面综合分析判断。

第三部分：实案诠释鉴定意见质证要点

【案例1】

一、案情简介

被害人张××醉酒后持凶器去犯罪嫌疑人家中寻衅滋事，被犯罪嫌疑人兄弟二人刘×红、刘×兰殴打受伤后送医院就诊，后凌晨时在医院死亡。

二、鉴定意见原文

××市公安局物证鉴定所

检验报告

×公物鉴化字[2019]××号

一、绪论

（一）委托单位：××县公安局。

（二）送检人：刘×× 李××。

（三）受理日期：2019年××月××日。

（四）案（事）件情况摘要：2019年××月××日，张××被刘×红、刘×兰故意伤害。

（五）检材和样本：2019－3－2－1：心血（5毫升/管，1管，采血管封装）。

（六）鉴定要求：是否含有毒鼠强、地西泮、甲胺磷。

(七)检验开始日期:2019年×月××日。

(八)检验地点:××市公安局物证鉴定所。

二、检验

(一)提取:按照《生物样品中地西泮、艾司唑仑、阿普唑仑、三唑仑的气相色谱检验方法》(IFSC 03-03-07-2011)、《生物样品中甲胺磷、对硫磷、甲拌磷、敌敌畏的气相色谱检验方法》(IFSC 03-05-02-2011)、《生物样品中毒鼠强的气相色谱检验方法》(IFSC 03-07-01-2011)对检材进行提取。

(二)进样:取检材液进样1微升进行气质联用仪分析。

(三)谱图分析:对总离子流图出现的可疑峰进行分析、检索,综合评判。

三、检验结果

从检材2019-3-2-1中未检出毒鼠强、地西泮、甲胺磷。

鉴定人:乔××

康××

授权签字人:康××

××市公安局物证鉴定所

2019年××月××日

三、鉴定意见质证要点整理

作为被告人刘×红的辩护人,笔者严肃质疑鉴定意见。本案被害人张××的死亡并非被告人殴打所致,结合张××有过服毒自杀的过往,有理由怀疑张××的死亡不能排除另有他因,理由如下。

第一,×公物鉴化字[2019]××号检验报告没有标明检材血液的提取时间、提取部位、接收时间。许多药物可能存在死后再分布的影响,特别是腹腔血和心腔血,其药物浓度可能有很大变化。而检验报告中,检材提取记载是按照《生物样品中地西泮、艾司唑仑、阿普唑仑、三唑仑的气相色谱检验方法》(IFSC 03-03-07-2011)、《生物样品中甲胺磷、对硫磷、甲拌磷、敌敌畏的气相色谱检验方法》

（IFSC 03－05－02－2011）、《生物样品中毒鼠强的气相色谱检验方法》（IFSC 03－07－01－2011）对检材进行提取。但是，该方法是公安部物证鉴定中心检验方法，没有公之于众，检验报告不记录，笔者也无从知晓其提取方法是否科学。而在本鉴定中，检材的提取是鉴定过程的第一步，也是非常关键的一步。

第二，对于鉴定要求“是否含有毒鼠强、地西泮、甲胺磷”提出疑问。实践中，对于没有明确死因的刑事案件，一般需要通过探查性质的毒物分析来发现或排除毒物的鉴定，而本案仅靠被害人家属描述的其曾经购买过三种毒物的言词证据，就把毒物鉴定的范围缩小到了毒鼠强、地西泮、甲胺磷三种。被害人是不是其他常用药物中毒死亡？是不是杀虫剂中毒死亡？甚至是不是酒后猝死呢？被害人的血液酒精浓度是138毫克/100毫升，饮酒后发生急性胰腺炎、心脏急症、脑出血、双硫仑样反应、低体温、横纹肌溶解等猝死的情况亦十分常见。对于本案这样死因不能查明的，需要提供可靠证据。本案的鉴定意见仅探寻与言词证据相关的可疑药物目标物范围，不够客观全面。

第三，当技术方法相同，而关键技术指标有问题时，鉴定人的鉴定能力可存在较大差异，如灵敏度指标不同，可致未检出结果的内涵和体现能力完全不同，甚至出现错误的结论。因此，当出现鉴定结论是未检出的结果时，检验报告应该标明方法的最低检出限，以体现未检出结果表明物质浓度低于方法的最低检出限的内涵。否则，法官作为非该专业人士，就无法在案件中综合分析判断。

第四，正文未附鉴定人执业证号，附件没有执业资格证复印件。

总之，×公物鉴化字［2019］××号检验报告内容不够全面详尽、过于简单，无法让人相信这是一份严肃的、科学的、客观的、正确的报告。

【案例2】

一、案情简介

2019年2月8日23时许，被告人马××在某市五华区××××小区停车场出入口处，因琐事与他人发生争执后，无故持刀将过路的被害人谭××、谭×、张×砍伤。经法医鉴定,谭×此次伤情构成轻伤一级、谭××此次伤情构成轻伤一级、张×此次伤情构成轻伤二级。随后被告人马××被公安机关抓获。当场缴获作案工具刀具一把。公诉机关认为被告人马××在公共场所持凶器随意殴打他人,破坏社会秩序,造成两人轻伤一级、一人轻伤二级,应当以寻衅滋事罪追究被告人马××的刑事责任。被告人马××提出案发时其认错了故意伤害的对象,误伤他人。

二、鉴定意见原文

××××司法鉴定中心

法医毒物鉴定意见书

××司[2019]毒鉴字第×××号

一、基本情况

委托单位:××市××刑警支队

承办人:张××

委托鉴定事项:血中乙醇定性定量分析

鉴定材料:静脉血样约5毫升,一次性试管封装

鉴定日期:2019年2月13日

鉴定地点:×市××区××路××××司法鉴定中心

被鉴定人:马××

二、基本案情

……

三、检验过程

依据公安部GA/T 1073—2013标准方法处理检材后,用Agilent GC 7820A/7679A(设备编号:kmjk-dj-007,经检定合格,并在检定有效期内)进行乙醇的定性定量分析,定性分析采用保留时间比较法,定量分析采用内标法。

四、检验结果

马××血样经定性分析检出乙醇成分；定量分析乙醇含量为112.29毫克/100毫升(乙醇/血)。

司法鉴定人：吴××

《司法鉴定人执业证》证号：××01××××

司法鉴定人：郝××

《司法鉴定人执业证》证号：××01××××

××××司法鉴定中心

二〇一九年二月十三日

三、鉴定意见质证要点整理

作为马××的辩护人，笔者对××司[2019]毒鉴字第×××号提出以下质证意见：

第一，虽然马××当天没有醉酒驾驶，但是本案启动鉴定是马××出现在停车场门口，因此怀疑其有醉酒驾驶的嫌疑，那么检测其血液中的乙醇含量，应适用公安部《关于公安机关办理醉酒驾驶机动车犯罪案件的指导意见》的规定。按照该规定，提取的血样应立即送检，因特殊原因不能立即送检的，应低温保存，经上级公安机关交通管理部门负责人批准，可以在3日内送检。本案中，张××的血样没有注明提取时间。从时间点上来说，公安部《关于公安机关办理醉酒驾驶机动车犯罪案件的指导意见》要求公安机关在发现有酒驾嫌疑时应当立即提取血样，但是，本案案发是在2019年2月8日，而鉴定日期是2019年2月13日，已经时隔5天之久，那就意味着或者是提取时间或者是送检时间不符合要求。

第二，鉴定意见中检材描述是“静脉血样约5毫升，一次性试管封装”，一次性试管的容量是5毫升，所以，虽然没有明确说明是一管，但是也没有注明抽取了两管血样，且未说明器皿是否为抗凝管或添加抗凝剂的洁净、干燥的器皿。

第三，马××当日在小区停车场出入口认错了人，与本案谭××等人发生冲突。马××虽然对当天确实饮酒认可，但是不认可该鉴定意见，更不认可被害人代理人所述的追究马××醉酒驾驶责任，因为，首先鉴定意见不应被采信，其次没有证据证实马××当时驾驶了机动车。

【案例3】

念斌投放危险物质罪案①

近年来，关于毒物鉴定最具有代表性的案件便是念斌案，笔者猜想，读者在审查毒物鉴定意见时一定会联想到此案，为了便于大家了解，不必再花费时间、精力去检索相关资料，笔者现将念斌案终审判决书有关毒物鉴定的重点部分摘录如下，以供读者参考。

一、案情简介

被告人念斌与丁×虾分别租用平潭县陈×娇家相邻的两间店面经营食杂店，存在生意竞争。2006年7月27日晚，念斌认为丁×虾抢走其顾客而心怀不满。次日凌晨1时许，念斌产生投放鼠药让丁×虾吃了肚子痛、拉稀的念头，遂将案发前在平潭县医院附近向摆地摊的杨某炎处购买的鼠药取出半包，倒在矿泉水瓶中加水溶解后，潜入丁家食杂店后的厨房，将鼠药水从壶嘴倒入烧水铝壶的水里。当晚，丁×虾的孩子俞乙（被害人，男，殁年10岁）、俞丙（被害人，女，殁年8岁）、俞甲（被害人，男，时年6岁）食用了使用壶水烹制的稀饭和青椒炒鱿鱼，丁×虾食用了其中的稀饭和青椒，房东陈×娇及其女儿念×珠食用了其中的青椒炒鱿鱼。后俞乙、俞丙、俞甲等人相继出现中毒症状。次日凌晨，俞乙、俞丙经抢救无效死亡，经鉴定系氟乙酸盐鼠药中毒。俞甲接受住院治疗。

---

① 本案例选自福建省高级人民法院（2012）闽刑终字第10号念斌投放危险物质罪二审刑事附带民事判决书。

二、法院对鉴定意见的分析

原判认定系氟乙酸盐鼠药中毒,证据不确实、不充分。

第一,检材与标样的质谱图不应相同。标注为被害人俞丙尿液和标注为标样的两份质谱图相同,有悖常理。同时,标注为俞丙尿液的质谱图、检验电子数据的文件名,与俞丙尿液检材的名称也不相符。检方聘请的专业人员提出,该质谱图是否为俞丙尿液的质谱图存疑。辩方聘请的专业人员提出,该质谱图就是标样而非尿液的质谱图。鉴定人出庭说明二者质谱图相同,系将俞丙尿液的质谱图当作标样的质谱图归入档案造成;检验电子数据的文件名与检材的名称不相符,系因命名规则不统一造成。该解释不足以采信。补充的尿液实验因检验条件不相同,缺乏证明价值。因此,俞丙尿液检材的检验结果的真实性存疑。

第二,分别标注为被害人俞乙心血、呕吐物的两份质谱图也同样有悖常理。同时,标注为俞乙呕吐物的质谱图、补充所称的俞乙心血的质谱图以及检验电子数据的文件名,与俞乙呕吐物、心血检材的名称也不相符。鉴定人出庭说明二者质谱图相同,系因文件名近似误把呕吐物的质谱图当成心血的质谱图归入档案造成;检验电子数据的文件名与检材的名称不相符,系因命名规则不统一造成。该解释亦不足以采信。因此,俞乙心血、呕吐物检材的检验结果的真实性也存疑。

第三,鉴定机构在对俞丙的尿液、心血和俞乙的尿液、心血和呕吐物检材的检验过程中,均未按照专业规范要求进行"空白"对照检验,以防止假阳性检验结果,因此难以排除检材被污染的可能。

第四,根据俞丙心血、俞乙尿液检材的检验数据,能否判定检出氟乙酸盐鼠药成分,双方聘请的专业人员提出的意见出现严重分歧。因此,从俞丙心血、俞乙尿液中检出氟乙酸盐鼠药成分的检验结论可靠性存疑。

此外,与被害人共进晚餐的俞甲、念×珠有中毒症状,但未做相应检验,无法认定中毒原因;丁×虾、陈×娇自述并无明显中毒症状,也未做相应检验,是否中毒不明。

综上所述，据以认定两被害人中毒原因的理化检验报告不足以采信，其他共进晚餐人员认定中毒原因或有无中毒缺乏充分依据，原判认定两被害人死于氟乙酸盐鼠药中毒的事实不清，相关证据不确实、不充分。

痕迹司法鉴定意见的质证要点

痕迹鉴定，是指鉴定人运用痕迹检验学的理论、方法和专门知识，对痕迹物证进行勘验提取，并对其性质、状况及其形成痕迹的同一性、形成原因、形成过程、相互关系等进行检验检测、分析鉴别和判断并提供鉴定意见的活动。

痕迹鉴定包括手印鉴定、潜在手印显现、足迹鉴定、工具痕迹鉴定、整体分离痕迹鉴定、枪弹痕迹鉴定、爆炸痕迹鉴定、火灾痕迹鉴定、人体特殊痕迹鉴定、日用物品损坏痕迹鉴定、交通事故痕迹物证鉴定等。

第一部分：该类鉴定意见适用案件的主要法律规定

一、《司法鉴定程序通则》（节选）

第十二条 委托人委托鉴定的，应当向司法鉴定机构提供真实、完整、充分的鉴定材料，并对鉴定材料的真实性、合法性负责。司法鉴定机构应当核对并记录鉴定材料的名称、种类、数量、性状、保存状况、收到时间等。

诉讼当事人对鉴定材料有异议的，应当向委托人提出。

本通则所称鉴定材料包括生物检材和非生物检材、比对样本材料以及其他与鉴定事项有关的鉴定资料。

第十五条 具有下列情形之一的鉴定委托，司法鉴定机构不得受理：

（一）委托鉴定事项超出本机构司法鉴定业务范围的；

（二）发现鉴定材料不真实、不完整、不充分或者取得方式不合法的；

（三）鉴定用途不合法或者违背社会公德的；

（四）鉴定要求不符合司法鉴定执业规则或者相关鉴定技术规范的；

（五）鉴定要求超出本机构技术条件或者鉴定能力的；

（六）委托人就同一鉴定事项同时委托其他司法鉴定机构进行鉴定的；

（七）其他不符合法律、法规、规章规定的情形。

第十八条 司法鉴定机构受理鉴定委托后，应当指定本机构具有该鉴定事项执业资格的司法鉴定人进行鉴定。

委托人有特殊要求的，经双方协商一致，也可以从本机构中选择符合条件的司法鉴定人进行鉴定。

委托人不得要求或者暗示司法鉴定机构、司法鉴定人按其意图或者特定目的提供鉴定意见。

第十九条 司法鉴定机构对同一鉴定事项，应当指定或者选择二名司法鉴定人进行鉴定；对复杂、疑难或者特殊鉴定事项，可以指定或者选择多名司法鉴定人进行鉴定。

第二十条 司法鉴定人本人或者其近亲属与诉讼当事人、鉴定事项涉及的案件有利害关系，可能影响其独立、客观、公正进行鉴定的，应当回避。

司法鉴定人曾经参加过同一鉴定事项鉴定的，或者曾经作为专家提供过咨询意见的，或者曾被聘请为有专门知识的人参与过同一鉴定事项法庭质证的，应当回避。

第二十三条 司法鉴定人进行鉴定，应当依下列顺序遵守和采用该专业领域的技术标准、技术规范和技术方法：

（一）国家标准；

（二）行业标准和技术规范；

（三）该专业领域多数专家认可的技术方法。

第二十七条 司法鉴定人应当对鉴定过程进行实时记录并签名。记录可以采取笔记、录音、录像、拍照等方式。记录应当载明主要的鉴定方法和过程，检查、检验、检测结果，以及仪器设备使用情况等。记录的内容应当真实、客观、准确、完整、清晰，记录的文本资料、音像资料等应当存入鉴定档案。

第三十六条 司法鉴定机构和司法鉴定人应当按照统一规定的文本格式制作司法鉴定意见书。

第三十七条 司法鉴定意见书应当由司法鉴定人签名。多人参加的鉴定，对鉴定意见有不同意见的，应当注明。

第三十八条 司法鉴定意见书应当加盖司法鉴定机构的司法鉴定专用章。

第四十三条 经人民法院依法通知，司法鉴定人应当出庭作证，回答与鉴定事项有关的问题。

二、《公安机关刑事案件现场勘验检查规则》（节选）

第二十四条 公安机关对刑事案件现场进行勘验、检查不得少于二人。

勘验、检查现场时，应当邀请一至二名与案件无关的公民作见证人。由于客观原因无法由符合条件的人员担任见证人的，应当在笔录材料中注明情况，并对相关活动进行录像。

勘验、检查现场，应当拍摄现场照片，绘制现场图，制作笔录，由参加勘查的人和见证人签名。对重大案件的现场，应当录像。

第五十二条 现场勘验、检查中发现与犯罪有关的痕迹、物品，应当固定、提取。

提取现场痕迹、物品，应当分别提取，分开包装，统一编号，注明提取的地点、部位、日期，提取的数量、名称、方法和提取人；对特殊检材，应当采取相应的方法提取和包装，防止损坏或者污染。

三、《道路交通事故车辆速度鉴定》(GB/T 33195—2016)(节选)

4.2 鉴定要求

4.2.1 鉴定委托方应向鉴定机构提供相关检材,如道路交通事故现场图、勘查笔录、现场照片、监控视频等。

4.2.2 车速鉴定过程中引用现场信息、案件信息时,应引用案卷中经查证或列入案卷证据的数据和信息。一旦发现缺少相关信息数据,委托方应补充完善。

4.2.3 检材采集应符合以下要求:

a)收集途径合法;

b)对送检或送检后再勘验获得的检材,应进行来源、完整性、合法性、合理性的审核。

4.2.4 在进行车速鉴定前,鉴定人应对事故发生过程进行研究分析,了解事故信息,确定事故车辆、当事人的运动状态及轨迹,采取相适应的分析计算方法。

4.2.6 车速鉴定完成后,应出具车速鉴定报告,报告撰写应遵循以下要求:

a)包括委托方、简要案情、受理时间、车辆相关技术参数、损坏状况、鉴定过程、技术依据、鉴定意见、鉴定人签字、鉴定机构盖章等内容;

b)明确鉴定过程中应用的计算原理、公式、推论过程,或仿真再现软件的名称、版本号、使用参数、取值依据;

c)车速单位为千米每小时(km/h);

d)附道路交通事故现场图、补充勘验信息数据。

第二部分:该类鉴定意见的一般质证要点

一、对痕迹鉴定人是否具有专业水平的审查

对鉴定人专业水平的质证应从其是否具有痕迹学专门知识和鉴定经验等方面展开,同时,还要审查鉴定机构是否具有一套行之有效的鉴定质量控制体系。这套体系对于鉴定人具有很强的监督效力,在一定程度上对于培养鉴定人的业务能力、提升鉴定人的专业水平起到了积极的作用。若发现鉴定人在痕迹鉴定方面

资历较浅、经验不足、业务水平不高，在疑难案件中辩护人（代理人）可主张降低相应痕迹鉴定意见的证明力。

二、对痕迹鉴定人回避的审查

辩护人（代理人）应该审查有利害关系的鉴定人是否回避、《司法鉴定程序通则》规定的其他回避情形发生时鉴定人是否回避、鉴定人的职业操守问题。对于具有良好的职业操守、业务能力极高的鉴定人，其出具的鉴定意见的证明力往往更容易得到法官的认可；反之，其鉴定意见的证明力将大打折扣。辩护人（代理人）可以申请鉴定人出庭说明鉴定意见的专业依据和科学理由，回答诉讼当事人的提问、质疑，解答法官仅靠阅读书面材料所无法理解的痕迹专业问题。

三、对痕迹鉴定过程的规范性的审查

对痕迹鉴定过程的规范性的质证包括对检材、样本来源的可靠性、真实性进行质证，以及对痕迹的提取、包装和保管等是否符合法定要求、操作是否规范进行质证。大多数痕迹物证由现场勘验人员提取和收集，在这个过程中相关人员是否遵守《公安机关刑事案件现场勘验检查规则》，以及在包装和保管、送检过程中痕迹是否被混杂、污染或替代等，都应被严格审查，以保证痕迹鉴定材料来源的真实性、可靠性。同时，也有少数痕迹物证由司法鉴定机构派工作人员直接提取，工作人员是否严格按照规定提取鉴定材料，亦应被严格审查。

四、对痕迹鉴定材料来源的审查

辩护人（代理人）可以结合现场勘验、检查笔录中描述的痕迹数量、外观形态特征或实物进行分析，必要时提取和收集鉴定材料的现场勘验人员也应当出庭说明或展示鉴定材料的来源情况。同时，辩护人（代理人）还应要求鉴定人出示痕迹检材和样本以及鉴定受理登记表、提取记录表等原始记录，以保证该鉴定材料就是现场的承痕客体或者造痕客体，来证明该痕迹物证的真实性。如果鉴定人就鉴定材料来源的真实可靠性以及鉴定材料被污染、被毁坏等情况不能提供相应证明材料及合理解释，辩护人（代理人）可主张否定鉴定意见的证据能力。如鉴定材料的损毁、遗失是鉴定人不作为造成，甚至导致案件无法查实的，还应追究其相应的责任。

五、对检材痕迹和样本痕迹在质量和数量上的审查

如果鉴定所依据的材料不充分,例如,材料数量太少、质量太低,或者鉴定材料来源不可靠,如在送检或经手过程中被破坏,都会影响鉴定意见的真实性和可靠性。只有数量上充分、质量上可靠的鉴定材料才能充分反映鉴定对象的特征,进而得出真实可靠的鉴定意见。

六、对痕迹鉴定的原理、方法的审查

目前,痕迹鉴定原理有物质交换原理、种属认定原理、同一认定原理以及相应的自然科学原理和诉讼学原理。经常使用的鉴定方法主要有痕迹特征测量法、痕迹特征接合法、痕迹特征重叠法、痕迹特征对照法和痕迹特征自动识别法等。

在对鉴定原理、方法进行质证时,要注意所采用的技术方法是否为国家行业标准或得到业界的普遍承认。鉴定过程中鉴定人必须选取严谨规范的鉴定方法,以确保痕迹折射特征的客观性、准确性。随着自然科学技术的发展,新的原理和技术方法也将不断地被运用到具体的鉴定中,所以,如果采用处于实验阶段或者试用中的方法,辩护人(代理人)需审查鉴定人是否在鉴定意见书上标明其原理及依据,审查该鉴定意见是否可以证实案件待证事实。

七、对痕迹鉴定机构的实验室的审查

目前我国在实验室认可方面已有了一套自己的标准,即 CNAS 标准,对鉴定原理和方法做了相应规范。根据《司法鉴定程序通则》第 23 条的规定,司法鉴定人进行鉴定时,应当依下列顺序遵守和采用该专业领域的技术标准、技术规范和技术方法:(1)国家标准;(2)行业标准和技术规范;(3)该专业领域多数专家认可的技术方法。如果经质证发现,鉴定过程中所使用的仪器设备已经被广泛淘汰或者过于陈旧,无法很好地完成工作,鉴定所采用的原理和方法不符合上述规定,辩护人(代理人)就可以要求法官不采纳该鉴定意见或者申请重新鉴定。

八、对痕迹鉴定意见书形式的审查

痕迹鉴定意见书形式要件应当符合痕迹鉴定书的相关标准,包括鉴定文书的格式、鉴定人的签名、鉴定机构盖章等。就格式而言,鉴定文书应含有简要案情、委托事项、送检材料、检验与论证过程、鉴定意见,并附有检材痕迹和样本痕迹的图片以及痕迹特征比对表等附件。鉴定文书上的签名应为鉴定人的亲笔签名且鉴定人对所出具的鉴定文书负责。

九、对痕迹鉴定意见与其他证据关系的审查

在认定案件事实时,痕迹物证不一定是唯一的证据。痕迹司法鉴定意见作为证据链中的一环,必须与其他类型的证据相互补充、对照,构成一个完整闭合的证据链条。因此,辩护人(代理人)应审查鉴定意见是否与其他证据相互印证,是否能排除矛盾和合理怀疑。

第三部分:实案诠释鉴定意见质证要点

一、案情简介

2019 年 9 月 1 日,冀××××××号轮式拖拉机被冀 T×××××小型普通客车追尾,轿车车前部左侧与拖拉机后部发生接触碰撞,拖拉机是报废车,轿车司机当场死亡。

二、鉴定意见原文

××××司法鉴定中心

司法鉴定意见书

×××司鉴[2019]痕迹鉴字××××号

一、基本情况

委托人:××市公安交通警察支队直属×大队

委托事项:

1. 对冀 T×××××小型普通客车事发时车速进行鉴定；

2. 对冀 T×××××小型普通客车与冀××××××轮式拖拉机碰撞痕迹进行鉴定。

受理日期：2019 年 9 月 8 日

鉴定材料：

1. 被鉴定车辆（2 台）；

2. 勘验照片（127 张）；

3. 委托方提供的事故现场照片复制件（31 张）；

4. 委托方提供的《道路交通事故现场图》复制件（1 份）；

5. 委托方提供的事发前冀 T×××××号小型普通客车行车记录仪视频文件复制件（1 组）。

鉴定对象：

1. 冀 T×××××号小型普通客车（以下简称 A 车）；

车辆识别代码：LZWADAGAXHG××××××

2. 冀××××××轮式拖拉机（以下简称 B 车）。

出厂编号：TC××××××AY

二、基本案情

2019 年 9 月 1 日，冀 T×××××号小型普通客车与冀××××××号轮式拖拉机发生交通事故。

三、资料摘要

无。

四、鉴定过程

鉴定人员：×××、×××

鉴定日期：2019 年 9 月 8 日

鉴定地点：××市公安交通警察支队直属×大队事故停车场

鉴定方法、标准：参照《道路交通事故现场勘验照相》（GA 50—2014）、《道路交通事故现场痕迹物证勘查》(GA/T 41—2019)、《道路交通事故痕迹鉴定》(GA/T 1087—2013)、《道路交通事故车辆速度鉴定》(GB/T 33195—2016)有关条款及相关理论检验方法,对提供的材料进行检验,并对委托事项做出鉴定。

鉴定仪器:相机、钢卷尺等

检验结果:

A 车检验情况

车身颜色:白色[见照片 1 ~ 2(略)];前保险杠左侧、左前组合灯缺损距地 23 ~ 80 厘米[见照片 3 ~ 5(略)];左前翼子板凹陷褶皱变形距地 70 ~ 90 厘米[见照片 6(略)];引擎盖脱离,引擎盖左侧见带状刮擦痕迹及破裂痕[见照片 7 ~ 9(略)];前挡风玻璃左侧破损,左前 A 柱缺损。驾驶室车顶及仪表台壳体左侧受损,左前车门变形受损[见照片 10 ~ 12(略)]。

B 车检验情况

车身颜色:红色[见照片 13 ~ 14(略)];货箱底板右侧移位受损,货箱底板后部右侧见新鲜碰擦痕迹且伴有白色物质加层痕距地 110 ~ 125 厘米[见照片 15 ~ 17(略)];货箱底板下部右侧见新鲜碰擦痕且局部伴有白色物质加层痕[见照片 18 ~ 20(略)];右后轮胎面见新鲜刮擦痕[见照片 21(略)]。货箱后挡板及右侧挡板脱离受损[见照片 22 ~ 23(略)]。

事故现场检验情况

事故现场见碰撞后 A 车头东北尾西南停止于双黄线偏南侧路面内,B 车车头侧翻倒地头东尾西,货箱头南尾西北止于双黄线偏北侧路面内;事故现场双黄线南侧第一股机动车道内见长约 8.5 米轮胎划痕印及碰撞散落物等[见照片24 ~ 28(略)]。

五、分析说明

1. 对 A 车事发时车速进行分析

结合检验结果所见,依据委托方提供的事故现场照片及《道路交通事故现场图》分析:A 车前部左侧与 B 车后部发生接触碰撞,碰撞后 A 车旋转滑移约 16 米后停止,由于碰撞 B 车后部且致 B 车侧翻倒地损耗能量无法计算,碰撞前、后事故现场路面未见A车制动印痕，故A车事发时车速无法计算。

综上分析：A车事发时车速由于鉴定条件不足，无法鉴定。

2. 对A、B两车碰撞痕迹进行分析

结合检验结果所见，依据委托方提供的资料分析：A车前部左侧（前保险杠、左前组合灯、左前翼子板、引擎盖、前挡风玻璃、左前车门及A柱、仪表台壳体及驾驶室车顶）与B车后部右下侧（货箱底板、货箱挡板及右后轮）在痕迹高度、痕迹形成机理及物质转移上符合造痕体与承痕体相互对应的痕迹特征。

再结合事故现场两车碰撞后停止位置及散落物位置分析：A车前部左侧与B车后部右下侧发生过接触碰撞。

综上分析：A车前部左侧与B车后部右下侧发生过接触碰撞。

六、鉴定意见

1. 冀T×××××号小型普通客车事发时车速由于鉴定条件不足，无法鉴定。

2. 冀T×××××号小型普通客车前部左侧与冀××××××号轮式拖拉机后部右下侧发生过接触性碰撞。

七、附件

1. 检验照片（共28张）

2. 资质照片（1份）

司法鉴定人签名：×××

《司法鉴定人执业证》证号：340×××××××××

司法鉴定人签名：×××

《司法鉴定人执业证》证号：340×××××××××

××××司法鉴定中心

二〇一九年××月××日

三、鉴定意见质证要点整理

第一，×××司鉴［2019］痕迹鉴字××××号鉴定意见是鉴定机构在事故发生后7天才接受委托开展工作后做出的，现场早已经无法勘察。但是在鉴定意见的事故现场检验部分，鉴定人并未说明事故现场是如何检验的。

第二，在鉴定意见中对B车的检验情况描述为："货箱底板后部右侧见新鲜碰擦痕迹且伴有白色物质加层痕距地110～125厘米[见照片15～17(略)]；货箱底板下部右侧见新鲜碰擦痕且局部伴有白色物质加层痕[见照片18～20(略)]。"但是，对于该白色物质加层痕是否为事发当天留下无法考察，B车在事故发生后，被拖车拖到停车场，这期间有没有其他介入因素导致事故车辆留下痕迹，有没有其他污染如下雨等导致痕迹污损等，这些在鉴定意见中均未描述，且无法排除。

第三，×××司鉴[2019]痕迹鉴字××××号鉴定意见在第五部分第1条对A车事发时车速进行分析时描述为"碰撞前、后事故现场路面未见A车制动印痕，故A车事发时车速无法计算。综上分析：A车事发时车速由于鉴定条件不足，无法鉴定"，这种结论的得出并非因客观事实导致无法鉴定。

在交通事故中，交通事故车速鉴定的方法有多种，包括根据制动拖印推算车速，通过汽车功率平衡方程推算车速，根据人体、物体抛距推算车速，根据道路监控视频推算车速，根据现场试验推算车速，根据侧滑印记推算车速，通过交通事故仿真软件推算车速，通过汽车散落物推算车速，通过车辆碰撞变形推算车速，通过车载监控视频推算车速，通过安全气囊等电子设备记录模块读取车速，根据危险状态(侧滑、侧翻)的临界条件推算车速。其中，基于制动痕迹的交通事故车速鉴定属于最为常用的鉴定方法之一。

这也就是说，如果制动痕迹无法作为本案鉴定车速的方法，其他方法也是可以计算推测出车速的，且可以适用于本案的方法还不止一种。例如，根据鉴定意见中已经给出的条件，在鉴定检材中明确列明"5.委托方提供的事发前冀T××××号小型普通客车行车记录仪视频文件复制件(1组)"，根据车载监控视频可以推算车速；再如，对事故现场检验描述"事故现场双黄线南侧第一股机动车道内见长约8.5米轮胎划痕印及碰撞散落物等[见照片24～28(略)]"，根据汽车散落物可以推算车速。在本案中,车速鉴定方法不止一种,鉴定人仅仅因为“碰撞前、后事故现场路面未见A车制动印痕”得出无法计算车速的结论,是错误的。

车速鉴定在本案中尤为关键,它可以真正反映事故的原因,对交通事故的责任作出准确界定,据此,辩护人向法院提出启动重新鉴定的请求。

计算机司法鉴定意见的质证要点

计算机司法鉴定,是指在诉讼活动中鉴定人运用技术手段或者知识对诉讼涉及的计算机方面的专门性问题进行鉴别和判断,并出具鉴定意见的活动。

由于计算机司法鉴定是一项专业性很强的鉴定项目,如果没有计算机网络方面的专业知识,辩护人(代理人)在审查计算机鉴定过程是否符合技术规范,鉴定结论是否科学、可采信,鉴定结论的证明力大小等问题时,就不能作出理性的判断。如果对鉴定结论是否合理都无法作出正确的判断,就更无法对鉴定结论进行质证。即使当事人双方就鉴定结论有语言上的交锋,也只是停留在一些表面上的问题,而很难触及实质。所以,笔者认为,律师作为辩护人(代理人),在个案中应该对计算机知识有所研究,即使无法在短时间内成为计算机专业人士,也应力求做到尽量深入。

第一部分:该类鉴定意见适用案件的主要法律规定

一、《司法鉴定执业分类规定(试行)》(司发通〔2000〕159号)(节选)

第十三条 计算机司法鉴定:运用计算机理论和技术,对通过非法手段使计算机系统内数据的安全性、完整性或系统正常运行造成的危害行为及其程度等进行鉴定。

二、《公安机关鉴定规则》(公通字〔2017〕6号)(节选)

第三十一条 鉴定工作实行鉴定人负责制度。鉴定人应当独立进行鉴定。

鉴定的实施,应当由两名以上具有本专业鉴定资格的鉴定人负责。

三、《计算机犯罪现场勘验与电子证据检查规则》(公信安〔2005〕161号)(节选)

第八条 计算机犯罪现场勘验与电子证据检查,应当由县级以上公安机关公共信息网络安全监察部门负责组织实施。必要时,可以指派或者聘请具有专门知识的人参加。

第九条 对计算机犯罪现场进行勘验和对电子证据进行检查不得少于二人。现场勘验检查,应当邀请一至两名与案件无关的公民作见证人。公安司法人员不能充当见证人。电子证据检查,应当遵循办案人员与检查人员分离的原则。检查工作应当由具备电子证据检查技能的专业技术人员实施,办案人员应当予以配合。

第十三条 封存电子设备和存储媒介的方法是:

(一)采用的封存方法应当保证在不解除封存状态的情况下,无法使用被封存的存储媒介和启动被封存电子设备。

(二)封存前后应当拍摄被封存电子设备和存储媒介的照片并制作《封存电子证据清单》,照片应当从各个角度反映设备封存前后的状况,清晰反映封口或张贴封条处的状况。

第十四条 固定存储媒介和电子数据包括以下方式:

(一)完整性校验方式。是指计算电子数据和存储媒介的完整性校验值,并制作、填写《固定电子证据清单》;

(二)备份方式。是指复制、制作原始存储媒介的备份,并依照第十三条规定的方法封存原始存储媒介;

(三)封存方式。对于无法计算存储媒介完整性校验值或制作备份的情形,应当依照第十三条规定的方法封存原始存储媒介,并在勘验、检查笔录上注明不计算完整性校验值或制作备份的理由。

四、《人民检察院电子证据鉴定程序规则(试行)》(节选)

第十二条　检验鉴定应当由两名以上鉴定人员进行。必要时,可以指派或者聘请其他具有专门知识的人员参加。

第十三条　检验鉴定应当自受理之日起十五个工作日内完成。特殊情况不能完成的,经检察长批准,可以适当延长,并告知委托单位。

五、《电子数据司法鉴定通用实施规范》(SF/Z JD0400001—2014)(节选)

6.4　鉴定方法

6.4.1　应优先使用以国家标准、行业标准或地方标准发布的方法。

6.4.2　当没有以国家、行业、地方标准发布的方法时,可根据具体鉴定要求,参照权威组织、有关科学书籍、期刊公布的方法,自行设计制定适用的鉴定方法。自行制定的鉴定方法,在使用前应通过司法主管部门组织的专家确认。

6.5　检验记录

6.5.1　检验鉴定过程中,与鉴定活动有关的情况应及时、客观、全面地记录,记录方式包括文字、拍照、截图、录像等。

6.5.2　检验记录应包括以下主要内容:

a)案件编号、检材编号、鉴定要求、检材的基本属性及状态描述;

b)使用的鉴定方法、仪器设备、软件及软件版本号;

c)鉴定步骤、操作结果、鉴定对象特征、鉴定发现;

d)鉴定人员签名、时间记录;

6.5.3　检验记录中的文字表述应准确、无歧义,拍照、录像等材料应清晰可辨识。

六、《电子数据证据现场获取通用规范》(SF/Z JD0400002—2015)(节选)

5.2　记录现场

现场取证人员应在到达现场后,立即对现场状况通过拍照或录像等的方式进行记录并予以编号保存,以便需要时可以进行验证或重建系统。

5.3 现场静态获取

对于已经关闭的系统，在法律允许的范围内并在获得授权的情况下，应对相关电子设备和存储介质进行获取(封存)，方法如下：

a)采用的封存方法应当保证在不解除封存状态的情况下，无法使用被封存的存储介质和启动被封存电子设备；

b)封存前后应当拍摄或者录像被封存电子设备和存储介质并进行记录，照片或者录像应当从各个角度反映设备封存前后的状况，清晰反映封口或张贴封条处的状况；

c)对系统附带的电子设备和存储介质也应实施封存。

5.4 现场动态获取

对于运行中的系统，应进行电子数据证据的动态获取，其中又具体分为易丢失数据的提取和固定、在线获取以及电子设备和存储介质的封存三个部分。

5.4.1 易丢失数据的提取和固定

易丢失数据的提取和固定应遵照以下步骤：

a)固定保全内存数据，特别是以下数据：

1)打开并未保存的文档；

2)最近的聊天记录；

3)用户名及密码；

4)其他取证活动相关的文件信息。

b)获取系统中相关电子数据证据的信息，包括：

1)存储介质的状态，确认是否存在异常状况等；

2)正在运行的进程；

3)操作系统信息，包括打开的文件，使用的网络端口，网络连接(其中包括IP信息，防火墙配置等)；

4)尚未存储的数据；

5)共享的网络驱动和文件夹；

6)连接的网络用户;

7)其他取证活动相关的电子数据信息。

c)确保证据数据独立于电子数据存储介质的软硬件,逻辑备份证据数据以及属性、时间等相关信息。

5.4.3 电子设备和存储介质的封存

在法律允许的范围内并在获得授权的情况下,结合实际情况进行分析,对系统是否需关闭作出判断并采取相应的措施。其中,对于已经关闭的系统的处理方式参照5.3。

对于不能关闭的电子设备和存储介质,应遵循以下几点:

a)采用的封存方法应当保证在不解除封存状态的情况下,电子设备和存储介质可保持原有运行状态;

b)对于有特殊要求的电子设备和存储介质(如手机等无线设备),应保证电子设备和存储介质的封存方式完全屏蔽,不因电磁等影响而发生实质性改变;

c)封存前后应当拍摄或者录像被封存电子设备和存储介质并进行记录,照片或者录像应当从各个角度反映设备封存前后的状况,清晰反映封口或张贴封条处的状况。

5.5 电子数据证据的固定保全

从现场获取的上述所有电子数据证据需遵照以下几个方式进行固定保全:

a)完整性校验方式:计算电子数据和存储介质的完整性校验值,并进行记录;

b)备份方式:复制、制作原始存储介质的备份,并依照5.3规定的方法封存原始存储介质;

c)封存方式:对于无法计算存储介质完整性校验值或制作备份的情形,应当依照5.4.4规定的方法封存原始存储介质,并记录不计算完整性校验值或制作备份的理由;

d)保密方式:潜在电子数据证据的保密是一个要求,无论是业务要求或法律要求(如隐私)。潜在电子数据证据应以确保数据机密性的方式保存。

6 记录

电子数据证据现场获取的过程中,记录应贯穿整个过程:

a)记录可以用摄像、截屏、拍照、编写文档等方式存放于任何一种存储介质中。

b)对可能存在证据数据的电子数据存储介质进行拍照,编号并贴上标签标识。

1)对现场状况以及提取数据、保存数据的关键步骤进行录像;

2)对电子数据证据信息的属性、状态以及其他信息进行详细记录。

c)从现场获取的电子数据证据,应记录该电子数据的来源和提取方法。

现场获取检查结束后,应当及时记录整个工作过程。

七、《电子物证数据搜索检验规程》(GB/T 29362—2012)(节选)

4.3 检材及样本保全备份

对具备保全条件的检材(样本)进行保全备份。

4.4 检验

4.4.1 启动杀毒软件对电子物证检验工作站系统进行杀毒。

4.4.2 将检材(样本)(若已保全,使用保全的存储设备)通过只读方式连接到电子物证检验工作站。

4.4.3 计算检材(样本)的哈希值。

4.4.4 根据检验要求,使用软件工具进行文件搜索或物理搜索。

4.4.5 搜索数据应按照软件工具使用说明书进行操作。

4.4.6 将搜索结果按检验要求筛选后复制到检验专用存储介质中。

4.5 检出数据刻录

4.5.1 将检出数据刻录在不可擦写的空白光盘上,应采用封盘刻录。

4.5.2 计算光盘的哈希值。

4.5.3 对光盘进行唯一性编号。

4.5.4 贴上盘签。盘签内容应注明检验单位名称、光盘编号、光盘哈希值、光盘制作日期等;应加盖检验鉴定专用章。

第二部分:该类鉴定意见的一般质证要点

一、对鉴定人的审查

计算机司法鉴定人不但应该具有鉴定人资格,还应该具备法律知识、计算机知识以及其他相关专业知识。司法鉴定具有很强的复合性,这一点在计算机司法鉴定中表现得格外突出。例如,对计算机案件的损失评估,除了需要具有以上的专业资质和知识外,还需要鉴定人具有审计、逻辑、管理等方面的知识。

二、对司法鉴定客体的审查

不同于其他司法鉴定对象,计算机司法鉴定的对象是动态的,如对内存中数据的鉴定,其信息很容易变化,也容易消失。此外,计算机司法鉴定的鉴定对象具有隐蔽性,很多数据很难用通用的软件发现,例如,删除以后的文件、在扇区外的病毒代码,在操作系统中是无法看见的。另外,鉴定的客体往往很复杂,不仅有对数据的鉴定、对程序功能的鉴定,还有对证据取得的真实性、完整性的鉴定等,而这些鉴定客体往往在一个案件中需要经过多项鉴定。因此,辩护人(代理人)在审查鉴定意见的被鉴定客体时,应该审查鉴定意见是否将这一因素考虑进去。

三、对计算机司法鉴定技术的审查

辩护人(代理人)在审查司法鉴定过程中,需要充分考虑计算机的特殊性。计算机证据形成具有动态性、易失性特点,黑客很容易利用这些特点对计算机网络证据进行破坏、修改,鉴定人如果依赖过去的知识进行鉴定,可能无法得出结论,甚至得出否定的结论。例如,每一类 Office 文档都有唯一的 GUID 标识,但是如果加上特殊的补丁,文档就无法生成这种唯一的标识,所以计算机网络司法鉴定中的某些具体技术具有变化性。

四、对计算机司法鉴定结论的审查

计算机司法鉴定结论通常分为肯定结论、否定结论、无法鉴定三种。一般情况下不能得出肯定结论便可以得出否定结论,反之亦然。但是辩护人(代理人)

应注意审查,在网络案件鉴定中,在委托人提供的材料有限的情况下,只能作出无法鉴定或否定的结论,而不能作出肯定的结论。例如,委托人只提供了一张数码照片,没有提供其他任何样本照片,也可以鉴定部分照片的真假。因为特定机型的数码照片的文件格式是有规律的,如果照片被处理过,其格式也会变化,即可以作出否定结论。但是没有变化也并不能作出肯定结论,因为数字文件本身具有脆弱性,很容易被伪造,如果伪造技术高明,也不能排除其处理过后还是符合原来的规律。在这种情况下,鉴定只能作出单向的结论。

五、取证过程是计算机司法鉴定意见的重点审查对象

计算机取证包括物理证据获取和信息发现两个阶段。物理证据获取,是指调查人员到计算机犯罪或入侵的现场,寻找并扣留相关的计算机硬件;信息发现,是指从原始数据中寻找可以用来证明或者反驳的证据。现场勘查是获取证据的第一步,主要是物理证据的获取,包括封存目标计算机系统并避免发生任何的数据破坏或病毒感染,绘制计算机犯罪现场图、网络拓扑图等,在移动或拆卸任何设备之前拍照存档。计算机证据具有脆弱性、易删改性,从案发到取证的间隔时间越长,证据被修改、删除的可能性就越大。所以辩护人(代理人)在审查鉴定时应该审查在计算机取证中是否保证了取证的实时性,取证工作的及时与否是否影响了证据的真实性、可靠性、完整性。

基于计算机获取的证据具有易改变和易损毁的特点,辩护人(代理人)还应该审查侦查机关提供给鉴定机构的证据是否为所收集到的证据,这些证据是否被修改过,例如,腐蚀、强磁场作用、人为破坏等都会造成原始证据的改变和消失。

六、审查鉴定意见的分析过程

审查鉴定意见应分析计算机的类型、采用的操作系统,有无隐藏的分区,有无可疑外设,有无远程控制、木马程序,以及当前计算机系统的网络环境。注意分析开机、关机的过程,尽可能避免正在运行的进程数据丢失或存在不可逆转的删除程序。分析在磁盘的特殊区域中发现的所有相关数据。利用磁盘存储空闲空间的数据分析技术进行数据恢复,获得文件被增加、删除、改变、复制前的痕迹。将收集的程序、数据和备份与当前运行的程序数据进行对比,从中发现篡改痕迹。可通过该计算机的所有者,或电子签名、密码、交易记录、回邮信箱、邮件发送服务器的日志、上网IP等计算机特有的信息识别体,综合审查是否同其他证据相互印证、相互联系。

第三部分:实案诠释鉴定意见质证要点

一、案情简介

201×年1月至201×年7月,魏×被××有限公司辞退后,利用自己掌握的技术以及××有限公司开发的手机游戏《美丽佳人》的系统漏洞,修改系统数据,导致《美丽佳人》游戏用户无法正常登录,给××有限公司造成损失××万元。

二、鉴定意见原文

石家庄××有限公司计算机司法鉴定所司法鉴定意见书

×司鉴[2018]技鉴字第××号

一、基本情况

委托人:石家庄市公安局××分局

委托鉴定事项:

1. 对检材手机进行证据固定,提取检材手机中的短信、通话记录、通讯录、即时通信等记录。固定检材手机中《美丽佳人》游戏程序,并固定sdcard路径下包含"ucool"字符串的文件、目录。

……

受理日期:2018年×月××日

鉴定材料:

1. 检材编号:2018×××××××,检材信息:手机华为BLA-AL00……

……

二、基本案情

案件名称：××公司被破坏计算机信息系统案

三、鉴定过程

（一）鉴定方法、环境、工具等情况说明

鉴定日期：2018年×月××日、×月××日

鉴定地点：石家庄市××××路××号×座×层

在场人员：×××、×××

鉴定方法：

《电子数据司法鉴定通用实施规范》（SF/Z JD0400001—2014）

《电子数据证据现场获取通用规范》（SF/Z JD0400002—2015）

《电子物证数据搜索检验规程》（GB/T 29362—2012）

系统环境：

检验计算机的设备编号：HL MAIOOPCO2

安装操作系统：Microsoft Windows 10

杀毒软件：Avast 杀毒软件（版本号：17.5）

防磁、防水、防静电和防震：是

送检存储设备是否硬件只读：是

鉴定使用工具：

X – Ways Forensics v19.3

火眼证据分析软件 v2.6

BB FlashBack 屏幕录像工具

Putty v0.7

Magnet IEF v6.12

（二）检材手机2018×××××××证据固定及提取

1. 证据固定

使用华为手机自带备份功能对检材手机（编号：2018×××××××）的数据

进行固定，备份结果打包压缩保存为文件“2018××××××××.zip”，该文件大小为2.19GB，SHA－256值为10a×××eb×××e2d9b4fe59f2e×××××65265fdd08c7c7ae×× d4c2e3a0f7a××××c。

2.数据提取

检材手机（编号：2018×××××××）的IMEI为“8677780×××××492”“8677780×××××785”，见图1（略）。

检材手机中安装了《美丽佳人》游戏，游戏图标见图2（略），该游戏的包名、路径见图3（略），固定该APK文件保存至证据盘“/2018×××××××/固定APK/base.Apk”文件，其SHA－256值为：d53×××27×××da6725a55f341××××4ae46661b9c73548f××383b07656be××××5。

执行“adb shell find/sdcard/name‘ * ucool * ’”命令在sdcard路径中查找名称包含“ucool”字符串的文件、目录，查询结果见图4（略）。

将上述图4（略）中文件、目录打包压缩保存为“2018×××××××/sdcard.tar.gz”文件，该文件大小为271MB，其SHA－256值为：……

……

使用火眼证据分析软件对检材手机（编号：2018×××××××）的备份进行分析，提取到通讯录222条、与143位联系人的通话记录、与165位联系人的短消息。提取到1个QQ账号26××××××8（昵称略）的使用记录。提取到1个微信账号××××××（昵称略）的使用记录。

将上述提取的数据保存至证据盘“/2018×××××××”目录下。

……

……

四、鉴定意见

1.检材手机（编号：2018×××××××）的IMEI为“8677780×××××492”“8677780×××××785”，从手机中检出《美丽佳人》游戏（该游戏APK程序文件中的SHA－256值为……）；从检材手机中检出通讯录222条、与143位联系人的通话记录、与165位联系人的短消息。提取到1个QQ账号26×××××8(昵称略)的使用记录。提取到1个微信账号××××××(昵称略)的使用记录。从手机sdcard路径下检出包含“ucool”字符串的文件、目录保存为“/2018××××××/sdcard. tar. gz”文件(该文件大小为271MB),其中“/sdcard/. com. ucool. heroesarena. device_id”文件的内容为“SJT1xZ－IorSRbpPF”,“/sdcard/. com. ucool. heroesarena. pixeluuid”文件的内容为“ffff××××831763a7fff××××fc42206f7”,“/sdcard/. com. ucool. heroesarena. imei”文件的内容为“8677××××××××492”,“/sdcard/. com. ucool. heroesarena. androidid”文件的内容为“c9f3a××××××××f51”。

……

五、附件列表

1.《司法鉴定许可证》,证号:×××××××××(复印件)

2. 证据光盘××××

司法鉴定人:×××

《司法鉴定人执业证》证号:31××××××××

司法鉴定人:×××

《司法鉴定人执业证》证号:31××××××××

石家庄××有限公司计算机司法鉴定所

二〇一八年××月××日

三、鉴定意见质证要点整理

(一)本案中侦查人员对检材手机内数据的提取值得质疑

对手机内数据进行提取,其提取过程必须由专业的技术人员操作。人们对手机的依赖,导致目前我国计算机鉴定中对手机的鉴定较多,而手机数据具有脆弱性、易删改性,比如通话记录就可以伪造,所以,当手机作为检材时,对手机的物理提取过程需要在卷记载,包括手机发现、获取、封存、获取密码、关机、编号等均应记载,并应有相应图片予以佐证,而本案恰恰忽略了这一点。

（二）数据固定不符合操作要求

在鉴定意见的证据固定中描述:使用华为手机自带备份功能对检材手机（编号:2018××××××）的数据进行固定。这种固定方式容易导致数据混乱,比如因为内存不够,导致数据备份的过程中丢失部分数据。一般对手机的数据固定应该使用固定证据的鉴定专用SD卡,并对固定的证据进行编号。

声像资料司法鉴定意见的质证要点

2020年6月23日司法部发布的《声像资料司法鉴定执业分类规定》第2条规定,声像资料司法鉴定,是指在诉讼活动中鉴定人运用物理学、语言学、信息科学与技术、同一认定理论等原理、方法和专门知识,对录音、图像、电子数据等涉及的专门性问题进行鉴别和判断,并提供鉴定意见的活动。第3条规定,声像资料司法鉴定包括录音鉴定、图像鉴定、电子数据鉴定。解决的专门性问题包括:录音和图像(录像/视频、照片/图片)的真实性、同一性、相似性、所反映的内容等鉴定;电子数据的存在性、真实性、功能性、相似性等鉴定。第4条规定,录音鉴定,是指鉴定人运用物理学、语言学、信息科学与技术、同一认定理论等原理、方法和专门知识,对检材录音的真实性、同一性、相似性及所反映的内容等问题进行检验、分析、鉴别和判断并提供鉴定意见的活动。录音鉴定包括录音处理、录音真实性鉴定、录音同一性鉴定、录音内容分析、录音作品相似性鉴定等。

根据《声像资料司法鉴定执业分类规定》第10条的规定,图像鉴定,是指鉴定人运用物理学、信息科学与技术、同一认定理论等原理、方法和专门知识,对检材图像(录像/视频、照片/图片)的真实性、同一性、相似性及所反映的内容等专门性问题进行检验、分析、鉴别和判断并提供鉴定意见的活动。图像鉴定包括图像处理、图像真实性鉴定、图像同一性鉴定、图像内容分析、图像作品相似性鉴定、特种照相检验等。

根据《声像资料司法鉴定执业分类规定》第17条的规定,电子数据鉴定,是指鉴定人运用信息科学与技术和专门知识,对电子数据的存在性、真实性、功能性、相似性等专门性问题进行检验、分析、鉴别和判断并提供鉴定意见的活动。电子数据鉴定包括电子数据存在性鉴定、电子数据真实性鉴定、电子数据功能性鉴定、电子数据相似性鉴定等。

《刑事诉讼法》第50条规定了八种证据,视听资料、电子数据便是其一。实践中,该类证据随着互联网的发展,越来越多地成为各类案件的主要证据之一。

实践中,有些证据既属于电子证据,又具有视听资料的特征。比如,目前最活跃的社交工具——微信,当微信作为涉案证据时,因其自身以数据形式存在,应归属于电子数据类证据,而当微信以语音内容证明案件相关事实时,又应归属于视听资料类证据。

视听资料的鉴定包括声纹一致性鉴定,声像资料的完整性鉴定、真实性鉴定,对声像资料的种类、牌号、厂家、产地的检验以及声像资料是否为某台录音机或摄像机录制鉴定,音像制品是否盗版鉴定等。

电子数据鉴定包括对电子数据证据内容一致性的认定、对各类电子设备或存储介质所存储数据内容的认定、对各类电子设备或存储介质已删除数据内容的认定、对加密文件数据内容的认定、对计算机程序功能或系统状况的认定、对电子数据证据的真伪及形成过程的认定等。

司法实践中,对于声像资料作出鉴定的案例越来越多,而各种鉴定对鉴定事项的描述仍没有统一标准,表述各不相同,造成这一局面的原因是多方面的也是复杂的,此处不再赘述。本节选择其中较为常见的语音同一性鉴定做一般质证要点分析,选择电子设备或存储介质所存储数据内容的认定做实案诠释解读。

第一部分:该类鉴定意见适用案件的主要法律规定

一、全国人民代表大会常务委员会《关于司法鉴定管理问题的决定》(节选)

二、国家对从事下列司法鉴定业务的鉴定人和鉴定机构实行登记管理制度:

(一)法医类鉴定;

(二)物证类鉴定;

(三)声像资料鉴定;

(四)根据诉讼需要由国务院司法行政部门商最高人民法院、最高人民检察院确定的其他应当对鉴定人和鉴定机构实行登记管理的鉴定事项。

法律对前款规定事项的鉴定人和鉴定机构的管理另有规定的,从其规定。

四、具备下列条件之一的人员,可以申请登记从事司法鉴定业务:

(一)具有与所申请从事的司法鉴定业务相关的高级专业技术职称;

(二)具有与所申请从事的司法鉴定业务相关的专业执业资格或者高等院校相关专业本科以上学历,从事相关工作五年以上;

(三)具有与所申请从事的司法鉴定业务相关工作十年以上经历,具有较强的专业技能。

因故意犯罪或者职务过失犯罪受过刑事处罚的,受过开除公职处分的,以及被撤销鉴定人登记的人员,不得从事司法鉴定业务。

五、法人或者其他组织申请从事司法鉴定业务的,应当具备下列条件:

(一)有明确的业务范围;

(二)有在业务范围内进行司法鉴定所必需的仪器、设备;

(三)有在业务范围内进行司法鉴定所必需的依法通过计量认证或者实验室认可的检测实验室;

(四)每项司法鉴定业务有三名以上鉴定人。

二、《司法鉴定人登记管理办法》(节选)

第三条 本办法所称的司法鉴定人是指运用科学技术或者专门知识对诉讼

涉及的专门性问题进行鉴别和判断并提出鉴定意见的人员。

司法鉴定人应当具备本办法规定的条件，经省级司法行政机关审核登记，取得《司法鉴定人执业证》，按照登记的司法鉴定执业类别，从事司法鉴定业务。

司法鉴定人应当在一个司法鉴定机构中执业。

第十七条 《司法鉴定人执业证》由司法部统一监制。《司法鉴定人执业证》是司法鉴定人的执业凭证。

《司法鉴定人执业证》使用期限为五年，自颁发之日起计算。

《司法鉴定人执业证》应当载明下列内容：

（一）姓名；

（二）性别；

（三）身份证号码；

（四）专业技术职称；

（五）行业执业资格；

（六）执业类别；

（七）执业机构；

（八）使用期限；

（九）颁证机关和颁证时间；

（十）证书号码。

三、最高人民法院、最高人民检察院、公安部《印发〈关于办理刑事案件收集提取和审查判断电子数据若干问题的规定〉的通知》（法发〔2016〕22号）（节选）

第七条 收集、提取电子数据，应当由二名以上侦查人员进行。取证方法应当符合相关技术标准。

第十四条 收集、提取电子数据，应当制作笔录，记录案由、对象、内容、收集、提取电子数据的时间、地点、方法、过程，并附电子数据清单，注明类别、文件格式、完整性校验值等，由侦查人员、电子数据持有人（提供人）签名或者盖章；电子数据持有人（提供人）无法签名或者拒绝签名的，应当在笔录中注明，由见证人签名或者盖章。有条件的，应当对相关活动进行录像。

第十五条 收集、提取电子数据，应当根据刑事诉讼法的规定，由符合条件的人员担任见证人。由于客观原因无法由符合条件的人员担任见证人的，应当在笔录中注明情况，并对相关活动进行录像。

针对同一现场多个计算机信息系统收集、提取电子数据的，可以由一名见证人见证。

第十八条 收集、提取的原始存储介质或者电子数据，应当以封存状态随案移送，并制作电子数据的备份一并移送。

对网页、文档、图片等可以直接展示的电子数据，可以不随案移送打印件；人民法院、人民检察院因设备等条件限制无法直接展示电子数据的，侦查机关应当随案移送打印件，或者附展示工具和展示方法说明。

对冻结的电子数据，应当移送被冻结电子数据的清单，注明类别、文件格式、冻结主体、证据要点、相关网络应用账号，并附查看工具和方法的说明。

第二十二条 对电子数据是否真实，应当着重审查以下内容：

（一）是否移送原始存储介质；在原始存储介质无法封存、不便移动时，有无说明原因，并注明收集、提取过程及原始存储介质的存放地点或者电子数据的来源等情况；

（二）电子数据是否具有数字签名、数字证书等特殊标识；

（三）电子数据的收集、提取过程是否可以重现；

（四）电子数据如有增加、删除、修改等情形的，是否附有说明；

（五）电子数据的完整性是否可以保证。

第二十三条 对电子数据是否完整，应当根据保护电子数据完整性的相应方法进行验证：

（一）审查原始存储介质的扣押、封存状态；

（二）审查电子数据的收集、提取过程，查看录像；

（三）比对电子数据完整性校验值；

（四）与备份的电子数据进行比较；

（五）审查冻结后的访问操作日志；

（六）其他方法。

第二十四条 对收集、提取电子数据是否合法，应当着重审查以下内容：

（一）收集、提取电子数据是否由二名以上侦查人员进行，取证方法是否符合相关技术标准；

（二）收集、提取电子数据，是否附有笔录、清单，并经侦查人员、电子数据持有人（提供人）、见证人签名或者盖章；没有持有人（提供人）签名或者盖章的，是否注明原因；对电子数据的类别、文件格式等是否注明清楚；

（三）是否依照有关规定由符合条件的人员担任见证人，是否对相关活动进行录像；

（四）电子数据检查是否将电子数据存储介质通过写保护设备接入到检查设备；有条件的，是否制作电子数据备份，并对备份进行检查；无法制作备份且无法使用写保护设备的，是否附有录像。

第二十八条 电子数据具有下列情形之一的，不得作为定案的根据：

（一）电子数据系篡改、伪造或者无法确定真伪的；

（二）电子数据有增加、删除、修改等情形，影响电子数据真实性的；

（三）其他无法保证电子数据真实性的情形。

四、《法庭科学语音同一认定技术规范》（GA/T 1433—2017）（节选）

6.1.4 判断是否具备鉴定条件

存在下列情况之一的，可判定为检材不具备鉴定条件：

a）检材语音的频谱范围较窄，2kHz 以上共振峰成分缺失，且通过语音增强也无改善；

b）检材信噪比偏低，待鉴定语音听辨不清，特征反映不明显；

c）检材截幅严重或其他原因，导致语音特征失真；

d）可供检验的音节数量不足。

7.2.1 认定同一

检材和样本符合下列依据可认定同一:

a)检材语音和样本语音中有10个以上可供比对的不同音节,且每个音节有3条(含)以上有效共振峰;或者在6个以上可供比对的不同音节,且每个音节有4条以上有效共振峰。经综合评断,语音特征总体符合率超过90%。

b)检材语音与样本语音的差异部分能得到合理的解释。

7.2.2 倾向认定同一

检材和样本符合下列依据可倾向认定同一:

a)检材语音和样本语音中有10个以上可供比对的不同音节,且每个音节有2条(含)以上有效共振峰。经综合评断,语音特征总体符合率超过80%。

b)检材语音与样本语音的差异部分能得到合理的解释。

7.2.3 否定同一

检材和样本符合下列依据可否定同一:

a)检材语音和样本语音中有10个以上可供比对的不同音节,且每个音节有3条(含)以上有效振峰;或者有6个以上可供比对的不同音节,且每个音节有4条以上有效共振峰,经综合评断,语音特征总体差异率超过95%。

b)检材语音与样本语音的符合部分能得到合理的解释。

7.2.4 倾向否定同一

检材和样本符合下列依据可倾向否定同一:

a)检材语音和样本语音中有10个以上可供比对的不同音节,每个音节有2条(含)以上有效共振峰。经结合评断,语音特征总体差异率超过80%。

b)检材语音与样本语音的符合部分能得到合理的解释。

7.2.5 无法判断

检材和/或样本存在下列情况之一:

a)检材不具备鉴定条件;

b)检材语音中可供比对的有效音节数量不足6个;

c)样本不具备鉴定条件,或不充分且无法补充。

五、《录音资料鉴定规范》(SF/Z JD 0301001—2010)(节选)

7.1.4　初步判断检材语音是否具备鉴定条件。

存在下列情况,且程度严重,导致进一步的检验失去意义的,鉴定人可判定为检材不具备鉴定条件。

(1)检材语音的频率范围偏窄,第三以上(含第三)的共振峰基本没有得到反映。

(2)检材录音信噪比偏低,检材语音基本被其他声音所掩盖,导致听辨不清,特征反映不明显。

(3)检材录音大幅过载,导致检材语音特征不清晰或严重失真。

(4)有效检材语音的数量不足,导预检材语音特征反映不充分。

(5)检材语音有严重的假声、耳语等伪装,导致听觉感知和声谱特征明显改变。

注1:有时通过降噪处理,能够降低噪声干扰,使共振峰等语音特征得到更好的反映,但同时亦可能改变语音特征,故使用要谨慎。

注2:伪装语音视其伪装方式和程度,有些能够鉴定,有些十分困难。录制样本时可让被鉴定人按检材语音的伪装方式发音,但结论的出具应谨慎。

第二部分:该类鉴定意见的一般质证要点

语音同一性鉴定又称声纹鉴定,话者识别、鉴定,说话人鉴定和嗓音鉴定,指通过比较、分析,对声像资料记载的语音的同一性问题所进行的科学判断。在司法实践中,鉴定人员常常需要对涉案语音进行检验,分析说话人的身份、判断涉案语音(检材语音)与特定对象语音(样本语音)是否源于同一人,并作出科学的评判性语音同一性鉴定意见。语音同一性认定的方法可归纳为听觉分析法、声纹比对法、声学分析法以及说话人自动识别。

一、对鉴定机构和鉴定人资格的审查

依据《关于司法鉴定管理问题的决定》《司法鉴定人登记管理办法》等相关规

定，鉴定机构和鉴定人不具备法定资格时，无论鉴定意见是否科学、是否可靠都应被排除，只有具备法定资格和条件的鉴定机构和鉴定人才能依法从事相关鉴定业务。对语音鉴定意见，应重点审查鉴定是否超出了鉴定范围。比如对微信语音的鉴定，如果鉴定人只具有电子数据鉴定人资格，但是其既出具了微信内容的电子数据检验报告，又出具了语音同一认定鉴定意见，因鉴定主体不具备声像资料类鉴定资格，对超出鉴定范围的语音同一认定鉴定意见应该予以排除。

二、对鉴定人专业技术能力的审查

在重大、疑难案件中，对鉴定人专业技术能力的审查也是辩护人（代理人）关注的重点，因为语音鉴定相对来说数量较少，大多数鉴定人不具备长期接触此类案件的条件，故对于虽具备鉴定资格，但长期不参与此类办案工作的鉴定人出具的鉴定意见的证明力也应谨慎对待。

三、对鉴定方法和设备的审查

在审查鉴定方法时，首先应审查鉴定方法是否符合相关标准，鉴定过程是否细致、全面，是否采取多种方法进行对照检验，所用的检验方法是否被科学界普遍认可。

相关规范主要有：公安部物证鉴定中心、最高人民检察院司法鉴定中心语音同一认定方法，司法部司法鉴定技术规范《录音资料鉴定规范》（SF/Z JD 0301001—2010）。

关于鉴定设备的问题，目前我国并没有明确规定应采用哪种特定设备进行鉴定，实践中我国司法鉴定有专业语音鉴定工作站和通用语音鉴定软件两种设备。其中，专业语音鉴定工作站在微信语音鉴定的操作上更为便捷、易用，而通用语音鉴定软件的操作相对复杂。

因为成本原因，大部分社会机构采用通用软件进行检验鉴定，司法部门鉴定机构使用语音工作站进行检验鉴定，在鉴定层面两者并无本质差别。但辩护人（代理人）应注意对鉴定设备先进性和适用性的审查，以便最大限度减少失误，为确保鉴定意见具有较高的真实性打下坚实基础。①

四、对鉴定材料的审查

对鉴定材料的审查可谓是语音鉴定的审查重点。按照最高人民检察院司法鉴定中心语音同一认定方法的规定，检材语音和样本语音中有10个以上可供比对的不同音节，每个音节有3条（含）以上有效共振峰，所有可供比对音节的听辨和声谱特征符合率超过90%；或者有6个以上可供比对的不同音节，且每个音节有4条以上有效共振峰，听辨和声谱特征符合率超过95%。由此，供鉴定人进行鉴定的有效语音应该有6个以上可供比对的不同音节。② 鉴定人在审查时对于太短的检材语音及样本语音应该提出无法有效鉴定的质疑。

五、对检材提取过程的审查

以语音同一性鉴定中目前较为常见的微信语音鉴定为例，微信语音通常有三种提取方式：第一种是通过电子数据提取专业设备，对手机和数码终端内的微信内容进行提取后出具检验报告。一般情况下，这种方式较为专业，出现差错较少，辩护人（代理人）在审查鉴定意见时发现是用这种方式提取的语音，重点审查的是提取后有无进行剪辑。第二种是直接从手机中提取检材，这就涉及微信语音的存放路径问题。在直接提取过程中，由于微信语音存储的文件夹层级较多，难以直接发现所需语音文件，需要进行大量筛查工作，故在实际提取工作中较少应用。第三种提取方式是运用常用微信提取软件提取检材，系统会按照声音文件顺序依次为文件命名。辩护人（代理人）在审查鉴定意见时若发现是用这种方式提取的语音，由于该类语音文件多见于案件当事人自行采集，那么重点审查的对象应该是原手机载体和提取的原文件，同时应该对这种提取方式的程序提出疑问。

六、对鉴定意见结论的审查

语音同一性鉴定意见的表述分为确定性鉴定意见、不确定性鉴定意见两

---

① 参见李佳：《微信语音鉴定意见的审查》，载《人民检察》2018年第2期。

② 音节（syllable）是由音素（包括辅音和元音）组合发音的语音单位。

大类。

司法鉴定并非纯科学,任何一种鉴定方式下,任何一名鉴定人在出具鉴定意见时往往都是基于自身专业技术结合已有的主观经验对检验结果作出综合评断。确定性鉴定意见更多地受到鉴定人的技术水平、涉案语音的质量、可检验音节的数量、语音自身的动态性变化等的影响。因此,在语音同一性鉴定问题上,如果辩护人(代理人)在审查鉴定意见时面对的是一份确定性鉴定意见,更应该重点审查结论的正确性。

七、对语音鉴定意见证明力的审查

首先,中国的语言是一门艺术,汉语在表达上是注意语境的,在一段语音有其特殊语境的前提下,其所表达的意思往往和没有特殊语境是不同的甚至截然相反的,需要前后联系,才能完整掌握该语音表达的真实意思;其次,语音长度可能受载体影响,如微信语音一条最长只有60秒,其所反映的内容只是微信聊天内容的一个片段,所以,应将被鉴定微信的微信语音上下联系,尤其是在语音证据与其他形式的证据存在矛盾的情况下,应谨慎对待鉴定意见。比如,一段语音表明女方同意和男方发生性行为,但在下一段语音中表明不同意。当出现证据矛盾的情况时,应结合全案综合考虑,尽量避免单独依赖语音鉴定意见进行判断。

第三部分:实案诠释鉴定意见质证要点

一、案情简介

2018年3月开始,陈××用3个微信号加入300多个微信群发布淫秽视频。陈××的视频于网络视频链接平台获取,其将这些网络链接复制到微信群,网络平台通过点击量向其进行分成。陈××通过此方式获利4410元。侦查机关提取陈××在微信群传播的淫秽视频420部,经××县公安局淫秽物品鉴定委员会审验小组认定,均为淫秽物品。

本案陈××等五名被告人涉嫌传播淫秽物品牟利罪,因陈××实施犯罪时间短,非法所得数额较小,没有组建微信群等行为,主观恶性小,且具有自首情节,最后被判处缓刑。

二、鉴定意见原文

××县公安局
淫秽物品审查鉴定书

×公鉴〔2018〕0××号

送审单位:××县公安局刑警大队

送审时间:2018年7月1日

送审人:王××、代××

送审物品:视频数据规格MP4文件数量420部

送审物品持有人:××县公安局刑警大队

简要案情:2018年3月8日18时许,冯××(男,1984年11月××日出生,联系电话:××××××××)报警:其微信上有一个传播黄色视频的群,经我局侦查,于2018年3月31日将犯罪嫌疑人杨××抓获归案,经讯问,杨××所发淫秽视频一部分来源于犯罪嫌疑人金××,犯罪嫌疑人供述部分淫秽视频链接是从一个名为"快乐大本营"的微信群中的一个微信昵称为"××",微信号为"cc××××0001"的微信账号上转发而来,经侦查,微信昵称为"××",微信号为"cc××××0001"的微信账号使用人为陈××。

经调查:侦查员立即对陈××手机中微信群("快乐大本营")内微信昵称为"××",微信号为"cc××××0001"的微信账号发布的淫秽视频进行检查,从检查中提取男女裸露身体、男女性交画面的视频数据420部,依法对视频数据进行录像并刻录成光盘。

审验情况:根据公安部《对〈关于鉴定淫秽物品有关问题的请示〉的批复》(公复字〔1998〕8号)的规定对送检的420部视频数据进行检查,发现420部视频数据中均是含有宣扬色情描述男女性交行为画面的视频。

结论:根据全国人大常委会《关于惩治走私、制作、贩卖、传播淫秽物品的犯罪分子的决定》和原新闻出版署《关于认定淫秽及色情出版物的暂行规定》的规定,经××县公安局淫秽物品审查鉴定委员会审验小组对送审的共计420部的视频数据逐一审验后认定,送审的420部视频均属于淫秽物品。

鉴定人:边×× 蔡××

2018年7月1日

三、鉴定意见质证要点整理

本案中,被告人陈××在侦查阶段就已经被取保候审,所以,辩护人的辩护重点是罪轻辩护,争取能让当事人不再判实刑,事实上最终这个目标也顺利达到。但是,辩护人对本案中的鉴定意见是持有异议的。

第一,尽管公安部《对〈关于鉴定淫秽物品有关问题的请示〉的批复》(公复字〔1998〕8号)规定了各地公安机关对淫秽物品负责鉴定工作,但是,辩护人仍然对这一鉴定提出异议,理由是,淫秽物品的鉴定机构与淫秽物品的追溯机关实属同一,影响法律程序与实体正义;公安机关的鉴定人员资质问题无法考察,且视频数量是该类案件量刑情节之一,对于当事人来说,这样的鉴定现状有失公正。

第二,本案委托时间是2018年7月1日,出具鉴定的时间是同一天。鉴定意见书明确记载:“对送检的420部视频数据进行检查,发现420部视频数据中均是含有宣扬色情描述男女性交行为画面的视频”,很显然,鉴定人不是抽样鉴定,而是全部一一鉴定,那么,辩护人对一天时间能否完成420部视频的鉴定审查工作提出怀疑。快播案中鉴定人在出庭回答辩护人提问时曾经说,一天鉴定600张光盘,其鉴定能力在网上引发热议,而本案中,鉴定人的鉴定速度同样反映出鉴定工作不够细致。

第三,420部视频中有大量重复视频,司法实践中虽然对重复视频的认定有不同判定,但是一般来说对于提取视频的位置不同、文件名相同的重复视频,法院均会认定为重复视频,从总数中减去,这一点在本案中应该予以重视并减去。

第四,淫秽视频的评定没有鉴定标准,全靠鉴定人的个人经验,各地公安的鉴黄师的任用标准是已婚且政治心理素质过硬,鉴定人全靠个人经验判断是否为《刑法》规定的“淫秽”,而个人经验的结论又将直接决定着是否剥夺他人人身自由。笔者虽知本案并不能改变此类鉴定现状,但仍要对此提出疑问。

林业司法鉴定意见的质证要点

林业鉴定是笔者对有关林业方面各种司法鉴定的简称,是指司法鉴定人运用广泛、系统的林业科学知识,采用科学准确的鉴定方法,对损害森林资源的行为做出定性定量的判定。林业鉴定主要包括动植物的定性定量鉴定,森林资源的司法鉴定,以及森林火灾的司法鉴定,包括起火点、火灾成因、森林火灾的面积(含成灾面积和过火面积)、火灾迹地等调查。

林业在国民经济和社会发展中的作用和地位日益提高,社会对加快林业发展、改善生态状况的要求越来越突出,特别是在集体林权制度改革之后,人们对林业的经营也日益重视,各类林业经营主体按照司法程序来维护自身合法权益的法律意识不断提高,林业方面的诉讼案件不断增多,对林业领域司法鉴定的社会需求也日益广泛。

林业案件的司法鉴定较之其他司法鉴定,规范性较差。实践中,各地对司法鉴定执行有不同的标准,存在较大的主观随意性,严重地影响了案件的办理质量和司法公正。

第一部分:该类鉴定意见适用案件的主要法律规定

《刑法》(节选)

第三百四十二条 【非法占用农用地罪】违反土地管理法规,非法占用耕地、林地等农用地,改变被占用土地用途,数量较大,造成耕地、林地等农用地大量毁坏的,处五年以下有期徒刑或者拘役,并处或者单处罚金。

第三百四十四条 【危害国家重点保护植物罪】违反国家规定,非法采伐、毁坏珍贵树木或者国家重点保护的其他植物的,或者非法收购、运输、加工、出售珍贵树木或者国家重点保护的其他植物及其制品的,处三年以下有期徒刑、拘役或者管制,并处罚金;情节严重的,处三年以上七年以下有期徒刑,并处罚金。

第三百四十五条 【盗伐林木罪】盗伐森林或者其他林木,数量较大的,处三年以下有期徒刑、拘役或者管制,并处或者单处罚金;数量巨大的,处三年以上七年以下有期徒刑,并处罚金;数量特别巨大的,处七年以上有期徒刑,并处罚金。

【滥伐林木罪】违反森林法的规定,滥伐森林或者其他林木,数量较大的,处三年以下有期徒刑、拘役或者管制,并处或者单处罚金;数量巨大的,处三年以上七年以下有期徒刑,并处罚金。

【非法收购、运输盗伐、滥伐的林木罪】非法收购、运输明知是盗伐、滥伐的林木,情节严重的,处三年以下有期徒刑、拘役或者管制,并处或者单处罚金;情节特别严重的,处三年以上七年以下有期徒刑,并处罚金。

盗伐、滥伐国家级自然保护区内的森林或者其他林木的,从重处罚。

第二部分:该类鉴定意见的一般质证要点

一、对鉴定意见证明力的审查

司法实践中,公检法办案部门对技术鉴定的看法存在很大差异,因为若有鉴定意见,或可回避失职之责,所有的责任风险(即使并不存在)就转移到鉴定机构了。在诉讼实践中,存在盲目依赖和“迷信”鉴定意见,视鉴定意见为最终判断的现象。个别公检法机关不加区分地要求强制鉴定,结果造成事实认定的泛鉴定化和调查取证的形式主义。技术鉴定意见是鉴定人运用专业知识对特定专业性问题进行认识和判断的结果,它是一种兼具主观性和客观性的证据。一方面,技术鉴定意见本质上是一种主观判断,反映的是鉴定人个人的见解和看法,而非简单的事实本身,带有鉴定人的个性特征;另一方面,技术鉴定意见是鉴定人运用当时社会历史条件下普遍接受的知识、技能所作的判断,该判断具有相对的科学性、客观性。作为证据种类之一,技术鉴定意见只是一种主观判断和个人意见,不具有预定的证明力,其证明力大小仍然需要审判人员根据案件综合情况加以判定。

二、对鉴定材料提取的审查

在办理涉林刑事案件中,经常会遇到查获的陆生野生动物活体数量达上百只,甚至几千只的情况,此时,是允许抽样鉴定的。但是辩护人(代理人)在审查这一程序问题时,需要注意以下三个方面:一是鉴定最好为随机抽样,从总体单位中抽取部分单位作为样本进行调查,每个样本被抽取的可能性相同。二是抽取样品的数量应该涵盖该检材的立案标准数量,即特别重大刑事案件立案标准数量为该物种抽样鉴定数量的最大值。比如根据原国家林业局、公安部《关于森林和陆生野生动物刑事案件管辖及立案标准》(林安字〔2001〕156 号)的规定,虎纹蛙的特别重大案件立案标准为 200 只,因此抽样的数量最大值必须大于 200 只。同时,抽样的检材以能够认定本品的品质特征为限,其抽样的结果能反映被抽样的整体信息。三是应对抽样的涉案动物进行依次编号,然后分别从不同的角度拍摄 2 ~ 3 张准确清晰的照片。比如对一只虎的拍摄,应从头部、背部、腹部、四肢等多角度拍摄,以准确固定检材。

三、对鉴定标准的审查

在林业方面的鉴定意见审查中,应该重点关注鉴定标准。因为我国林业案件的鉴定基本是实行经验型鉴定标准,没有明文规定的统一性标准,有的鉴定过程不规范,部分鉴定没有统一标准,无章可循。因此,审查这一问题,辩护人(代理人)一是应该寻找国家部委、地方政府颁布的法规、规章、政策等。比如在对犀牛角价格进行鉴定时,有原国家林业局《关于发布破坏野生动物资源刑事案件中涉及犀牛角价值标准的通知》(林护发〔2002〕130 号)“每千克犀牛角的价值为 25 万元,实际交易价高于上述价值的按实际交易价执行”的规定。二是要结合案件中的其他证据,综合判断评价鉴定意见所依据的标准是否准确反映被鉴定物的真实价格。

四、对鉴定程序是否规范的审查

鉴定程序不规范,在司法实践中主要表现为未查清鉴定材料来源,鉴定工作与勘验脱节,不注意鉴定对象所处的环境,未正确处理检验程序、时限及检验后材料,以致鉴定意见出现许多瑕疵。比如在滥伐林木案件中,鉴定人是否对现场进行实地踏勘非常重要,而在某些案件中鉴定人并不真正实地踏勘,或者鉴定人员仅对现场面积进行勾绘,根据森林资源二类调查图计算面积,未留下足够的现场照片。那么,该林地是否符合该划定林地的条件面积,鉴定是否正确,值得怀疑。

五、审查鉴定意见是否受到行政干预

一段时间,鉴定机构曾隶属于原国家林业局(现为国家林业和草原局),可能出现随行政需求而改变鉴定结论的现象。尤其是涉及行政人员履职过程中失职犯罪的案件,如重特大的森林火灾,在面积鉴定上,特别是 500 亩、1500 亩等问责节点,鉴定机构可能会“手下留情”。

第三部分:实案诠释鉴定意见质证要点

【案例 1】

一、案情简介

××××涉嫌盗伐林木罪,××县公安局委托鉴定机构对被盗伐×××地集体林地进行蓄积量损失鉴定。

二、鉴定意见原文

森林盗伐损失鉴定报告

××植鉴字[20××]第×××号

一、基本情况

委托人:××县公安局

委托鉴定事项:××县公安局要求对涉案嫌疑人××××涉嫌盗伐林木×××地集体林地进行蓄积量损失鉴定之事宜。

受理日期:20××年××月××日

鉴定材料:

由××县森林公安局和×××政府派出人员于20××年××月××日通过对现场伐桩进行检尺所得每木地径数据[见附件材料(略)]。

鉴定日期:20××年××月××日

鉴定地点:四川省××林业司法鉴定中心

在场人员:张××、白×、靳××

二、鉴定依据

1.《中国主要木材名称》(GB/T 16734—1997);

2. 四川省林业厅《四川省森林资源规划设计调查技术细则》(川林资函〔2013〕351号);

3.《森林调查常用数表》,农业出版社1975年版。

三、鉴定摘要

本司法鉴定中心接到鉴定委托后,对××县森林公安局和×××政府提供的伐桩检尺数据进行核实,经核实,数据中共有××××个伐桩,树种均为马尾松,记录值为地径(cm)。

四、鉴定方法

由于委托方提供的仅是被伐林木的地径数据,而推算林木蓄积量需要立木的胸径和树高二元关系式计算，因此，我们先通过地径与胸径、地径与树高的换算得出其理论胸径和树高，再推算出立木的蓄积量。其推算步骤如下：

(1)地径与胸径的换算

参照：《重庆市马尾松伐桩一元材积表编制研究》，重庆林业科技，20××年第××期文章中对地径与胸径换算关系的报道，即在中层厚度和<25°(类型3)的立地条件下，地径与胸径都遵照一元关系式：

$D = -1.5902063 + 0.9024944 \times X$

注：D为林木胸径(cm)，X为树木地径(伐桩)。

(2)地径与树高的换算

$H = 2.8807914 + 0.3826811 \times X$

注：H为林木高度(m)，X为树木地径(伐桩)。

(3)胸径、树高与材积的换算

利用《四川省森林调查常用数表》中相关的二元材积式计算各树种单株蓄积，以各树种单株蓄积为基础，求算林地各树种各径级蓄积。各树种各径级蓄积相加得到单位蓄积量，蓄积单位为立方米(m^3)，保留1位小数。

马尾松二元材积式：

$V = 0.000060049144 \times D^{1.8719753} \times H^{0.97180232}$

注：V为林木蓄积量(m^3)，D为树木胸径(cm)，H为树木高度(m)。

五、鉴定意见

通过对委托方提供的××××个立木地径的换算，经鉴定，林地共损失立木蓄积量为××××m^3。

六、鉴定人签章

张××　　　　执业证号：5100133×××××

白×　　　　执业证号：5100133×××××

××××林业司法鉴定中心

20××年×月××日

三、鉴定意见质证要点整理

（一）鉴定人没有现场踏勘，地径数据测量是否精准等问题不明确

鉴定所依据的数据是："由××县森林公安局和×××政府派出人员于20××年××月××日通过对现场伐桩进行检尺所得每木地径数据（见附件材料）。"在本案中，地径是唯一的推算数字依据，但是鉴定意见并未记载现场勘测是如何取得的地径数据。实践中，盗采案件中常常发生因林分被非法采伐，树干部分已被非法处理，现场只余伐桩的情况，所以，鉴定人员应进行多次实地测试，根据林木地径及胸径相关关系，通过对同一树种的相同或相似林分保留木进行分别测量，通常是测量离地5厘米处被滥伐林木的地径（保留至小数点后1位），获得采伐林木的第一手原始数据以确保推算的精确性。而在本案中，鉴定人没有实地踏勘测量，鉴定所依据的数据是如何测量的在鉴定意见中也未见记载，因此，地径的测量是否符合要求、是否精准无法确定。

（二）本案换算的方法错误

鉴定意见记载，鉴定方法参照的是"《重庆市马尾松伐桩一元材积表编制研究》，重庆林业科技，20××年第××期文章中对地径与胸径换算关系的报道，即在中层厚度和<25°（类型3）的立地条件下，地径与胸径都遵照一元关系式"。鉴定意见所参考的仅仅是一篇文章的报道，这种"偷懒"式的方法必然无法得出精准的测量结果。

通常，鉴定人应该在采伐小班内（如果整个小班都被采伐可以就近找林分相似的小班）分别测量同一树种保留木的胸径和地径（保留至小数点后1位）。为获得与采伐木相关的第二手原始数据，尽量多测与采伐木地径一致的保留木，通过地径推算被伐木材积的常用方法是根据地径和胸径的相关关系，由一元胸径材积表导算出一元根径材积表。部分省份编制了一元根径材积表，如原四川省林业厅于1980年10月批复启用的《四川省一元立木材积表》（适用范围含四川省及重庆市）。本案发生在成都市××县，鉴定意见不参照四川省数据不可能得出准确的数字。

更重要的是，《重庆市马尾松伐桩一元材积表编制研究》相关数据中的马尾

松和本案中的马尾松是否为同一种源存疑,不同林分年龄决定系数也不相同,除了胸径对树高的影响外,种源、林分年龄、林分密度、立地条件等因素对树高生长也有影响。只有把各种有影响的因素在条件许可下尽可能地考虑进去,才能得出客观、准确的鉴定意见。

【案例2】

一、案情简介

本案所涉罪名是非法占用农用地罪。2010 年,李某某承包了土地,将防护林按照低效林改造方式皆伐。当地政府、检察院皆认为砍伐低效林应是政府行为,是有利当地生态环境保护的行为,均要求对李某某进行行政处罚。2019 年,×××市森林公安局再查立案。

二、鉴定意见原文

×××市××林业司法鉴定中心司法鉴定意见书

×林司[20××]林签字第×××号

一、基本情况

委托单位:×××市森林公安局

委托鉴定事项:2010 年 7 月 3 日李某某签订的承包合同中 2010 亩范围内 2009 年林保图中柽柳、柠条—国家特别规定的灌木林地 10 号小班 47.88 公顷、11 号小班 2.68 公顷、12 号小班 47.07 公顷,共计 97.63 公顷(1464.45 亩)防护林地资料与现状土地用途的面积、林种、株行距及地表植被的对比。

受理日期:20××年 10 月 14 日

鉴定材料:1.《鉴定聘请书》

2.《现场勘验》

鉴定日期:20××年 10 月 15 日~16 日

鉴定地点:×××市×××县×××村

在场人员:×××　×××市森林公安局

×××　×××市森林公安局

×××　×××市森林公安局

×××　×××市森林公安局

司法鉴定人:王××　高级工程师

姚××　高级工程师

工作人员:×××、×××　×××市××林业司法鉴定中心

二、鉴案摘要

20××年10月14日,×××市森林公安局委托我中心对一起非法占用农用地(改变防护林地用途)案中2010年7月3日李某某与×××村签订的土地承包合同中2010亩范围内2009年林保图中柽柳、柠条—国家特别规定的灌木林地10号小班47.88公顷、11号小班2.68公顷、12号小班47.07公顷,共计97.63公顷(1464.45亩)防护林地的资料与现状土地用途的面积、林种、株行距及地表植被的对比进行鉴定。当日,我中心受理该委托并于10月15日、16日赴现场进行勘查鉴定。

三、鉴定过程

(一)鉴定依据

1.《森林资源规划设计调查主要技术规定》;

2.《现场勘验》。

(二)鉴定方法

1.在委托单位人员现场指认和引导下,初步了解育苗区域内苗木相关情况;

2.使用GPS沿种植苗木区域、育苗区域边缘进行测量,确定面积;

3.在办案人员认可下,根据现场苗木生长情况,采用基本相同苗木规格,在种植区域不同地块内分别抽样测量,统计苗木数据。

（三）询问情况

据×××市森林公安局办案民警介绍，2019年10月9日，接到中共×××市纪律检查委员会交办的《关于向×××市森林公安局移交李某某涉嫌非法占用农用地罪线索的函》（×纪办函［20××］×××号）。调查中发现李某某于2011年、2012年在未办理相关手续的情况下对和××县××镇×××村本人承包的2010亩土地内的防护林全部铲除（灌木林品种：柽柳、柠条），后来，李某某虽然补办过低效林改造手续，但未按作业设计实施造林。经查阅2009年林保图，该防护林地所有权归集体所有、林地使用权归集体使用，有1464.45亩。根据办案需要，需对2010年7月3日李某某与×××村签订的承包合同的2010亩范围内的2009年林保图中柽柳、柠条—国家特别规定的灌木林地10号小班47.88公顷（柠条）、11号小班2.68公顷（柽柳）、12号小班47.07公顷（柠条），共计97.63公顷（1464.45亩）防护林地的资料与现状土地用途的面积、林种、株行距及地表植被作对比进行司法鉴定。

（四）现场情况

勘验现场位于×××市××县×××村，现场内由东向西修建柏油道路1条，路宽均为5.2米，在道路南北向共建土质林道7条，路宽均为5米，道路两侧育苗地内为樟子松苗木，高度1～3米不等，地径2～10厘米不等，株行距60厘米×60厘米、100厘米×80厘米、100厘米×120厘米不等，苗木长势良好，苗木行距中分散有起树苗后遗留的穴坑，坑直径40～80厘米不等，育苗地区域内分区城建机井房5个，并配套灌溉设施。道路南侧有3年生长新育樟子松苗木，苗高20～80厘米不等，1年山杏植播苗地，苗高平均30厘米，育苗面积中2/3苗已干枯。此山杏育苗地为畦状整地，平均宽度为3米，现场采用GPS测点，确定总净育苗基地范围面积，并根据现场苗木生长情况、采用基本相同苗木规格，在种植区域不同地块内分别抽样测量，统计苗木数据，原地表植被已不复存在。

四、鉴定意见

经鉴定，位于×××市××县×××村与李某某签订的2010亩土地承包合同范围内净育苗基地总面积2050.57亩，其中2009年林保图中1464.45亩国家特别规定的灌木林地(防护林地)有1393.69亩净育苗地，育苗地每亩平均株数、育苗株行距和苗木规格见附表1～附表3(略)，原地表植被已不复存在，已把原防护林地改变为育苗基地。

五、附件(略)

1. 现场照片

2. 占地示意图

3. 附表1～附表3

4. 司法鉴定许可证复印件

5. 司法鉴定人执业资格证复印件

六、落款

司法鉴定人签名或者盖章：

《司法鉴定人执业证》证号：×××××××××××××

司法鉴定人签名或者盖章：

《司法鉴定人执业证》证号：×××××××××××××

×××市××林业司法鉴定中心

二〇××年×月××日

三、鉴定意见质证要点整理

1. 按照《司法鉴定程序通则》第35条的规定，司法鉴定人完成鉴定后，司法鉴定机构应当指定具有相应资质的人员对鉴定程序和鉴定意见进行复核。而本案司法鉴定意见没有进行复核。

2. 委托人委托的事项是：对2010年7月3日李某某签订的承包合同中2010亩范围内2009年林保图中柽柳、柠条等防护林地资料与现状土地用途的面积、林种、株行距及地表植被的对比。而鉴定人鉴定的范围超出了委托事项。

3. 鉴定意见第3页记载樟子松苗木长势良好，意味着该涉案土地肥力可以，未改变原有种植条件。

4. 鉴定人没有该类鉴定的鉴定资格,其职业类别是树木、野生动植物及林产品品种、数量、保护等级及危害程序鉴定,植物病理鉴定。而本案鉴定意见中“将防护林地改为育苗基地”超出了其鉴定职业类别涵盖范围。

5. 2009 年的林保图不是最新的林保图,鉴定人所依据的鉴定资料是已经被 2017 年的林保图更新过的林保图,怎么能得出正确结论?且其鉴定时间是 2019 年 10 月 18 日,而当时,××县林业和草原局就调整回原来的地类尚未请示国家林业和草原局。

6. 鉴定人称育苗基地需要审批才能称为育苗基地,但又称自己没有见到该涉案地块进行过审批;同时,其称育苗基地对于种植品种、种植密度没有规定。这样的专家,这样的鉴定人,这样的鉴定意见,不应被采纳。

7. 关于坐标问题,司法部《关于印发司法鉴定文书格式的通知》(司发通〔2016〕112 号)对于司法鉴定意见书的格式有明确要求,司法鉴定意见书中应包括鉴定过程,要求鉴定过程客观、翔实、有条理地描述鉴定活动发生的过程,包括人员、时间、地点、内容、方法等。本案鉴定意见中地点的选取没有坐标,鉴定地点是否精准无从证明。

枪支司法鉴定意见的质证要点

枪支鉴定，是指办案机关委托刑事技术鉴定部门通过一定的试验，按照公安部颁发的枪支鉴定标准对涉案枪支进行测定，鉴定结果作为认定该涉案物是否属于《刑法》意义上的枪支的活动。

涉枪犯罪是重罪，最高刑罚可以判处死刑。公安部2007年10月29日发布《枪支致伤力的法庭科学鉴定判据》(GA/T 718—2007)、2010年12月7日发布修正后的《公安机关涉案枪支弹药性能鉴定工作规定》，将枪支鉴定标准由"射击干燥松木板法"改为"测定枪口比动能法"，枪口比动能由16焦耳/平方厘米降低为1.8焦耳/平方厘米。之后，陆续出现了引起公众广泛关注的涉枪犯罪案件，尤其是2016年天津赵某华非法持有枪支案再度引起舆情紧张，引发对枪支鉴定标准制定的科学性的质疑。

辩护人(代理人)会质疑枪支鉴定标准制定的程序性问题，甚至质疑枪支鉴定标准是否合理，但是，枪支作为现代社会极端暴力的工具之一，对其的管制讨论其实是自由与安全这两种基本价值的冲突和博弈。我国的枪支管制不仅是为了保护个人安全，更是为了保护社会公众的安全感，而这种安全感不会因为真枪、假枪的差异而有所区别，枪支的问题不仅在于其客观的杀伤力，还在于其直观的暴力形象，所以不应该仅仅以一个枪口比动能的高低来判定一个枪支鉴定标准是否合理。建议立法者在社会公众对自由安全的期待和行为与法律底线之间寻找一个合理平衡点。

第一部分：该类鉴定意见适用案件的主要法律规定

一、《公安机关涉案枪支弹药性能鉴定工作规定》（节选）

三、鉴定标准。

（一）凡是制式枪支、弹药，无论是否能够完成击发动作，一律认定为枪支、弹药。

（二）凡是能发射制式弹药的非制式枪支（包括自制、改制枪支），一律认定为枪支。对能够装填制式弹药，但因缺少个别零件或锈蚀不能完成击发，经加装相关零件或除锈后能够发射制式弹药的非制式枪支，一律认定为枪支。

（三）对不能发射制式弹药的非制式枪支，按照《枪支致伤力的法庭科学鉴定判据》（GA/T 718—2007）的规定，当所发射弹丸的枪口比动能大于等于 1.8 焦耳/平方厘米时，一律认定为枪支。

（四）对制式枪支、弹药专用散件（零部件），能够由制造厂家提供相关零部件图样（复印件）和件号的，一律认定为枪支、弹药散件（零部件）。

（五）对非制式枪支、弹药散件（零部件），如具备与制式枪支、弹药专用散件（零部件）相同功能的，一律认定为枪支、弹药散件（零部件）。

四、鉴定程序。对枪支弹药的鉴定需经过鉴定、复核两个步骤，并应当由不同的人员分别进行。复核人应当按照鉴定操作流程的全过程进行复核，防止发生错误鉴定。鉴定完成后，应当制作《枪支、弹药鉴定书》。《枪支、弹药鉴定书》中的鉴定结论应当准确、简明，同时应当标明鉴定人、复核人身份并附有本人签名，加盖鉴定单位印章。《枪支、弹药鉴定书》应附检材、样本照片等附件。

二、《公安机关办理刑事案件程序规定》(节选)

第六十四条 收集、调取的物证应当是原物。只有在原物不便搬运、不易保存或者依法应当由有关部门保管、处理或者依法应当返还时,才可以拍摄或者制作足以反映原物外形或者内容的照片、录像或者复制品。

物证的照片、录像或者复制品经与原物核实无误或者经鉴定证明为真实的,或者以其他方式确能证明其真实的,可以作为证据使用。原物的照片、录像或者复制品,不能反映原物的外形和特征的,不能作为证据使用。

三、《司法鉴定程序通则》(节选)

第二十二条 司法鉴定机构应当建立鉴定材料管理制度,严格监控鉴定材料的接收、保管、使用和退还。

司法鉴定机构和司法鉴定人在鉴定过程中应当严格依照技术规范保管和使用鉴定材料,因严重不负责任造成鉴定材料损毁、遗失的,应当依法承担责任。

第二十三条 司法鉴定人进行鉴定,应当依下列顺序遵守和采用该专业领域的技术标准、技术规范和技术方法:

(一)国家标准;

(二)行业标准和技术规范;

(三)该专业领域多数专家认可的技术方法。

第三十五条 司法鉴定人完成鉴定后,司法鉴定机构应当指定具有相应资质的人员对鉴定程序和鉴定意见进行复核;对于涉及复杂、疑难、特殊技术问题或者重新鉴定的鉴定事项,可以组织三名以上的专家进行复核。

复核人员完成复核后,应当提出复核意见并签名,存入鉴定档案。

四、《枪支管理法》(节选)

第四十六条 本法所称枪支,是指以火药或者压缩气体等为动力,利用管状器具发射金属弹丸或者其他物质,足以致人伤亡或者丧失知觉的各种枪支。

五、《枪支致伤力的法庭科学鉴定判据》(GA/T 718—2007)(节选)

2.1 枪 gun

以火药、气体等为动力,利用管状器具发射弹丸,口径通常小于20mm的各类身管射击武器。

第二部分:该类鉴定意见的一般质证要点

一、审查鉴定意见是否进行了复核

根据《公安机关涉案枪支弹药性能鉴定工作规定》第4条"鉴定程序"的规定:"对枪支弹药的鉴定需经过鉴定、复核两个步骤,并应当由不同的人员分别进行。复核人应当按照鉴定操作流程的全过程进行复核,防止发生错误鉴定。鉴定完成后,应当制作《枪支、弹药鉴定书》。《枪支、弹药鉴定书》中的鉴定结论应当准确、简明,同时应当标明鉴定人、复核人身份并附有本人签名,加盖鉴定单位印章。《枪支、弹药鉴定书》应附检材、样本照片等附件。"《司法鉴定程序通则》第35条规定:"司法鉴定人完成鉴定后,司法鉴定机构应当指定具有相应资质的人员对鉴定程序和鉴定意见进行复核;对于涉及复杂、疑难、特殊技术问题或者重新鉴定的鉴定事项,可以组织三名以上的专家进行复核。复核人员完成复核后,应当提出复核意见并签名,存入鉴定档案。"

二、对鉴定依据的审查

《公安机关涉案枪支弹药性能鉴定工作规定》(公通字[2010]67号)明确规定,枪口比动能1.8焦耳/平方厘米这一枪支致伤力认定标准,来自公安部发布的《枪支致伤力的法庭科学鉴定判据》(GA/T 718—2007),该标准并未通过国家对其的科学性认证,1.8焦耳/平方厘米枪支致伤力认定标准是参考国际枪支标准制定。但是,其合理性值得质疑。

三、审查送检枪支是否和查获的枪支是同一支,被鉴定的枪支是否和已经出售的枪支为同一类枪支

该类案件中辩护人(代理人)要注意送检枪支是否和查获的枪支是同一支。

笔者曾办理的一起非法持有枪支案就曾经出现过类似情形,笔录中描述的被告人所持有的枪支和送检枪支不是同一支,送检枪支和查获枪支描述不一。同时,在该类案件中由于已经出售的枪支无法鉴定,侦查机关只能鉴定现场查获的枪支,对于已经出售的枪支往往通过转账记录固定枪支数量。但是,未经鉴定的枪支虽然被当事人自己描述为同一类,但在没有鉴定的前提下,其都不应该被认定为《刑法》意义上的枪支。因为仿真枪的质量参差不齐,有的枪支无法达到枪支鉴定标准的枪口比动能。

第三部分:实案诠释鉴定意见质证要点

一、案情简介

本案是公安部首例网络贩卖枪支案件,是公安部督办的"9·7"专案,涉案人数众多、地域范围广。案件中,仅鉴定意见就多达11份,鉴定机构也不是一家,而是来自我国多个城市的不同鉴定机构。这些鉴定意见基本上可以涵盖枪支鉴定意见的大多数问题。

2012年3月20日以来,被告人郑××为谋取非法利益,出资筹建顺丰军品网站,并控制操纵被告人刘××、赵××、刘×2、郭××、黑××等人通过互联网向全国各地贩卖以压缩气体为动力的枪支及弹药。被告人刘××负责网站的管理,联系买家,收发枪支弹药;被告人刘×2负责网站的管理,联系买家,售卖枪支弹药;被告人赵××负责联系买家,制作枪弹,收发枪支弹药;被告人刘××负责制作铅弹,收发枪支弹药;被告人郭××为刘××提供制作铅弹的场所,并帮助其制作铅弹及收发枪支弹药;被告人黑××负责枪支弹药的买卖。2012年10月31日,在上述被告人手中共查获22支枪支及铅弹、玻璃弹等弹药若干。经鉴定,上述22支仿真枪支均为枪支。

二、鉴定意见原文

金××市公安局物证鉴定所

枪支检验鉴定书

金公物鉴(痕)字[2012]××号

一、绪论

1. 委托单位:××县公安局

2. 送检人:刘×× 徐××

3. 受理日期:2012年12月7日

4. 案情摘要:2012年12月3日,××县公安局民警从郑××处查扣枪支1支

5. 检材:枪支1支

6. 鉴定要求:枪支性能

7. 检验开始日期:2012年12月7日

8. 检验地点:金××市公安局物证鉴定所

二、检验

送检枪支外观同步枪相似,全长114厘米。枪管长50厘米,枪支套管外径8.3毫米,内壁口径6毫米。枪管内可填6毫米颗粒弹丸。经试验能正常击发6毫米弹丸。经枪激光测速仪测速和计算,枪口比动能为7.85焦耳/平方厘米。

[详见检验照片(略)]

三、论证

送检枪支结构完整,机件齐全有效,可以击发6毫米弹丸。枪口比动能大于1.8焦耳/平方厘米,根据《枪支致伤力的法庭科学鉴定判据》已具备1支气步枪构成要件。

四、鉴定意见

送检枪支为1支气步枪。以气体为动力,具备致伤能力。

鉴定人:高级工程师　毛××

工程师　高××

二〇一二年十二月七日

附件:检验图片1页2张(略)

格××市公安局刑事科学技术室

枪支检验鉴定书

格公刑技(痕)鉴字[2012]××号

制成日期:2012年11月28日

一、委托单位:格××市公安局刑警支队××大队

二、送检人:张××

三、受理日期:2012年11月27日

四、简要案情:2012年11月23日,格××市公安局刑警支队××大队协助核查河北省“9·7”网络贩卖枪支案件时追回李××从网上购买的可疑枪支2支

五、送检物证:可疑枪支2支

六、鉴定要求:可疑枪支是否认定为枪支

七、检验

对可疑枪支分别编号为JC1和JC2并分别检验。

JC1长320毫米,重880克,枪管长171毫米,内有12条右旋膛线,口径4.5毫米。枪身有“GAMO COMPACT”“04-4C-567490-12”“2J FOR TAIWAN”“MADE IN SPAIN”字样。枪支动作方式为压缩空气击发、枪支内部有压气杆和储气腔。整个枪支构件完整,设计科学合理、各构件活动正常。

JC2长169毫米,重730克,枪管长171米,内有6条右旋膛线,口径4.5毫

米。枪体为全钢结构,枪身呈全黑色,枪身有“MP－654K”“MADE IN RUSSIA”“T12034900”字样,弹夹底部有“034900”字样,枪支动作方式为压缩气体击发。整个枪支设计科学合理,主要由枪管、套筒、击锤、扳机和一体式弹夹气瓶构成(送检时无气瓶),各构件活动正常。

八、论证

根据可疑枪支的结构参数和表面特征,判断JC1为西班牙产“GAM0 COMPACT”型气手枪,JC2为俄罗斯产“MP－654K”型气手枪,均属制式枪支。根据《公安机关涉案枪支弹药性能鉴定工作规定》(公通字[2010]67号),凡制式枪支一律认定为枪支,因此,送检的可疑枪支应认定为枪支。

九、鉴定意见

送检的可疑枪支认定为枪支。

鉴定人:李××(工程师)

吉××(高级工程师)

南××市公安局刑事科学技术研究所

枪支、弹药鉴定书

(宛)公(刑)鉴(痕)字[2012]××号

一、绪论

1. 委托单位:××派出所

2. 送检人:朱××(08××6)　李××(18××9)

3. 受理日期:2012年11月26日

4. 案情摘要:2012年11月21日,××派出所在南××市××家属院刘××家查获疑似气枪两支,一支型号为A－1000型,另一支型号为CP99型

5. 检材:疑似气枪两支

6. 鉴定要求:送检的两支疑似气枪是否为枪支

7. 检验开始日期:2012 年 11 月 26 日

8. 检验地点:南××市公安局刑科所枪弹检验室

二、检验

将送检的两支疑似气枪分为 1 号、2 号检材分别检验。

1 号检材型号为 A-1000,呈黑色,左侧枪机下可见字母及数字"HI. POWER A-1000 CAL. 6 ARMOTECH BB. AIR GUN CO,1203081",可见枪管、枪机、扳机等部件,全长 33.8 厘米,枪管长 26 厘米。检材具备枪支的基本物理结构,能够装填 6 毫米塑料 BB 弹。经检验:该检材枪管为滑膛枪管,枪管通畅,击发机构、发射机构均正常。是一支以压缩气体为动力的疑似气枪,具备以压缩气体为动力发射弹丸所必需的物理结构,用 6 毫米塑料 BB 弹实弹测速三次,其发射弹丸枪口比动能为 4.56 焦耳/平方厘米[详细数据见后照片(略)]。

2 号检材型号为 CP99,呈黑色,套筒左前侧可见字母及数字"WALTWER CP99",检材右侧中部可见数字"J121100445"。可见枪管、枪机、扳机等部件,全长 18 厘米,枪管长 13 厘米。检材具备枪支的基本物理结构,弹膛能够装填 8 发 4.5毫米铜质弹丸。经检验:该检材枪管为滑膛枪管,枪管通畅,击发机构、发射机构均正常。是一支以压缩气体为动力的疑似气枪,具备以压缩气体为动力发射弹丸所必需的物理结构,用 4.5 毫米铜质弹丸实弹测速三次,其发射弹丸枪口比动能为 12.41 焦耳/平方厘米[详细数据见后照片(略)]。

三、论证

根据公安部公通字[2010]67 号文件《公安机关涉案枪支弹药性能鉴定工作规定》第 3 条第 3 款的规定:对不能发射制式弹药的非制式枪支,按照《枪支致伤力的法庭科学鉴定判据》(GA/T 718—2007)的规定,当所发射弹丸的枪口比动能大于等于 1.8 焦耳/平方厘米时,一律认定为枪支。送检 1 号检材发射弹丸枪口比动能为 4.56 焦耳/平方厘米,送检 2 号检材发射弹丸枪口比动能为 12.41 焦耳/平方厘米,均大于 1.8 焦耳/平方厘米,送检 1 号、2 号检材均认定为以压缩气体为动力的枪支。

四、鉴定意见

送检1号、2号检材均认定为以压缩气体为动力的枪支。

(此页无正文)

鉴定人:工程师　　朱××

复核人:高级工程师　岳××

二〇一二年十一月二十六日

附件:检验照片2张(略)

石××市公安局物证鉴定所

检验报告

公冀石物证鉴痕字[2012]××号

一、委托单位:石××市公安局××分局

二、送检人:白××、董××

三、送检日期:2012年11月20日

四、检材接收日期:2012年11月20日

五、开始检验日期:2012年11月21日

六、简要案情

据送检人介绍:2012年1月以来,郑××伙同刘××、赵××、刘×2、郭××、黑××在网上利用网站买卖枪支。××分局民警在2012年10月31日将该团伙抓获,收缴枪支36支。

七、送检材料

郑××持有的M1911A1仿真枪一支(编号:201240179-1);

刘×2持有的M1911A1仿真枪一支(编号:201240179-2);

赵××持有的M187A仿真枪一支(编号:201240179-3);

赵××持有的C2240仿真枪一支(编号:201240179-4);

黑××持有的CP99仿真枪一支(编号:201240179－5);

黑××持有的708仿真枪一支(编号:201240179－6);

刘××持有的MP654K仿真枪一支(编号:201240179－7);

刘××持有的SUPERSPORT701仿真枪一支(编号:20240179－8)。

八、鉴定要求

上述送检检材是否为枪支。

九、检验

根据枪支性能的检验标准(1FSC 08－02－01－2011),对上述送检检材进行检验。

1. 送检检材(编号:201240179－1)为黑色仿真手枪一支,硬质塑料护柄,金属枪身,枪管无膛线。该枪全长为214毫米,枪管长为126毫米,枪管前端口径为5.98毫米,枪支套筒一侧印有图案及字母标识。[照片(略)]

进一步检验,该枪各机构完整,可配用6毫米塑料BB弹。经配用该弹进行射击试验,枪口比动能为2.74焦耳/平方厘米。

2. 送检检材(编号:201240179－2)为黑色仿真手枪一支,硬质塑料护柄,金属枪身,枪管无膛线,该枪全长为218毫米,枪管长为127毫米,枪管前端口径为6.00毫米,枪支枪身一侧印有图案及字母标识,枪号为N22250162。[照片(略)]

进一步检验,该枪各机构完整,可配用6毫米塑料BB弹。经配用该弹进行射击试验,枪口比动能为2.59焦耳/平方厘米。

3. 送检检材(编号:201240179－3)为黑色仿真长枪一支,硬质塑料枪身,枪管无膛线,该枪全长为979毫米,枪管前端口径为6.00毫米,无枪支标识。[照片(略)]

进一步检验,该枪各机构完整,可配用6毫米塑料BB弹。经配用该弹进行射击试验,枪口比动能为6.24焦耳/平方厘米。

4. 送检检材(编号:201240179－4)为黑色仿真手枪一支,硬质塑料护柄,金属枪身,枪管无膛线,该枪全长为315毫米,枪管长为224毫米,枪管前端口径为

6.02 毫米,枪支枪身一侧印有图案及字母标识。[照片(略)]

进一步检验,该枪各机构完整,可配用 6 毫米塑料 BB 弹。经配用该弹进行射击试验,枪口比动能为 5.40 焦耳/平方厘米。

5. 送检检材(编号:201240179 - 5)为黑色仿真手枪一支,硬质塑料护柄,金属枪身,该枪全长为 181 毫米,枪管长为 86 毫米,枪管前端口径为 4.40 毫米,枪管内有 12 条右旋膛线。在枪支一侧印有"13680698"和"CP99"等枪支字样标识。[照片(略)]

进一步检验,该枪各机构完整,可配用 4.5 毫米铅弹。经配用该弹进行射击试验,枪口比动能为 9.92 焦耳/平方厘米。

6. 送检检材(编号:201240179 - 6)为黑色仿真转轮手枪一支,硬质塑料护柄,金属枪身,枪管无膛线。该枪全长为 199 毫米,枪长为 70 毫米,枪管前端口径为 6.02 毫米。枪号为"09000175",枪身一侧印有字母及图案标识。该枪转轮内配有 6 个仿转轮子弹外形的塑料弹壳,弹壳前端可加注弹丸。[照片(略)]

进一步检验,该枪各机构完整,可配用 6 毫米塑料 BB 弹。经配用该弹进行射击试验,枪口比动能为 6.07 焦耳/平方厘米。

7. 送检检材(编号:201240179 - 7)为黑色仿真手枪一支,硬质塑料护柄,金属枪身,枪管无膛线。该枪全长为 163 毫米,枪管长为 85 毫米,枪管前端口径为 4.50 毫米。枪身一侧印有图案及字母标号"T12034988"。[照片(略)]

进一步检验,该枪各机构完整,可配用 4.5 毫米金属 BB 弹。经配用该弹进行射击试验,枪口比动能为 9.94 焦耳/平方厘米。

8. 送检检材(编号:201240179 - 8)为黑色仿真转轮手枪一支,硬质塑料护柄,金属枪身,枪管无膛线。该枪全长为 243 毫米,枪长为 112 毫米,枪管前端口径为 6.00 毫米。枪号为"11J37089",枪身一侧印有字母及图案标识。该枪转轮内配有 6 个仿转轮子弹外形的塑料弹壳,弹壳前端可加注弹丸。[照片(略)]

进一步检验,该枪各机构完整,可配用 6 毫米塑料 BB 弹。经配用该弹进行射击试验,枪口比动能为 5.97 焦耳/平方厘米。

十、结论

上述送检检材(编号:201240179－1～8)均以压缩气体为动力发射弹丸,认定为枪支。

附件:检验照片16张(略)

鉴定人:工程师　李××

工程师　张××

授权签字人:高级工程师　吕××

石××市公安局物证鉴定所

二〇一二年十一月二十二日

三、鉴定意见质证要点整理

笔者作为黑××的辩护人,质证意见如下:

(一)鉴定意见程序严重违法

根据《公安机关涉案枪支弹药性能鉴定工作规定》第4条鉴定程序的规定:"对枪支弹药的鉴定需经过鉴定、复核两个步骤,并应当由不同的人员分别进行。复核人应当按照鉴定操作流程的全过程进行复核,防止发生错误鉴定。鉴定完成后,应当制作《枪支、弹药鉴定书》。《枪支、弹药鉴定书》中的鉴定结论应当准确、简明,同时应当标明鉴定人、复核人身份并附有本人签名,加盖鉴定单位印章。《枪支、弹药鉴定书》应附检材、样本照片等附件。"

本案中,所有枪支鉴定意见均是在2012年出具的,2012年正在施行的《公安机关办理刑事案件程序规定》(1998年版)第238条规定,鉴定意见需要有两名以上具有鉴定资格的鉴定人签名或盖章。而本案中,涉及黑××的枪支,除石××公安局出具的鉴定意见,其他各地公安机关出具的鉴定意见中鉴定人大部分为一人,或者没有鉴定人,或者没有复核人。

(二)从鉴定意见内容上看,有严重违法之处

庭审中,鉴定人称,石××市公安局依据的鉴定标准(IFSC－08－02－01－

2011)和目前全国各地公安机关鉴定部门正在施行的标准,即《枪支致伤力的法庭科学鉴定判据》不是同一个标准。鉴定人称,其依据的是公安部二所的操作规程性质的规定,而《枪支致伤力的法庭科学鉴定判据》是根据该操作规程制定的。辩护人认为,所谓的公安部二所的操作规程是不具备任何法律效力的。

其他公安机关作出的鉴定意见依据的是2010年12月7日印发的《公安机关涉案枪支弹药性能鉴定工作规定》(公通字[2010]67号),系内部通知。该鉴定规定中,枪口比动能1.8焦耳/平方厘米这一枪支致伤力认定标准来自公安部发布的《枪支致伤力的法庭科学鉴定判据》(GA/T 718—2007),但是,该标准作为技术标准与检验方法标准的综合,却并未通过国家规定的强制性标准制定程序的审查,而是以推荐性标准的形式由公安部于2007年10月29日发布。从法律角度来说,《枪支致伤力的法庭科学鉴定判据》并未通过国家对其的科学性认证。依照《标准化法实施条例》第18条的规定,技术标准、检验方法标准必须是强制性标准,而非推荐性标准,之所以这样规定,是因为对于涉及国计民生的一些标准,国家对其实验数据真实性和制定程序严密性的要求高,对其制定过程的监管力度大,因而形成强制性标准。尤其是枪支鉴定的标准,更是涉及公民的自由,涉及罪与非罪的问题。2001年的枪支鉴定标准和2010年的枪支鉴定标准相差了近10倍,公安部却没有将其标准公之于众,老百姓根本无从得知什么样的玩具枪会成为《刑法》意义上的枪支,导致玩具商变成"军火商"。

庭审中,鉴定人承认不能确定枪口比动能大于等于1.8焦耳/平方厘米的枪支是否能致人失去知觉,也不能确定其是否能致人伤亡。而按照《枪支管理法》的规定,枪支一定是足以致人伤亡或者丧失知觉的才是《刑法》意义上的枪支,既然鉴定人自己都不确定其鉴定的"枪支"能否致人伤亡或丧失知觉,那么其出具的鉴定意见又怎么能得出结论"认定为枪支"?

鉴定意见直接得出具备致伤力的结论,没有说明得出结论的方法,也没有说明比动能与致伤力的关系,达到1.8焦耳/平方厘米是否能致伤并没有科学的依据。

格××市公安局作出的格公刑技(痕)鉴字(2012)××号枪支检验鉴定书中称:“根据可疑枪支的结构参数和表面特征,判断JC1为西班牙产,JC2为俄罗斯产,均属制式枪支,凡制式枪支一律认定为枪支。”

按照《公安机关涉案枪支弹药性能鉴定工作规定》的规定,制式枪支、弹药,是指按照国家标准或公安部、军队下达的战术技术指标要求,经国家有关部门或军队批准定型,由合法企业生产的各类枪支、弹药,包括国外制造和历史遗留的各类旧杂式枪支、弹药。本案中,这2支枪既不是我国国内合法企业生产的,也不能证明是国外合法企业制造的,没有产地证明、产品证明,仅凭“结构参数和表面特征”就得出这2支枪是西班牙和俄罗斯产的,属于制式枪支,并以此依据《公安机关涉案枪支弹药性能鉴定工作规定》得出制式枪支不需要再做射击实验,直接认定为枪支的结论,这样的鉴定显然是不科学、不严谨的,是违法的。

(三)大部分鉴定人员没有出庭接受质询

在第一次庭审中,辩护人、被告人均对鉴定意见有重大异议,要求重新鉴定,法院通知了石××市的鉴定人员出庭接受质询。但是,本案中大部分枪支鉴定意见是外地公安鉴定部门出具的,相关鉴定人员也应该出庭,距离远不能成为鉴定人不出庭的理由;同时,根据《刑事诉讼法》第192条第3款的规定,公诉人、当事人或者辩护人、诉讼代理人对鉴定意见有异议,人民法院认为鉴定人有必要出庭的,鉴定人应当出庭作证。经人民法院通知,鉴定人拒不出庭作证的,鉴定意见不能作为定案的根据。

四、法院审理结果

经审理,法院认为,对鉴定机构出具的关于在杨××、钱××处扣押的枪支所作的鉴定均没有经过复核程序,违反了鉴定程序,不应作为认定枪支的依据的观点,根据《公安机关涉案枪支弹药性能鉴定工作规定》第4条的规定,对枪支弹药的鉴定需经过鉴定、复核两个步骤,并应当由不同的人员分别进行。复核人应当按照鉴定操作流程的全过程进行复核,防止发生错误鉴定。而上述鉴定意见均未经过复核程序,鉴定意见不得作为定案的根据。法院对笔者的辩护观点予以支持。对外地鉴定机构未出庭作证,其作出的鉴定意见不能作为定案根据的观点予以认可。起诉书指控的枪支为 36 支,而判决认定的枪支为 16 支。本案中,法庭严格审查鉴定意见,对不符合法律规定的证据不予采信,笔者认为,本案在司法实践中是比较有代表性的。

医疗事故司法鉴定意见的质证要点

医疗事故司法鉴定，是指由医学会组织有关临床医学专家和法医学专家组成的专家组，对涉及医疗事故行政处理的有关专门性问题依据医疗卫生管理法律、行政法规、部门规章和诊疗护理规范、常规，运用医学科学技术或者专门知识进行检验、鉴别和判断，并出具鉴定意见的活动。医疗事故司法鉴定可作为医患双方协商解决医疗纠纷的依据，是卫生行政部门处理医疗纠纷案件，做出行政处罚的法定依据，是民事纠纷诉讼中的证据，也是刑事案件医疗事故罪中必要的证据之一。

根据对患者人身造成损害的程度，医疗事故大致分为四级：一级医疗事故是造成患者死亡、重度残疾的；二级医疗事故是造成患者中度残疾、器官组织损伤导致严重功能障碍的；三级医疗事故是造成患者轻度残疾、器官组织损伤导致一般功能障碍的；四级医疗事故是造成患者明显人身损害的其他后果的。

第一部分:该类鉴定意见适用案件的主要法律规定

一、《中华医学会章程》(节选)

第七条 本会业务范围:……

(六)受政府有关部门委托,开展医疗事故技术鉴定和预防接种异常反应鉴定工作,制定、更新和推广临床诊疗指南和临床技术操作规范。

二、《医疗事故处理条例》(节选)

第四条 根据对患者人身造成的损害程度,医疗事故分为四级:

一级医疗事故:造成患者死亡、重度残疾的;

二级医疗事故:造成患者中度残疾、器官组织损伤导致严重功能障碍的;

三级医疗事故:造成患者轻度残疾、器官组织损伤导致一般功能障碍的;

四级医疗事故:造成患者明显人身损害的其他后果的。

具体分级标准由国务院卫生行政部门制定。

第二十条 卫生行政部门接到医疗机构关于重大医疗过失行为的报告或者医疗事故争议当事人要求处理医疗事故争议的申请后,对需要进行医疗事故技术鉴定的,应当交由负责医疗事故技术鉴定工作的医学会组织鉴定;医患双方协商解决医疗事故争议,需要进行医疗事故技术鉴定的,由双方当事人共同委托负责医疗事故技术鉴定工作的医学会组织鉴定。

第二十二条 当事人对首次医疗事故技术鉴定结论不服的,可以自收到首次鉴定结论之日起15日内向医疗机构所在地卫生行政部门提出再次鉴定的申请。

第二十三条 负责组织医疗事故技术鉴定工作的医学会应当建立专家库。

专家库由具备下列条件的医疗卫生专业技术人员组成:

(一)有良好的业务素质和执业品德;

(二)受聘于医疗卫生机构或者医学教学、科研机构并担任相应专业高级技术职务3年以上。

符合前款第(一)项规定条件并具备高级技术任职资格的法医可以受聘进入

专家库。

负责组织医疗事故技术鉴定工作的医学会依照本条例规定聘请医疗卫生专业技术人员和法医进入专家库,可以不受行政区域的限制。

第二十六条 专家鉴定组成员有下列情形之一的,应当回避,当事人也可以以口头或者书面的方式申请其回避:

(一)是医疗事故争议当事人或者当事人的近亲属的;

(二)与医疗事故争议有利害关系的;

(三)与医疗事故争议当事人有其他关系,可能影响公正鉴定的。

三、《医疗事故技术鉴定暂行办法》(节选)

第三条 医疗事故技术鉴定分为首次鉴定和再次鉴定。

设区的市级和省、自治区、直辖市直接管辖的县(市)级地方医学会负责组织专家鉴定组进行首次医疗事故技术鉴定工作。

省、自治区、直辖市地方医学会负责组织医疗事故争议的再次鉴定工作。

负责组织医疗事故技术鉴定工作的医学会(以下简称医学会)可以设立医疗事故技术鉴定工作办公室,具体负责有关医疗事故技术鉴定的组织和日常工作。

第三十三条 鉴定由专家鉴定组组长主持,并按照以下程序进行:

(一)双方当事人在规定的时间内分别陈述意见和理由。陈述顺序先患方,后医疗机构;

(二)专家鉴定组成员根据需要可以提问,当事人应当如实回答。必要时,可以对患者进行现场医学检查;

(三)双方当事人退场;

(四)专家鉴定组对双方当事人提供的书面材料、陈述及答辩等进行讨论;

(五)经合议,根据半数以上专家鉴定组成员的一致意见形成鉴定结论。专家鉴定组成员在鉴定结论上签名。专家鉴定组成员对鉴定结论的不同意见,应当予以注明。

第三十四条 医疗事故技术鉴定书应当根据鉴定结论作出,其文稿由专家鉴定组组长签发。

医疗事故技术鉴定书盖医学会医疗事故技术鉴定专用印章。

医学会应当及时将医疗事故技术鉴定书送达移交鉴定的卫生行政部门，经卫生行政部门审核，对符合规定作出的医疗事故技术鉴定结论，应当及时送达双方当事人；由双方当事人共同委托的，直接送达双方当事人。

第三十六条　专家鉴定组应当综合分析医疗过失行为在导致医疗事故损害后果中的作用、患者原有疾病状况等因素，判定医疗过失行为的责任程度。医疗事故中医疗过失行为责任程度分为：

（一）完全责任，指医疗事故损害后果完全由医疗过失行为造成。

（二）主要责任，指医疗事故损害后果主要由医疗过失行为造成，其他因素起次要作用。

（三）次要责任，指医疗事故损害后果主要由其他因素造成，医疗过失行为起次要作用。

（四）轻微责任，指医疗事故损害后果绝大部分由其他因素造成，医疗过失行为起轻微作用。

第二部分：该类司法鉴定意见的一般质证要点

一、对医疗事故鉴定人的公正性需要格外注意

已经失效的《医疗事故处理办法》中规定的医疗事故鉴定机构是卫生行政部门所属医疗事故鉴定委员会，相比其他司法鉴定类型的鉴定人，医疗事故鉴定人的身份比较特殊，医学专家既是鉴定人，又是正在执业的医务人员，具有双重身份。医疗事故鉴定人“既做裁判员又做运动员”，所以其主体身份的合理性一直受到公众的质疑，一定程度上会影响鉴定的公正性，降低其在社会上的公信力。2002年《医疗事故处理条例》出台后，虽然鉴定人的公正性在公众心中有所提升，但医学会的业务主管单位是卫生行政部门，医学会的章程、组织机构、活动原则等都受到卫生行政部门的约束。在实践中，医学会的领导层通常由卫生健康主管部

门的领导担任，且医学会在人、财、物上都不能独立于卫生行政部门，其与卫生行政部门在经济、荣誉、责任上都有联系。所以，个别对卫生行政部门有较大影响的医疗事故鉴定，就可能因某些行政干预而发生违背事实真实性的变化。医学会中的鉴定人员主要来自医生、医学教研人员，而被告也是医生，这种同行、同学、师生的关系，也可能导致鉴定人员在事实问题和复杂的人际关系取舍问题上左右摇摆，其中立性常常受到患者的怀疑，所以辩护人（代理人）应该对此予以格外注意。

二、对医疗事故鉴定的证据效力的审查

医疗事故鉴定意见在补充法官认知能力上具有不可替代的作用，鉴定内容是确认医疗行为是否违法、医疗行为与人身损害后果之间是否存在因果关系、医疗行为在损害后果中的责任程度。但是医疗事故鉴定属于鉴定意见，是《刑事诉讼法》规定的八种证据之一，所以它并不具有当然的科学性和预定的证明力，必须经过法庭质证，才能作为定案的依据。这些观点虽然是“老生常谈”，却仍应引起足够的重视，避免鉴定意见以鉴代审的情况出现。此外，还要注意审查鉴定人是否有收受当事人贿赂的情况。

三、对不同鉴定机构作出的鉴定意见的效力的审查

根据《医疗事故处理条例》第 22 条的规定，当事人对首次医疗事故技术鉴定意见不服的，可以自收到首次鉴定意见之日起 15 日内向医疗机构所在地卫生行政部门提出再次鉴定的申请。但是，鉴定机构之间不存在隶属关系，而是相互独立的，上级鉴定部门的鉴定意见不能推翻下级鉴定部门的鉴定意见，辩护人（代理人）在审查两个不同的鉴定意见时，应比较其不同之处。笔者在办理案件时，曾多次遇到前后两份不同的鉴定意见（不一定是重新鉴定，也可能是就类似问题换角度做的鉴定），笔者每次都会仔细对比两份鉴定意见的不同之处，从中往往能够发现鉴定人对所鉴定事项的不同分析角度，甚至能窥探到侦查机关侦查方向的变化。另外，笔者认为，也可以尝试在案件中申请异地鉴定，彻底斩断涉案医院与专家的人情联系。

四、应审查所有鉴定人对鉴定的意见

《医疗事故技术鉴定暂行办法》第33条规定，经合议，根据半数以上专家的鉴定组成员的一致意见形成鉴定意见。专家鉴定组成员在鉴定意见上签名。专家鉴定组成员对鉴定结论的不同意见，应当予以注明。这一点在鉴定意见上往往是看不到的，但是鉴定人出庭时可以质询，作为辩护人（代理人）应该分析有什么不同意见，这种不同意见和目前的鉴定意见是否冲突，为什么造成这样的区别，造成区别差异的原因是什么，是出于个人医学知识对同样案例会有不同的观点，还是其他人为因素干扰，这一点，对于鉴定意见极易受多方因素影响的医疗司法鉴定非常重要。

第三部分：实案诠释鉴定意见质证要点

一、案情简介

2017年6月9日，张××因呕吐多次至××县××中心卫生院就诊，当日23时10分，张××被送至××县医院治疗，经抢救无效后死亡。

二、鉴定意见原文

司法鉴定科学研究院司法鉴定意见书

司鉴院[2018]病鉴字第×××号

一、基本情况

委托人：河北省××县人民法院

委托事项：对××县××中心卫生院对张××的医疗行为是否存在过错及过错参与度进行鉴定

委托日期：2018年5月24日

受理日期：2018年8月9日

鉴定材料：(1)鉴定委托书1份；(2)诊疗经过1份；(3)××县××中心卫生

院门诊处方笺复印件3份;(4)××县急救中心急诊病历复印件1份;(5)××市公安局法医学尸体鉴定意见书复印件1份;(6)河北省××中西医结合医院诊断证明书复印件2份;(7)询问笔录复印件4份;(8)调查笔录2份;(9)医患双方陈述材料

鉴定地点:本院法医病理学鉴定室

被鉴定人:张××,女,2007年××月××日出生

二、基本案情

据委托书记载:2017年6月9日,张××因呕吐多次至××县××中心卫生院就诊,当日23时10分,张××被送至××县医院治疗,经抢救无效后死亡。

三、检验方法

遵循医学科学原理和法医学因果关系准则,审查并摘抄送检材料。召开有法官在场,原告、被告双方出席的听证会。

四、资料摘要

1. 据诊疗过程记载:

2017年6月9日,7时左右,张××起床后呕吐,随后其母亲(王××)于8时带着张××去××县××中心卫生院治疗。卫生院医生对张××母亲进行了简单询问,初步诊断为肠胃炎,给张××开了药,之后张××的母亲将其带回家。

同日11时40分,张××症状未减轻,其母亲王××再次带着张××来到××县××中心卫生院进行治疗。当时主治医生询问其吃过什么东西,王××回答前一天晚上,张××吃了一根雪糕、一个包子、一个香蕉。主治医生摸了摸张××的腹部,张××未有胀腹症状,同时张××未有发烧症状,初步诊断为肠胃炎。王××询问肠胃炎应是上吐下泻,而张××只有呕吐症状。主治医生回答肠胃炎分情况,有的是呕吐,有的是腹泻,不一定就是上吐下泻。

在输液过程中,张××多次呕吐。主治医生回答吐干净了就好点了,并嘱咐张××多喝水。之后王××为张××接来热水。

输液期间,由于张××多次呕吐,其母亲王××找到主治医生向其询问,主治

医生于当日14时30分左右为其开具处方氯化钾一支,根据患者的输液液体浓度及患者的病情,该药仅用1/3。

输液结束后,王××背着张××回家,主治医生说让张××回家好好休息。

2. 据××县××中心卫生院门诊处方笺记载:

日期:2017年6月9日;单号:X0201706001671,临床诊断:肠胃炎。处理:葡萄糖注射液250ml×1瓶,用法250ml每天一次静脉滴注;维生素C注射液0.5×3支,用法1.5g每天一次静脉滴注;氯化钠注射液250ml×1瓶,用法每天一次静脉滴注;注射用头孢呋辛钠1.5g×1支,用法1.5g每天一次静脉滴注;维生素B6注射液0.1g×1支,用法0.1g每天一次静脉滴注;灭菌注射用水10ml×1支,用法10ml皮试。

日期:2017年6月9日;单号X0201706001671。临床诊断:肠胃炎。处理:一次性输液器1个;一次性注射器(20ml)1支;一次性注射器(5ml)1支。

日期:2017年6月9日;单号X0201706001681。临床诊断:肠胃炎。处理:葡萄糖注射液250ml×1瓶,用法250ml每天一次静脉滴注;氯化钾注射液1.5g×1支,用法1.5g每天一次静脉滴注。

3. 据××县急救中心急诊病例记载:

就诊时间:2017年6月9日23时10分。

主诉:呼吸心跳停止约20分钟。现病史:患者缘于20分钟前突发意识丧失,未予处理,急拨“120”来我院就诊。体检:P0次/分,R0次/分,BP0mmHg。神志丧失。双侧瞳孔散大固定,直径约7mm,对光反射丧失。辅助检查:心电图直线。初步诊断:呼吸心跳停止原因待查。处理:立即给予持续胸外按压、气管插管、呼吸机辅助呼吸,应用阿托品、副肾抢救药物抢救约40分钟,患者仍无心跳及自主呼吸,向家属交代病情,家属表示同意。

4. 据××市公安局“沧公物鉴户检字[2017]26号”法医学尸体鉴定意见书记载:

鉴定意见:综上所述,死者张××系磷化氢中毒死亡。

（注：上述仅为资料摘要，具体内容详见送检鉴定材料）

五、分析说明

1. 关于死因

据送检鉴定材料反映：2017年6月9日7时左右，张××出现呕吐，被送至××县××中心卫生院就诊，初步诊断为肠胃炎，给予口服药物后离院。后张××症状未减轻，于当日11时40分再至卫生院就诊，经询问病史及简单查体后诊断为肠胃炎，给予维生素C、头孢呋辛钠、维生素B6、氯化钾（1.5g）等药物静脉输液，输液过程中患者多次呕吐，于输液后离院回家。当日晚上患者病情突发恶化，于23时10分被送至××县急救中心，经抢救无效后死亡，据××市公安局法医学尸体鉴定意见书记载，张××心血中检出磷化氢，鉴定意见为张××系磷化氢中毒死亡。

磷化氢为高毒气体，可由磷化铝、磷化锌等磷化物遇酸、水或潮湿空气分解产生，人体可因吸入磷化氢气体或口服磷化物致中毒，影响中枢神经系统、心、肺、肝、肾等器官，出现头晕、头痛、恶心、呕吐、腹痛、腹泻等症状，重度中毒患者可致出现昏迷、休克，并可导致死亡现象。本例死者血液中检出磷化氢成分，另据送检材料反映，死者住处内存放有磷化铝，磷化铝经化学反应可产生磷化氢气体，结合死者死亡前临床症状及尸体检验结果综合分析，张××符合磷化氢中毒死亡。

2. 关于××县××中心卫生院的医疗行为

本例患者的死亡原因为磷化氢中毒。磷化氢中毒的诊断需依据接触史、临床表现、实验室检查及磷化氢检测结果等综合判断，磷化氢中毒目前无特效解药，治疗措施以脱离有毒环境及对症支持治疗为主，且据相关文献报道磷化氢中毒死亡率较高。

本例患者张××于2017年6月9日于家中出现呕吐，至医方处就诊，诊断为肠胃炎，给予口服药物后离开，后患者症状未见好转，再至医方处就诊，诊断为肠胃炎，给予维生素C、头孢呋辛钠、维生素B6、氯化钾等药物。根据送检材料分析，患者当日出现的呕吐现象应为磷化氢中毒的表现，医方对患者使用上述对症治疗药物，上述药物的用法用量并不会引起或加重患者的磷化氢中毒程度。

但经全面审阅送检鉴定材料后发现，医方的医疗行为存在一定不足(医疗过失)，具体如下：

(1)医方对患者检查不到位，在一定程度上延误患者治疗时机。

对于出现呕吐现象，疑似食物中毒或其他有毒物质中毒患者，应仔细询问病史、有毒物质接触史，并对其进行全面查体，包括测量体温、血压、心率、呼吸、心肺听诊等。如有条件应进行血常规、肝功能等实验室检查以明确诊断，并采取相应的急救治疗与对症支持治疗。本例医方对患者检查措施不到位(送检病史资料中未见相关内容)，仅依据经验对其进行对症治疗，在一定程度上延误了患者磷化氢中毒的治疗时机，与患者死亡存在一定的因果关系。

……

3.关于医疗过错行为参与度(原因力)评定

参与度评定的依据应遵循法医学因果关系判定准则，在法医学鉴定实践中，参与度评定尚属于学理性探讨内容，参与度大小的把握存在一定的主观因素。因此，鉴定人对于参与度的评定仅为供审判参考的学术性意见，而非确定审判赔偿程度的法定依据。就本案例而言，××县××中心卫生院对张××的医疗行为存在一定过错，与其死亡之间存在一定的因果关系。建议医方的医疗过错行为在患者死因构成中的参与度为15%～20%。

六、鉴定意见

××县××中心卫生院对张××的医疗行为存在一定过错，与张××死亡之间存在一定的因果关系，建议医方的医疗过失行为在患者死因构成中的参与度为15%～20%。

鉴定人：主检法医师　×××

《司法鉴定人执业证》证号：×10×××××××

主任法医师　张×某

《司法鉴定人执业证》证号：×10×××××××

授权签字人：主任法医师　强××

《司法鉴定人执业证》证号：×10×××××××

司法鉴定科学研究院

二〇一八年××月××日

三、鉴定意见质证要点整理

笔者站在××县××中心卫生院的角度代理本案，对该鉴定意见进行质证如下：

第一，卫生院在为患者诊疗的过程中，在卫生院现有条件下，对患者当时的病症开出的诊疗方案符合一般医疗原则，患者病情突然恶化所致的客观后果系其自身疾病发展的结果，与卫生院的行为无关。

第二，卫生院对该患者的诊疗行为没有过错，该患者的损害后果与医院的医疗行为之间不存在因果关系。鉴定意见中描述“医方对患者使用上述对症治疗药物，上述药物的用法用量并不会引起或加重患者的磷化氢中毒程度。”足以说明卫生院对该患者的诊疗行为没有过错，该患者的损害后果是因其继续在存放有磷化铝的住处生活导致中毒死亡。磷化氢中毒目前无特效解药，治疗措施以脱离有毒环境及对症支持治疗为主，就卫生院现有条件，无法对其呕吐物进行分析检验，正如鉴定意见所述，“在临床诊断及救治上存在困难”，该患者病程发展迅速，卫生院在有限的时间内已经尽到了责任。

建筑工程质量司法鉴定意见的质证要点

建筑工程类司法鉴定，是在诉讼活动中为查明案件事实，司法机关或当事人委托依法取得建筑工程司法鉴定资格的司法鉴定机构或鉴定人对诉讼涉及的专门性问题，运用建筑工程科学理论与技术进行检测、鉴别和判定的技术活动。司法鉴定在建筑工程案件审理中的地位十分重要，甚至可以说，对于很多建筑工程合同案件而言，“打”官司就是“打”司法鉴定。

目前关于工程质量的鉴定大致有：施工质量鉴定；规划、勘察、设计质量鉴定；成品质量鉴定；环境变化对临近房屋的损害鉴定；安全事故鉴定等。

建筑工程质量司法鉴定，是指依法取得有关建筑工程司法鉴定资格的鉴定机构或鉴定人受司法机关或当事人委托，运用建筑科学理论和技术，对与建筑工程质量相关的问题进行调查、勘验、检测、分析、复核验算、判断并出具鉴定意见的活动。

鉴于本书更侧重为读者在刑事案件中提供帮助，而在刑事案件中常用的建筑工程鉴定是建筑工程质量司法鉴定,所以,下文仅对建筑工程质量司法鉴定解读一二。当然,不可否认,该类鉴定目前在民事领域应用频率最高。

第一部分:该类鉴定意见适用案件的主要法律规定

一、《建筑法》(节选)

第十三条 从事建筑活动的建筑施工企业、勘察单位、设计单位和工程监理单位,按照其拥有的注册资本、专业技术人员、技术装备和已完成的建筑工程业绩等资质条件,划分为不同的资质等级,经资质审查合格,取得相应等级的资质证书后,方可在其资质等级许可的范围内从事建筑活动。

第三十七条 建筑工程设计应当符合按照国家规定制定的建筑安全规程和技术规范,保证工程的安全性能。

第四十九条 涉及建筑主体和承重结构变动的装修工程,建设单位应当在施工前委托原设计单位或者具有相应资质条件的设计单位提出设计方案;没有设计方案的,不得施工。

第五十三条 国家对从事建筑活动的单位推行质量体系认证制度。从事建筑活动的单位根据自愿原则可以向国务院产品质量监督管理部门或者国务院产品质量监督管理部门授权的部门认可的认证机构申请质量体系认证。经认证合格的,由认证机构颁发质量体系认证证书。

第六十二条 建筑工程实行质量保修制度。

建筑工程的保修范围应当包括地基基础工程、主体结构工程、屋面防水工程和其他土建工程,以及电气管线、上下水管线的安装工程,供热、供冷系统工程等项目;保修的期限应当按照保证建筑物合理寿命年限内正常使用,维护使用者合法权益的原则确定。具体的保修范围和最低保修期限由国务院规定。

二、《民法典》(节选)

第七百九十一条 发包人可以与总承包人订立建设工程合同,也可以分别与勘察人、设计人、施工人订立勘察、设计、施工承包合同。发包人不得将应当由一个承包人完成的建设工程支解成若干部分发包给数个承包人。

总承包人或者勘察、设计、施工承包人经发包人同意,可以将自己承包的部分工作交由第三人完成。第三人就其完成的工作成果与总承包人或者勘察、设计、施工承包人向发包人承担连带责任。承包人不得将其承包的全部建设工程转包给第三人或者将其承包的全部建设工程支解以后以分包的名义分别转包给第三人。

禁止承包人将工程分包给不具备相应资质条件的单位。禁止分包单位将其承包的工程再分包。建设工程主体结构的施工必须由承包人自行完成。

三、最高人民法院《关于审理建设工程施工合同纠纷案件适用法律问题的解释(一)》(节选)

第四条 承包人超越资质等级许可的业务范围签订建设工程施工合同,在建设工程竣工前取得相应资质等级,当事人请求按照无效合同处理的,人民法院不予支持。

第十三条 发包人具有下列情形之一,造成建设工程质量缺陷,应当承担过错责任:

(一)提供的设计有缺陷;

(二)提供或者指定购买的建筑材料、建筑构配件、设备不符合强制性标准;

(三)直接指定分包人分包专业工程。

承包人有过错的,也应当承担相应的过错责任。

第三十二条 当事人对工程造价、质量、修复费用等专门性问题有争议,人民法院认为需要鉴定的,应当向负有举证责任的当事人释明。当事人经释明未申请鉴定,虽申请鉴定但未支付鉴定费用或者拒不提供相关材料的,应当承担举证不能的法律后果。

一审诉讼中负有举证责任的当事人未申请鉴定,虽申请鉴定但未支付鉴定费用或者拒不提供相关材料,二审诉讼中申请鉴定,人民法院认为确有必要的,应当依照民事诉讼法第一百七十条第一款第三项的规定处理。

四、《建设工程质量管理条例》(节选)

第三条 建设单位、勘察单位、设计单位、施工单位、工程监理单位依法对建设工程质量负责。

第二十五条 施工单位应当依法取得相应等级的资质证书,并在其资质等级许可的范围内承揽工程。

禁止施工单位超越本单位资质等级许可的业务范围或者以其他施工单位的名义承揽工程。禁止施工单位允许其他单位或者个人以本单位的名义承揽工程。

施工单位不得转包或者违法分包工程。

五、《司法鉴定程序通则》(节选)

第十六条 司法鉴定机构决定受理鉴定委托的,应当与委托人签订司法鉴定委托书。司法鉴定委托书应当载明委托人名称、司法鉴定机构名称、委托鉴定事项、是否属于重新鉴定、鉴定用途、与鉴定有关的基本案情、鉴定材料的提供和退还、鉴定风险,以及双方商定的鉴定时限、鉴定费用及收取方式、双方权利义务等其他需要载明的事项。

第二十条 司法鉴定人本人或者其近亲属与诉讼当事人、鉴定事项涉及的案件有利害关系,可能影响其独立、客观、公正进行鉴定的,应当回避。

司法鉴定人曾经参加过同一鉴定事项鉴定的,或者曾经作为专家提供过咨询意见的,或者曾被聘请为有专门知识的人参与过同一鉴定事项法庭质证的,应当回避。

第二十三条 司法鉴定人进行鉴定,应当依下列顺序遵守和采用该专业领域的技术标准、技术规范和技术方法:

(一)国家标准;

(二)行业标准和技术规范;

(三)该专业领域多数专家认可的技术方法。

第二十八条 司法鉴定机构应当自司法鉴定委托书生效之日起三十个工作日内完成鉴定。

鉴定事项涉及复杂、疑难、特殊技术问题或者鉴定过程需要较长时间的，经本机构负责人批准，完成鉴定的时限可以延长，延长时限一般不得超过三十个工作日。鉴定时限延长的，应当及时告知委托人。

司法鉴定机构与委托人对鉴定时限另有约定的，从其约定。

在鉴定过程中补充或者重新提取鉴定材料所需的时间，不计入鉴定时限。

六、《民用建筑可靠性鉴定标准》(GB 50292—2015)(节选)

3　基本规定

3.1　一般规定

3.1.1　民用建筑可靠性鉴定，应符合下列规定：

1. 在下列情况下，应进行可靠性鉴定：

1)建筑物大修前；

2)建筑物改造或增容、改建或扩建前；

3)建筑物改变用途或使用环境前；

4)建筑物达到设计使用年限拟继续使用时；

5)遭受灾害或事故时；

6)存在较严重的质量缺陷或出现较严重的腐蚀、损伤、变形时。

2. 在下列情况下，可仅进行安全性检查或鉴定：

1)各种应急鉴定；

2)国家法规规定的房屋安全性统一检查；

3)临时性房屋需延长使用期限；

4)使用性鉴定中发现安全问题。

3. 在下列情况下，可仅进行使用性检查或鉴定：

1)建筑物使用维护的常规检查；

2)建筑物有较高舒适度要求。

4. 在下列情况下，应进行专项鉴定：

1)结构的维修改造有专门要求时；

2)结构存在耐久性损伤影响其耐久年限时；

3)结构存在明显的振动影响时；

4)结构需进行长期监测时。

七、《工业建筑可靠性鉴定标准》(GB 50144—2019)(节选)

10　鉴定报告

10.0.1　工业建筑可靠性鉴定报告应包括下列内容：

1　工程概况；

2　鉴定的目的、内容、范围及依据；

3　调查、检测、分析结果；

4　评定等级或评定结果；

5　结论与建议。

10.0.2　工业建筑专项鉴定报告除应符合本标准第10.0.1条规定外，尚应包括有关专项问题或特定要求的检测评内容。

10.0.3　鉴定报告编写应符合下列规定：

1　鉴定报告中宜根据需要明确目标使用年限，指出被鉴定工业建筑各鉴定单元所存在的问题并分析其产生的原因。

2　鉴定报告中应明确总体鉴定结论，指明被鉴定工业建筑各鉴定单元的最终评定等级或评定结果，最终评定等级或评定结果宜按本标准附录H给出。

3　鉴定报告中应对各鉴定单元安全性评为c级或d级构件和C级或D级结构系统、正常使用性评为c级构件和C级结构系统的数量和所处位置作出详细说明，并应提出处理措施建议。

八、《建筑工程施工质量验收统一标准》(GB 50300—2013)(节选)

3　基本规定

3.0.1　施工现场应具有健全的质量管理体系、相应的施工技术标准、施工质量检验制度和综合施工质量水平评定制度。施工现场质量管理可按本标准附录A的要求进行检查记录。

3.0.2 未实行监理的建筑工程,建设单位相关人员应履行本标准涉及的监理职责。

3.0.3 建筑工程的施工质量控制应符合下列规定:

1 建筑工程采用的主要材料、半成品、成品、建筑构配件、器具和设备应进行进场检验。凡涉及安全、节能、环境保护和主要使用功能的重要材料、产品,应按各专业工程施工规范、验收规范和设计文件等规定进行复验,并应经监理工程师检查认可;

2 各施工工序按施工技术标准进行质量控制,每道施工工序完成后,经施工单位自检符合规定后,才能进行下道工序施工。各专业工种之间的相关工序应进行交接检验,并应记录;

3 对于监理单位提出检查要求的重要工序,应经监理工程师检查认可,才能进行下道工序施工。

第二部分:该类鉴定意见的一般质证要点

一、对鉴定周期是否超过法定时限的审查

建筑工程质量司法鉴定涉及的环节很多,只要其中任何一个环节出现争议,就会影响鉴定周期。从调研情况看,当事人在鉴定中不断补充鉴定材料,如工程图纸、签证材料等,是造成实际鉴定周期延长的首要因素;而委托鉴定之前,当事人选取鉴定机构、协商收费、缴费等各个环节也都有可能因当事人之间存在争议而花费很多时间。虽然司法部和最高人民法院相关规定将鉴定时限明确为15个工作日、30个工作日、60个工作日,但实践中极少有建筑工程案件的司法鉴定能在60日内完成。部分案件的鉴定周期甚至高达两年以上。由于鉴定周期过长,严重拖延了案件的审理,造成很多超期案件。

二、审查案件中的多个重复鉴定

建筑工程质量鉴定在涉及工程重大安全事故罪的刑事案件中会用到,大多数案件不会出现重复鉴定情形,而在民事案件中出现重复鉴定的情形却屡见不鲜。

导致重复鉴定的原因很多,究其根本是利益驱动,在此不再赘述。但是在出现第二份鉴定甚至第三份鉴定的情况下,由于鉴定机构采用不同方法进行鉴定产生差距甚大的鉴定意见,不但影响鉴定效率,而且极易激化矛盾,使案件难以息诉。辩护人(代理人)在审查鉴定意见时,往往容易忽略前一份鉴定而重视后一份鉴定,应认真比较前后两份鉴定的差异,从中找到代理要点。

三、对工程鉴定机构资质的审查

工程鉴定机构资质有的由住房和城乡建设部门发放,有的由技术监理部门发放,还有的由机构设立时相关部门直接授权,实践中形成了工程鉴定机构资质多头管理的格局。同时,根据全国人民代表大会常务委员会《关于司法鉴定管理问题的决定》《司法鉴定机构登记管理办法》《司法鉴定人登记管理办法》的规定,司法鉴定的主体即司法鉴定机构应当具备司法鉴定资格,持有由司法部监制,统一发放,统一编码的司法鉴定许可证,并要求鉴定人必须持有合法、有效的司法鉴定人执业证,但当前司法部仅有权对法医鉴定、物证鉴定、声像资料鉴定资质发证,这进一步造成了鉴定资质管理的矛盾与冲突。建筑工程质量司法鉴定机构一般应取得中国计量认证(CMA),经持证上岗的技术人员检测的试验数据方具有法律效力。

一个完整的工程质量争议解决过程需要经历工程质量司法鉴定、修复方案鉴定与修复造价鉴定三个阶段。当案件鉴定内容复合性决定同一案件既需要工程审价又需要质量鉴定,或造价鉴定与损失评估鉴定综合在一起时,当事人需要委托两家或两家以上单位分别进行,因鉴定资质要求不同,人民法院会组织争议双方当事人协商选定一家鉴定单位来完成三个阶段的作业,此时,鉴定单位的资质问题往往会成为辩护人(代理人)最容易找到的质疑目标。

在审查鉴定意见时,辩护人(代理人)需要注意鉴定机构超越资质等级许可的经营范围接受委托进行鉴定的问题,还需注意有个别法院委托当地政府部门而非独立的第三方鉴定机构进行司法鉴定,如有个别法院委托当地质量监察部门出具鉴定报告,质量监察部门是代表政府对工程质量行使监督管理的职能部门,不是第三方独立机构，对错误的鉴定内容不能够承担法律责任。另外，鉴定人员在两个以上鉴定机构兼职、无鉴定资质的鉴定机构或鉴定人借用有资质的鉴定机构或者鉴定人的名义从事鉴定等情况都屡见不鲜；还存在实际鉴定人与鉴定报告签名人不一致等一系列鉴定人资质问题，均需要引起辩护人（代理人）的足够重视，对鉴定机构资质、范围以及鉴定人资质进行审查。

四、对鉴定人回避问题的审查

司法实践中，由于鉴定机构本身属于社会中介机构，其实质是市场竞争的参与者，其中立性和公正性难以保证。且现代人际关系复杂，行业圈子小，鉴定人是否与各方当事人有其他关系或者有影响司法鉴定公正需要回避的情况，只有鉴定人自己知晓，对方当事人很难查明，是否能够依法回避完全取决于鉴定人的个人素质和职业操守。还有的当事人在鉴定意见作出后又会提出各种回避事由，影响鉴定意见的采信。

五、对鉴定范围确定问题的审查

一方面，受建筑工程质量问题鉴定技术性、专业性、复杂性所限，当事人可能存在申请鉴定的事项不明确，或直接委托进行全面鉴定的情况，而法院对此类情况并不进行审查。另一方面，个别鉴定机构和鉴定人员忽视司法鉴定委托书中界定的鉴定范围，为了多收鉴定费用，随意扩大鉴定范围，超额收取鉴定费用；还有的委托人对需要鉴定的事项在委托书中描述不清晰，如简单地要求“对涉案工程质量是否符合验收规范和设计要求进行鉴定”，而没有要求鉴定人对工程不符合质量要求的原因以及工程是否符合安全使用性能要求进行鉴定。这些都会导致该类鉴定的委托事项和案件待证事实无法对应。

六、对鉴定方法的审查

鉴定方法的科学与否决定了鉴定意见的正确与否。建筑工程司法实践中鉴定方法不科学和不适当的现象屡见不鲜，例如，在工程质量鉴定中，对于房屋漏水检测的鉴定，有些鉴定人为了节约时间，用人工洒水的方式模拟降雨，但是，模拟人工降雨最大的难度是保证洒水的均匀性及确定模拟的降雨量等同于多大等级的自然界的降雨量——鉴于此,在不能完全解决这两点的情况下用人工洒水模拟降雨这种不科学的方法检测房屋是否漏水,得出的鉴定意见亦很难谓之科学。再如对于烂尾工程和"三无"工程,不考虑双方当事人的过错因素及合同约定的计价方式,一律采用定额计算工程款,其鉴定结论将导致严重的利益失衡。①

七、对鉴定结论的审查

有的鉴定意见的论证过程不充分、模棱两可;有的鉴定意见只有结论没有详细的鉴定过程描述或分析说明;有的论证部分和最终结论不一致,论证过程相互矛盾或避重就轻;有的鉴定意见引用的各项数据不精确,数据和计算结果不一致。

八、对鉴定人鉴定能力的审查

建筑工程质量司法鉴定要求鉴定人员具备较完善的建筑工程学科体系,拥有较丰富的工程经验,唯有如此,鉴定人方能提出准确、客观的鉴定结论,具备足够的公信力。此外,在具备较强专业背景的前提下,鉴定人还应具备制定鉴定方案、出庭接受质询回应质疑、对检测鉴定过程及鉴定文书出具解释的各种能力。尤其是,目前部分法院对建筑工程司法鉴定的资质要求已完全放开,准入门槛较低,鉴定机构专业水平差距明显,有的鉴定机构专业权威性和公信力不强,自身鉴定流程设计不规范,利益驱动导致鉴定机构的中立性欠缺,因此,辩护人(代理人)有理由对相关鉴定意见提出鉴定能力的质疑。

第三部分:实案诠释鉴定意见质证要点

一、案情简介

×××为停工项目,位于河北省石家庄市×××,该工程为框架结构,施工日期为2014年5月,截至停工该项目施工至地上一层,当事人因"×××施工项目"已经完成的主体工程部分进行工程质量鉴定不合格、存在工程质量缺陷起诉至石

① 参见江苏省高级人民法院民一庭课题组:《建设工程司法鉴定疑难问题研究》,载《法律适用》2016年第4期。

家庄市×××人民法院,河北××工程质量司法鉴定中心对所提出的存在的质量缺陷进行了鉴定。

二、鉴定意见原文

河北××工程质量司法鉴定中心

河北×××综合楼

司法鉴定报告书

HX 2018 - SFJD - 00001

一、基本情况

委托单位:×××

委托鉴定事项:×××综合楼检测鉴定

受理日期:2018 年 5 月 9 日

鉴定材料:委托书、《检测报告 2018 - JG - 01543》、设计施工图纸

鉴定日期:2018 年×月×日

鉴定地点:×××

在场人员:河北××工程质量司法鉴定中心鉴定人员

×××房地产开发有限公司有关人员

×××有限公司有关人员

×××人民法院有关人员

被鉴定建筑物:×××综合楼

二、检案摘要

×××为停工项目,位于河北省石家庄市×××,该工程为框架结构,施工日期为 2014 年 5 月,截至停工该项目施工至地上一层,当事人起诉"×××施工项目"已经完成的主体工程部分进行工程质量鉴定不合格、存在工程质量缺陷。现起诉至石家庄市×××人民法院,河北××工程质量司法鉴定中心对所提出的存

在的质量缺陷进行鉴定。

三、检验过程

3.1 鉴定依据

3.1.1 委托书；

3.1.2 原设计图纸；

3.1.3 原设计图纸及相关技术资料；

3.1.4 《回弹法检测混凝土抗压强度技术规程》(JGJ/T 23—2011)；

3.1.5 《混凝土中钢筋检测技术规程》(JGJ/T 152—2008)；

3.1.6 《混凝土结构设计规范》(GB 50010—2010)；

3.1.7 《混凝土结构工程施工质量验收规范》(GB 50204—2015)；

3.1.8 国家标准《工程测量规范》(GB 50026—2007)；

3.1.9 河北××检测技术服务集团有限责任公司出具的×××综合楼《检测报告》(2018-JG-01543)(以下简称检测报告),2018年5月20日。

3.2 鉴定过程

二次委托河北××检测技术服务集团有限公司进行检测,我中心于2018年5月22日依据原设计施工图、河北××检测技术服务集团有限公司出具的2018-JG-XXXXX《检测报告》实测数据及国家有关规范,经鉴定人综合分析鉴定,形成本《司法鉴定报告》。

3.2.1 现场勘察鉴定情况

对现场的现状进行了初步勘察,对委托方所提出存在质量缺陷的部位调查发现柱子存在严重蜂窝、孔洞、露筋现象,梁体底面露筋且呈现出锈蚀状态;部分楼梯板底露筋出现锈蚀;蜂巢芯板混凝土填充处存在漏振,蜂巢芯板部分底面已经出现裂缝、损坏;部分柱体位移严重且垂直度存在缺陷。

3.2.2 《检测报告》结论摘录

1. 经鉴定该综合楼一层柱:22/1/0A、23/Q15/F、17-20/N-P,一层梁:20-22/P、20/S-U、18-20/Q、2-4/E-H、9-11/D、14/A-C、3/39/1/T-2/T、

1/0A/31－34、40/M－S、3/39/T 混凝土抗压强度符合设计要求；

2. 经鉴定该综合楼一层梁 20－22/D、20/S－U、18－20/Q、3/X－AA、9－11/D、14/A－C、1/0A/31－34 钢筋间距及钢筋混凝土保护层厚度不符合设计要求；

3. 经鉴定该综合楼一层板 27－30/B－C、1－2/X－Y 楼板厚度不符合设计要求；

4. 经鉴定地梁 20/AC－S 裂缝宽度不符合《混凝土结构设计规范》(GB 50010—2010)标准要求；

5. 经鉴定该综合楼一层柱 31/A、42/A、1/A、8/A、22/S、22/A、23/AC、20/U、22/Q、20/Q、18/Q、12/X、18/A、2/U、29/N、25/P、25/N、24/N 位移不符合《混凝土结构工程施工质量验收规范》(GB 50204—2015)标准要求。

四、鉴定分析

1. 混凝土在硬化过程中,水分蒸发和水泥硬化,造成混凝土收缩,收缩产生的应力集中在地梁薄弱的部位上,导致梁出现裂缝；

2. 结构构件的截面比较小,钢筋过密,石子卡在钢筋上,造成水泥砂浆不能够有效充满钢筋周围,造成露筋的现象。

五、鉴定意见

1. 经鉴定该综合楼一层柱:22/1/0A、23/Q15/F、17－20/N－P,一层梁:20－22/P、20/S－U、18－20/Q、2－4/E－H、9－11/D、14/A－C、3/39/1/T－2/T、1/0A/31－34、40/M－S、3/39/T 混凝土抗压强度符合设计要求；

2. 经鉴定该综合楼一层梁 20－22/D、20/S－U、18－20/Q、3/X－AA、9－11/D、14/A－C、1/0A/31－34 钢筋间距及钢筋混凝土保护层厚度不符合设计要求；

3. 经鉴定该综合楼一层板 27－30/B－C、1－2/X－Y 楼板厚度不符合设计要求；

4. 经鉴定该综合楼地梁 20/AC－S 裂缝宽度不符合《混凝土结构设计规范》(GB 50010—2010)标准要求；

5. 经鉴定该综合楼一层柱 31/A、42/A、1/A、8/A、22/S、22/A、23/AC、20/U、22/Q、20/Q、18/Q、12/X、18/A、2/U、29/N、25/P、25/N、24/N 位移不符合《混凝土结构工程施工质量验收规范》(GB 50204—2015)标准要求。

六、落款

司法鉴定人：××　　　　签名：

《司法鉴定人执业证》证号：

司法鉴定人：×××　　　签名：

《司法鉴定人执业证》证号：

司法鉴定人：×××　　　签名：

《司法鉴定人执业证》证号：

河北××工程质量司法鉴定中心

二〇一八年五月二十三日

三、鉴定意见质证要点整理

笔者站在承包方的立场和角度进行质证：

1. 河北××工程质量司法鉴定中心的鉴定意见没有经过复核程序，鉴定意见不够客观公正

依据《司法鉴定程序通则》第35条的规定，司法鉴定人完成鉴定后，司法鉴定机构应当指定具有相应资质的人员对鉴定程序和鉴定意见进行复核；对于涉及复杂、疑难、特殊技术问题或者重新鉴定的鉴定事项，可以组织3名以上的专家进行复核。复核人员完成复核后，应当提出复核意见并签名，存入鉴定档案。本工程质量鉴定属于涉及复杂、疑难、特殊技术问题，但是河北××工程质量司法鉴定中心却没有按照相关规定进行复核。因此，辩护人对鉴定意见的真实性、专业性提出疑问。

2. 鉴定材料及依据并没有经过法庭质证

最高人民法院《关于审理建设工程施工合同纠纷案件适用法律问题的解释(二)》第15条①规定，人民法院准许当事人的鉴定申请后，应当根据当事人申请

---

① 此司法解释已被2020年12月29日发布的最高人民法院《关于废止部分司法解释及相关规范性文件的决定》废止。参见最高人民法院《关于审理建设工程施工合同纠纷案件适用法律问题的解释(一)》第33条的规定。

及查明案件事实的需要，确定委托鉴定的事项、范围、鉴定期限等，并组织双方当事人对争议的鉴定材料进行质证。而本次司法鉴定的鉴定材料仅包括委托书、《检测报告 2018 - JG - 01543》、设计施工图纸，没有涵盖建筑工程施工合同、签证、设计变更文件、工程进度表等，并且采用的这些材料没有经过质证。只有经过当事人质证的材料才可以作为鉴定资料，本质上而言，法院必须组织当事人对作为鉴定意见基础的鉴定资料进行质证，否则鉴定意见有可能就是“毒树之果”。对于双方有异议的鉴定材料，原则上应当由司法机关决定是否作为鉴定材料，而不是将决定权交给鉴定机构。而该鉴定意见恰恰不能满足这些要求。

3. 鉴定意见第 2 ~5 条不够专业，说服力不强

鉴定意见第 2 ~5 条并没有指出钢筋间距、钢筋混凝土保护层厚度、综合楼地梁 20/AC - S 裂缝宽度的具体数值以及是否可以修复、可操作的修复方案，也没有指出综合楼一层柱 31/A、42/A、1/A、8/A、22/S、22/A、23/AC、20/U、22/Q、20/Q、18/Q、12/X、18/A、2/U、29/N、25/P、25/N、24/N 位移的具体数值以及是否可以修复、可操作的修复方案等，仅指出不符合设计要求、规范标准，因此其说服力不强，不能够让承包方信服。

4. 对司法鉴定意见提出以上质疑理由的同时，书面申请重新鉴定

由于鉴定材料及依据并没有经过法庭质证，属于鉴定程序严重违法的情形，依照最高人民法院《关于民事诉讼证据的若干规定》第 40 条的规定，当事人申请重新鉴定，存在下列情形之一的，人民法院应当准许：(1)鉴定人不具备相应资格的；(2)鉴定程序严重违法的；(3)鉴定意见明显依据不足的；(4)鉴定意见不能作为证据使用的其他情形。存在前款第 1 项至第 3 项情形的，鉴定人已经收取的鉴定费用应当退还。拒不退还的，依照本规定第 81 条第 2 款的规定处理。现承包方申请重新鉴定，并要求鉴定机构及鉴定人退还已经收取的鉴定费用。

司法会计鉴定意见的质证要点

司法会计鉴定意见,是指司法会计鉴定人员通过对涉案财务会计资料、财务会计事实进行检验分析,判断得出的结论性意见,是全部司法会计活动的最终结果。

司法会计鉴定与审计学科比较接近,两者的边界容易被混淆,司法会计鉴定并不满足于查明事实,而重点在于论证,通过论证去证明涉案会计事实的存在与否。因此,它的逻辑形式是演绎证明,说的是“脉络的事实”。审计仅需“查明”即可,通过查账勾勒出“事实的脉络”,[①]所以其逻辑形式是归纳证明。大部分注册会计师法律知识不足,其长期的审计工作思维难以切换为司法会计鉴定工作思维,以审计方法取代鉴定方法,即以审代鉴现象在会计鉴定行业屡见不鲜。而由于会计鉴定的专业性,司法会计鉴定或者审计报告在司法实务中的使用存在较多问题。

司法会计鉴定和价值评估鉴定在鉴定内容上会有重合,在形式上似乎也有所

---

① 参见杨为忠:《浅论如何质疑司法会计鉴定结论》,载《中国司法鉴定》2006 年第 6 期。

相似。比如在笔者曾办理的定州×××扰乱生产经营罪案件中,侦查机关做的鉴定是价值评估鉴定,对该被害单位的损失进行鉴定所依据的检材大多是财务资料。但是,司法会计鉴定仍然有别于价值评估鉴定。价值评估鉴定所依据的除了案发前发生的财务会计资料,更多的是对案发当时的财物损失进行评估,而司法会计鉴定侧重的是案发前的财务状况。

第一部分:该类鉴定意见适用案件的主要法律规定

一、司法部《关于印发司法鉴定文书格式的通知》(司发通〔2016〕112号)(节选)

文书2

×××司法鉴定中心(所)

司法鉴定意见书

……

注:

1 本司法鉴定意见书文书格式包含了司法鉴定意见书的基本内容,各省级司法行政机关或司法鉴定协会可以根据不同专业的特点制定具体的格式,司法鉴定机构也可以根据实际情况作合理增减。

2 关于"基本情况",应当简要说明委托人、委托事项、受理日期、鉴定材料等情况。

3 关于"资料摘要",应当摘录与鉴定事项有关的鉴定资料,如法医鉴定的病史摘要等。

4 关于"鉴定过程",应当客观、详实、有条理地描述鉴定活动发生的过程,包括人员、时间、地点、内容、方法,鉴定材料的选取、使用,采用的技术标准、技术规范或者技术方法,检查、检验、检测所使用的仪器设备、方法和主要结果等。

5 关于"分析说明",应当详细阐明鉴定人根据有关科学理论知识,通过对鉴定材料,检查、检验、检测结果,鉴定标准,专家意见等进行鉴别、判断、综合分析、逻辑推理,得出鉴定意见的过程。要求有良好的科学性、逻辑性。

6 司法鉴定意见书各页之间应当加盖司法鉴定专用章红印，作为骑缝章。司法鉴定专用章制作规格为：直径4厘米，中央刊五角星，五角星上方刊司法鉴定机构名称，自左向右呈环行；五角星下方刊司法鉴定专用章字样，自左向右横排。印文中的汉字应当使用国务院公布的简化字，字体为宋体。民族自治地区司法鉴定机构的司法鉴定专用章印文应当并列刊汉字和当地通用的少数民族文字。司法鉴定机构的司法鉴定专用章应当经登记管理机关备案后启用。

二、《司法鉴定程序通则》(节选)

第十二条 委托人委托鉴定的，应当向司法鉴定机构提供真实、完整、充分的鉴定材料，并对鉴定材料的真实性、合法性负责。司法鉴定机构应当核对并记录鉴定材料的名称、种类、数量、性状、保存状况、收到时间等。

诉讼当事人对鉴定材料有异议的，应当向委托人提出。

本通则所称鉴定材料包括生物检材和非生物检材、比对样本材料以及其他与鉴定事项有关的鉴定资料。

第十八条 司法鉴定机构受理鉴定委托后，应当指定本机构具有该鉴定事项执业资格的司法鉴定人进行鉴定。

委托人有特殊要求的，经双方协商一致，也可以从本机构中选择符合条件的司法鉴定人进行鉴定。

委托人不得要求或者暗示司法鉴定机构、司法鉴定人按其意图或者特定目的提供鉴定意见。

第二十条 司法鉴定人本人或者其近亲属与诉讼当事人、鉴定事项涉及的案件有利害关系，可能影响其独立、客观、公正进行鉴定的，应当回避。

司法鉴定人曾经参加过同一鉴定事项鉴定的，或者曾经作为专家提供过咨询意见的，或者曾被聘请为有专门知识的人参与过同一鉴定事项法庭质证的，应当回避。

第二十三条 司法鉴定人进行鉴定，应当依下列顺序遵守和采用该专业领域的技术标准、技术规范和技术方法：

（一）国家标准；

（二）行业标准和技术规范；

（三）该专业领域多数专家认可的技术方法。

第二十七条 司法鉴定人应当对鉴定过程进行实时记录并签名。记录可以采取笔记、录音、录像、拍照等方式。记录应当载明主要的鉴定方法和过程，检查、检验、检测结果，以及仪器设备使用情况等。记录的内容应当真实、客观、准确、完整、清晰，记录的文本资料、音像资料等应当存入鉴定档案。

第三十六条 司法鉴定机构和司法鉴定人应当按照统一规定的文本格式制作司法鉴定意见书。

三、《会计法》（节选）

第十条 下列经济业务事项，应当办理会计手续，进行会计核算：

（一）款项和有价证券的收付；

（二）财物的收发、增减和使用；

（三）债权债务的发生和结算；

（四）资本、基金的增减；

（五）收入、支出、费用、成本的计算；

（六）财务成果的计算和处理；

（七）需要办理会计手续、进行会计核算的其他事项。

第十四条 会计凭证包括原始凭证和记帐凭证。

办理本法第十条所列的经济业务事项，必须填制或者取得原始凭证并及时送交会计机构。

会计机构、会计人员必须按照国家统一的会计制度的规定对原始凭证进行审核，对不真实、不合法的原始凭证有权不予接受，并向单位负责人报告；对记载不准确、不完整的原始凭证予以退回，并要求按照国家统一的会计制度的规定更正、补充。

原始凭证记载的各项内容均不得涂改；原始凭证有错误的，应当由出具单位重开或者更正,更正处应当加盖出具单位印章。原始凭证金额有错误的,应当由出具单位重开,不得在原始凭证上更正。

记帐凭证应当根据经过审核的原始凭证及有关资料编制。

第十五条 会计帐簿登记,必须以经过审核的会计凭证为依据,并符合有关法律、行政法规和国家统一的会计制度的规定。会计帐簿包括总帐、明细帐、日记帐和其他辅助性帐簿。

会计帐簿应当按照连续编号的页码顺序登记。会计帐簿记录发生错误或者隔页、缺号、跳行的,应当按照国家统一的会计制度规定的方法更正,并由会计人员和会计机构负责人(会计主管人员)在更正处盖章。

使用电子计算机进行会计核算的,其会计帐簿的登记、更正,应当符合国家统一的会计制度的规定。

第十七条 各单位应当定期将会计帐簿记录与实物、款项及有关资料相互核对,保证会计帐簿记录与实物及款项的实有数额相符、会计帐簿记录与会计凭证的有关内容相符、会计帐簿之间相对应的记录相符、会计帐簿记录与会计报表的有关内容相符。

第二十条 财务会计报告应当根据经过审核的会计帐簿记录和有关资料编制,并符合本法和国家统一的会计制度关于财务会计报告的编制要求、提供对象和提供期限的规定;其他法律、行政法规另有规定的,从其规定。

财务会计报告由会计报表、会计报表附注和财务情况说明书组成。向不同的会计资料使用者提供的财务会计报告,其编制依据应当一致。有关法律、行政法规规定会计报表、会计报表附注和财务情况说明书须经注册会计师审计的,注册会计师及其所在的会计师事务所出具的审计报告应当随同财务会计报告一并提供。

第二十一条 财务会计报告应当由单位负责人和主管会计工作的负责人、会计机构负责人(会计主管人员)签名并盖章;设置总会计师的单位,还须由总会计师签名并盖章。

单位负责人应当保证财务会计报告真实、完整。

第二十六条　公司、企业进行会计核算不得有下列行为：

（一）随意改变资产、负债、所有者权益的确认标准或者计量方法，虚列、多列、不列或者少列资产、负债、所有者权益；

（二）虚列或者隐瞒收入，推迟或者提前确认收入；

（三）随意改变费用、成本的确认标准或者计量方法，虚列、多列、不列或者少列费用、成本；

（四）随意调整利润的计算、分配方法，编造虚假利润或者隐瞒利润；

（五）违反国家统一的会计制度规定的其他行为。

第三十八条　会计人员应当具备从事会计工作所需要的专业能力。

担任单位会计机构负责人（会计主管人员）的，应当具备会计师以上专业技术职务资格或者从事会计工作三年以上经历。

本法所称会计人员的范围由国务院财政部门规定。

四、《中国注册会计师鉴证业务基本准则》（节选）

第二十一条　鉴证对象与鉴证对象信息具有多种形式，主要包括：

（一）当鉴证对象为财务业绩或状况时（如历史或预测的财务状况、经营成果和现金流量），鉴证对象信息是财务报表；

（二）当鉴证对象为非财务业绩或状况时（如企业的运营情况），鉴证对象信息可能是反映效率或效果的关键指标；

（三）当鉴证对象为物理特征时（如设备的生产能力），鉴证对象信息可能是有关鉴证对象物理特征的说明文件；

（四）当鉴证对象为某种系统和过程时（如企业的内部控制或信息技术系统），鉴证对象信息可能是关于其有效性的认定；

（五）当鉴证对象为一种行为时（如遵守法律法规的情况），鉴证对象信息可能是对法律法规遵守情况或执行效果的声明。

第二十四条　标准是指用于评价或计量鉴证对象的基准，当涉及列报时，还包括列报的基准。

标准可以是正式的规定，如编制财务报表所使用的会计准则和相关会计制度；也可以是某些非正式的规定，如单位内部制定的行为准则或确定的绩效水平。

第二十六条 注册会计师应当考虑运用于具体业务的标准是否具备本准则第二十五条所述的特征，以评价该标准对此项业务的适用性。在具体鉴证业务中，注册会计师评价标准各项特征的相对重要程度，需要运用职业判断。

标准可能是由法律法规规定的，或由政府主管部门或国家认可的专业团体依照公开、适当的程序发布的，也可能是专门制定的。采用标准的类型不同，注册会计师为评价该标准对于具体鉴证业务的适用性所需执行的工作也不同。

第四十七条 注册会计师应当记录重大事项，以提供证据支持鉴证报告，并证明其已按照鉴证业务准则的规定执行业务。

第四十九条 注册会计师应当将鉴证过程中考虑的所有重大事项记录于工作底稿。

在运用职业判断确定工作底稿的编制和保存范围时，注册会计师应当考虑，使未曾接触该项鉴证业务的有经验的专业人士了解实施的鉴证程序，以及作出重大决策的依据。

第五十条 注册会计师应当出具含有鉴证结论的书面报告，该鉴证结论应当说明注册会计师就鉴证对象信息获取的保证。

注册会计师应当考虑其他报告责任，包括在适当时与治理层沟通。

第五十一条 在基于责任方认定的业务中，注册会计师的鉴证结论可以采用下列两种表述形式：

（一）明确提及责任方认定，如“我们认为，责任方作出的‘根据×标准，内部控制在所有重大方面是有效的’这一认定是公允的”。

（二）直接提及鉴证对象和标准，如“我们认为，根据×标准，内部控制在所有重大方面是有效的”。

在直接报告业务中，注册会计师应当明确提及鉴证对象和标准。

五、《企业会计准则——基本准则》(节选)

第四十四条　财务会计报告是指企业对外提供的反映企业某一特定日期的财务状况和某一会计期间的经营成果、现金流量等会计信息的文件。

财务会计报告包括会计报表及其附注和其他应当在财务会计报告中披露的相关信息和资料。会计报表至少应当包括资产负债表、利润表、现金流量表等报表。

小企业编制的会计报表可以不包括现金流量表。

六、《企业会计制度》(节选)

第十一条　企业在会计核算时,应当遵循以下基本原则:

(一)会计核算应当以实际发生的交易或事项为依据,如实反映企业的财务状况、经营成果和现金流量。

(二)企业应当按照交易或事项的经济实质进行会计核算,而不应当仅仅按照它们的法律形式作为会计核算的依据。

(三)企业提供的会计信息应当能够反映企业的财务状况、经营成果和现金流量,以满足会计信息使用者的需要。

(四)企业的会计核算方法前后各期应当保持一致,不得随意变更。如有必要变更,应当将变更的内容和理由、变更的累积影响数,以及累积影响数不能合理确定的理由等,在会计报表附注中予以说明。

(五)企业的会计核算应当按照规定的会计处理方法进行,会计指标应当口径一致、相互可比。

(六)企业的会计核算应当及时进行,不得提前或延后。

(七)企业的会计核算和编制的财务会计报告应当清晰明了,便于理解和利用。

(八)企业的会计核算应当以权责发生制为基础。凡是当期已经实现的收入和已经发生或应当负担的费用,不论款项是否收付,都应当作为当期的收入和费用;凡是不属于当期的收入和费用,即使款项已在当期收付,也不应当作为当期的收入和费用。

（九）企业在进行会计核算时，收入与其成本、费用应当相互配比，同一会计期间内的各项收入和与其相关的成本、费用，应当在该会计期间内确认。

（十）企业的各项财产在取得时应当按照实际成本计量。其后，各项财产如果发生减值，应当按照本制度规定计提相应的减值准备。除法律、行政法规和国家统一的会计制度另有规定者外，企业一律不得自行调整其账面价值。

（十一）企业的会计核算应当合理划分收益性支出与资本性支出的界限。凡支出的效益仅及于本年度（或一个营业周期）的，应当作为收益性支出；凡支出的效益及于几个会计年度（或几个营业周期）的，应当作为资本性支出。

（十二）企业在进行会计核算时，应当遵循谨慎性原则的要求，不得多计资产或收益、少计负债或费用，但不得计提秘密准备。

（十三）企业的会计核算应当遵循重要性原则的要求，在会计核算过程中对交易或事项应当区别其重要程度，采用不同的核算方式。对资产、负债、损益等有较大影响，并进而影响财务会计报告使用者据以作出合理判断的重要会计事项，必须按照规定的会计方法和程序进行处理，并在财务会计报告中予以充分、准确地披露；对于次要的会计事项，在不影响会计信息真实性和不至于误导财务会计报告使用者作出正确判断的前提下，可适当简化处理。

第二部分：该类鉴定意见的一般质证要点

一、审查鉴定事项是否明确

在笔者看来，司法实践中随意性最大、最模糊的就是司法会计鉴定意见，该类鉴定意见的首要问题是委托事项与鉴定事项的不一致。由于委托方对财务会计专业知识了解的局限性及注册会计师对司法会计鉴定知识掌握的片面性，实务中，鉴定人容易混淆鉴定事项与检验对象的概念，错将检验对象作为鉴定事项委托。司法会计鉴定存在诸多问题，如办案人员不知如何归纳证明涉案会计事实的要点，无法准确提出具体的鉴定要求；委托事项模糊不清，范围过大，如将委托事项描述为“对××任职期间的会计账目进行鉴定”。由于鉴定未明确财务会计专门性问题的内容，在实践中易出现鉴定人按照侦查人员实际上所暗指的侦查方向进行鉴定并在鉴定意见中予以明确的情况。

实践中还会出现一种和上述事例相反的情况，就是委托人在委托时委托事项具有倾向性，对案件已经定性。我国《司法鉴定程序通则》第18条规定，委托人不得要求或者暗示司法鉴定机构、司法鉴定人按其意图或者特定目的提供鉴定意见，比如将委托事项描述为“对××任职期间贪污的100万元公款进行鉴定”。

二、审查鉴定和案件有无关联性

会计鉴定人员由于不参与案件的侦查活动，缺乏相应的诉讼常识和经验，依据传统的会计或审计查账思路去鉴定，未能按照司法鉴定的思维逻辑，充分、合理利用现有检材，因而鉴定人员给出的鉴定意见可能和诉讼活动中所需要的鉴定意见有差距，不足以证明涉案会计事实，最终导致实际的鉴定意见对案件并没有太大的帮助。

三、审查鉴定事项是否为财务会计专门性问题

根据法律规定，司法会计鉴定是技术性评价、事实评价，要解决的是案件中财务会计方面的专门性问题，除此之外的问题不应作为鉴定委托事项。在某些案件中，其所涉及的法律评价问题不应作为司法会计鉴定对象，即不应被列为鉴定事项。比如，在某民事案件中，鉴定机构的职责是对法院委托的租金、装修款等款项的数额进行鉴定，至于以上材料款是否属于直接损失的范围，应该由法院认定而非鉴定机构在鉴定意见中定性。在刑事案件中，鉴定人员可以通过盘查账簿证明资金短缺，但是当事人是贪污还是侵占，是过失还是故意，这些问题都不可以由鉴定人员回答。

四、对鉴定检材的审查

司法会计鉴定检材由财务会计资料及相关材料组成，其中财务会计资料主要包括会计凭证、会计账簿、会计报表、发票存根等；相关材料包括银行对账单、财务移交清单、现场勘查记录、笔录等。对该部分检材的审查，主要包括审查检材是否属于上述材料范围、是否齐全，是否为委托单位出具的原始凭证，审查所依据的检材是否为当事人陈述及证人证言等言词证据。鉴定人在鉴定中发现缺少必需的司法会计鉴定材料时，不应自行补充，应当向委托机关提出补充资料的要求，由委托机关负责补充收集。在司法实践中，有的鉴定人为了省事，并不要求委托机关补充收集鉴定材料，因而造成鉴定意见不完整。

辩护人（代理人）虽然不是鉴定人，不具备鉴定人的专业知识，但是对检材的审查是在实体上评价鉴定是否客观、公正的前提，因此辩护人（代理人）应该对检材全面审查。

五、对鉴定意见分析说明的审查

分析说明是鉴定意见的核心，没有分析说明，鉴定意见就是"无根之水"。司法会计鉴定的目的是解决案件涉及的财务会计专门性问题，如果鉴定意见对非财务会计业务，比如犯罪行为动机、心理、因果关系等进行了分析并做出结论，那么其本身已经超出司法会计鉴定范围。另外，辩护人（代理人）还应审查鉴定意见分析说明部分采用的技术标准、技术规范或者技术方法是否符合相关规定。如果不符合，那么该鉴定意见无法作为证据使用。

六、对鉴定意见结论的审查

对司法会计鉴定意见结论的审查，事实上就是对分析、鉴别、推理、判断过程的审查。一些鉴定意见结论很明显地将检验和论证，或者将检验部分与论证和结论部分混为一谈，造成以论证说论证，而不是以现有的证据进行论证，最后得到的鉴定意见结论中存在"强说理"的意味。因此造成的差别，细微处可能很难分析，但是在司法实践中对案件的定性却可能会造成极大的影响，甚至导致不公正的判决。因此，对鉴定意见的结论，辩护人（代理人）应当主要审查鉴定意见是否具有排他性、唯一性，是否依据委托机关提供的财务会计资料及相关材料，是否为经过充分的分析论证得出的结果，是否直接采用了言词证据等非财务会计资料。

七、律师自行委托鉴定的特别说明

在一些案件中，律师事务所也可以作为委托人委托鉴定，比如可以委托进行非公知性司法鉴定、司法会计鉴定等。虽然在司法实践中,相较于公检法机关委托得出的鉴定意见,辩护人(代理人)作为一方当事人的受托人自行委托鉴定所得出的鉴定意见证明力较低,其公正性和中立性都会因身份而受影响,但是在笔者看来,一份与在案鉴定意见完全相反的新的鉴定意见对法官的触动,较辩护词、代理词要大得多。在司法实践中,笔者也确实因此在自己代理的案件中取得了预期的目标。

仅就司法会计鉴定而言,辩护人(代理人)需要明确委托做审计还是鉴定。笔者认为,无论是审计还是鉴定,只要对案件起到作用,无论是关键作用还是辅助作用,辩护人(代理人)都应该做相应工作。若必须进行司法会计鉴定,但是缺失关键部分的涉案会计资料,那么就不应强求进行司法会计鉴定,而应改为审计。否则,若鉴定人按审计方法作出了司法会计鉴定意见,反而给对方辩护人(代理人)留下很大的质疑空间。

第三部分:实案诠释鉴定意见质证要点

本书其他章节案例部分的鉴定意见的委托机关均是公检法机关,辩护人(代理人)是站在对立的角度质疑鉴定意见。而在本章节,笔者除了引用公安机关作为委托人的鉴定意见外,还引用了一份辩护人一方作为委托人的鉴定意见,换一个角度,或许对读者有新的启发。

【案例1】

一、案情简介

××区人民检察院指控,2003年年底,被告人王××伙同历××、谢××、郭××,为感谢时任河北省××市市长刘××利用职务便利帮助其四人通过招标方式承揽××生态防洪工程第一期第6标段、第20标段,第二期B16、B17、B18标段工程及帮助催要工程款,送给刘××100万元人民币。认定被告人王××为谋取不正当利益,给予国家工作人员财物,情节严重,其行为已构成行贿罪。一审王

××不认罪,提出根本没有此事,最终一审法院判处王××5 年有期徒刑。王××不服,提出上诉。

二审诉讼中,辩护人认为这一笔指控行贿有可能是无中生有,当事人的诉求是判处缓刑。笔者很清楚,此类案件在受贿人判决已经生效的情况下,再判处行贿人无罪的概率几乎为零。但是,如果能够通过系列证据让法官认识到此案证据可能真的有问题,那么就可以达到以无罪促罪轻的目的,诉讼既要讲究战术,更要研究战略。

为此,辩护人按照当事人提供的线索搜集了一部分证据,这些证据与卷宗中呈现的事实完全相反。其中的一个关键问题是一审已经认定行贿款项来源是王××的妻子万××从水务局拨付到××配件厂的工程款,为了证明行贿款项来源就是虚假的,以达到"釜底抽薪"的作用,辩护人以律师事务所的名义委托司法鉴定机构对××配件厂的财务收入和支出情况做了鉴定。

二、鉴定意见原文

河北××司法会计鉴定中心

——王××涉嫌行贿罪一案涉及的原××市××配件厂

资金收入、支出情况的

司法会计鉴定意见书

冀×司鉴字[2017]第00××号

北京大成(石家庄)律师事务所:

河北××司法会计鉴定中心(以下简称我中心)接受贵事务所委托,对王××涉嫌行贿罪一案涉及的原××市××配件厂(××市××配件厂已于2×××年注销)资金来源和资金支出情况进行核实。鉴定涉及的资料,均由原××市××配件厂(以下简称原××配件厂)提供,并由北京大成(石家庄)律师事务所转交给我中心。资料的真实性和完整性由资料提供方负责,我们的责任是针对委托事项进行鉴定。

一、基本情况

委托人:北京大成(石家庄)律师事务所

委托鉴定事项及鉴定内容:根据原××配件厂提供的财务资料,对王××涉嫌行贿罪一案涉及的原××配件厂2003年10月24日至12月31日资金来源和资金支出情况进行核实。[详见后附鉴定聘请书(略)]

受理日期:2017年××月××日

鉴定日期:2017年××月××日至××月××日

鉴定地点:河北省石家庄市××××××(司法会计鉴定室)

被鉴定人:原××市××配件厂

二、案情简介

2003年4月××市××生态防洪一期工程准备进行招标,谢××、刘××、郭××、王××四个人商定一起承揽工程。

为了承揽工程,刘××找到××市××县水利建筑工程公司资质,王××和郭××制作了标书。××市××县水利建筑工程公司顺利中标,工程于2003年6月底完工。

2003年9月××市××生态防洪二期工程开始招标,谢××、刘××、王××、郭××用××县水利交通建筑工程公司、××市××县水利建筑工程公司、××××水利工程有限公司资质进行投标,中得B16、B17、B18三个标段。

2016年1月27日王××涉嫌行贿罪被××人民检察院立案侦查,2017年11月20日××人民法院作出(2016)冀××刑初第××号判决书,以行贿罪判处王××有期徒刑5年,并处罚金人民币20万元。

为此,北京大成(石家庄)律师事务所委托我中心根据原××配件厂提供的财务资料,对该案涉及的原××配件厂资金来源和资金支出情况进行核实。

三、鉴定材料

1.2003年8月27日现金存银行14万元银行回单原件1份;

2.原××配件厂2003年8月29日至12月31日银行流水复印件1份(原件在银行);

3.证人证言原件11份;

4.收谢××投资款100万元收据复印件1份(原件交至法院);

5.原××配件厂中国银行现金支票复印件69份和付款券别登记单复印件69份(原件在银行);

6.支付工程款原始单据(现金支领单和完工证)原件及复印件,其中313,369.00元工程款支付单据是复印件(原件交至法院),其余为原件;

7.一期、二期工程款结算情况明细表原件;

8.中国银行现金支票、转账支票、进账单等共32张(电子版,原件在银行);

9.原××配件厂现金支票存根复印件6张(原件交至法院)。

四、鉴定过程及分析

根据原××配件厂提供的财务资料,我们对银行流水、现金支票、现金支领单、完工证等相关证据资料进行了核实,对资金来源进行了核实,对支出款项进行了核对、统计、分析、汇总,结合证明人出具的证明材料,并在此基础上出具鉴定报告。

具体鉴定情况如下:

(一)资金来源情况

根据提供的资料,原××配件厂2003年10月24日银行存款余额4435.09元,2003年10月24日至12月31日资金来源共计7,489,850.20元,包括以下几部分:

1.拨款6,189,850.20元和借款300,000.00元,合计6,489,850.20元。根据银行流水和银行转账单据显示,2003年10月27日银行收款2,250,000.00元;11月11日银行收款300,000.00元;12月16日银行收款2,825,850.2元;12月31日银行收款434,000.00元、680,000.00元。

借款300,000.00元中,250,000.00元有借款人出具的证明,其中:杨××证明于2003年11月15日借款50,000.00元给原××配件厂,2005年10月收到还款,除此之外,与原××配件厂没有其他借贷往来;万××证明于2003年1月15日借给原××配件厂60,000.00元,2006年10月收到还款,除此之外,与原××配件厂没有其他借贷往来;马××证明于2003年11月借给原××配件厂50,000.00元,2006年年底收到还款,除此之外,与原××配件厂没有其他借贷往来;万××证明于2003年11月中旬借给原××配件厂90,000.00元,2006年年底收到还款,除此之外,与原××配件厂没有其他借贷往来.

另外50,000.00元无借款人证明。

2.谢××投资款1,000,000.00元,有收据复印件1张(原件已交至法院),日期:2003年11月25日,收款方式为现金,收款事由:二期投资款。

(二)资金支付核实情况

根据提供的资料,2003年10月24日至12月31日资金支付共7,314,463.00元,包括以下几部分:

1.开现金支票支付工程款共计67笔,金额1,297,510.00元[详见附表1(略)]

2003年10月27日至11月27日,原××配件厂通过开现金支票支付工程款67笔,金额合计1,297,510.00元,其中61笔,金额1,187,525.00元有现金支票复印件和付款券别登记单复印件,付款券别登记单复印件上有收款人签字;另外6笔,金额109,985.00元没有现金支票复印件和付款券别登记单复印件,但在银行流水里有该6笔支出,金额109,985.00元。

2.现金支付工程款2,019,217.00元

我们对现金支领单和完工证进行了核对、统计、汇总。经统计,共支出工程款2,019,217.00元[详见附表2(略)]。其中313,369.00元工程款支付单据是复印件,其余1,705,848.00元的工程款支付单据为原件。

委托方提供了部分证明人:佟××、王××、刘××、郭××、刘××,这几个证明人出具了证明材料,证明是以现金方式领取的工程款并在现金支领单上签字确认。

3. 还借款 150,000.00 元

根据原××配件厂提供的相关证据资料,2003 年 8 月 27 日现金存银行 140,000.00元,为借款,2003 年 11 月 12 日万××从银行取现金 150,000.00 元用于归还该笔借款本金 140,000.00 元及利息 10,000.00 元。

4. 2003 年 12 月现金支票付款 1,247,736.00 元

其中:2003 年 12 月 19 日支付李××60,000.00 元,现金支票填写用途为运费;12 月 18 日支付佟××111,640.00 元,现金支票填写用途为运费;12 月 23 日冯××取款 380,000.00 元,现金支票填写用途为工资;12 月 24 日刘××取款 293,425.00 元,现金支票填写用途为运费;12 月 25 日冯××取款 180,000.00 元,现金支票填写用途为土方款;12 月 29 日刘××取款 116,615.00 元,现金支票填写用途为运费;12 月 31 日支付李××106,056.00 元,现金支票填写用途为运费。

5. 转账给×××第三项目部 2,600,000.00 元

2003 年 12 月 31 日,银行转账给×××第三项目部 2,600,000.00 元。

(三)现金支票存根与现金支票核对情况

提供的现金支票存根 6 张,支票号分别为 01166037、01166176、01166179、01165620、01166065、01166032,经与提供的现金支票核对,这 6 张支票存根均与现金支票核对一致。

五、鉴定意见

根据提供的相关证据资料,我们对证据资料进行了统计、分析、汇总、核实。在此基础上,经鉴定,原××配件厂资金来源共计 7,489,850.20 元,资金支出共计 7,314,463.00 元。

此鉴定结论是建立在现有提供的证据资料真实、完整的基础上的,如以后有新的证据或有证据证明本次鉴定所依据的资料是虚假的或错误的,则鉴定结论将会发生变化。

六、特别事项说明

1. 本次鉴定涉及的资料,由原××配件厂提交我中心,资料的真实性由资料

提供方负责。

2. 本次鉴定结论系建立在所提供的现有资料基础之上，如以后提供新的证据，或有证据证明本次鉴定所依据的资料是虚假的或错误的，则本次鉴定结论亦将会发生变化，特提请注意。本鉴定报告仅供本次委托事由使用，不得用于其他目的，因使用不当造成的后果，与签字司法鉴定人及鉴定中心无关。

七、落款

司法鉴定人签名盖章：×××　1300××××××××

司法鉴定人签名盖章：×××　1300××××××××

司法鉴定人签名盖章：×××　1300××××××××

河北××司法会计鉴定中心

二〇一七年××月××日

三、鉴定意见辩护要点整理[①]

作为王××的辩护人，笔者委托了河北××司法会计鉴定中心进行鉴定，对自行委托的辩方证据虽然无须质证，但是，辩护人在辩护意见中对该鉴定意见的证明目的做了解释。

第一部分：关于真相

（一）三份客观证据、一份证人证言，足以推翻在案有罪供述

……

第三份证据——《司法会计鉴定意见书》（冀×司鉴字［2017］第00××号）

卷宗中有部分书证是为了证实行贿款项来源，判决书也确定了这一事实，即行贿款项是万××从水务局拨付的工程款中支付的。那么，行贿款项的提取时间一定是在水务局拨款时间之后，行贿时间之前，即2003年10月27日至12月31日。为了彻底查清行贿款项来源，辩护人委托了具有司法会计鉴定资格的河北

① 此处为对重点内容的整理摘录。

××司法会计鉴定中心对原××配件厂2003年10月24日至12月31日的资金来源和支出情况的会计账目进行了会计鉴定。鉴定结果是:2003年10月24日,该配件厂原有账目上有资金4435.09元,2003年10月27日水务局拨付第一笔工程款,一直到2003年12月31日,原××配件厂资金来源共计7,489,850.20元,资金支出共计7,314,463.00元,也就是说,该单位到账后的款项基本均有明确去向,判决书确定的行贿款项来源是不能成立的。

因此,就目前的证据情况来看,本案行贿款的来源无法查清,口供与事实严重不符,不能认定存在贿赂行为。

……

四、法院判决

虽然最终××市人民法院并没有采纳该鉴定意见,但是王××被改判缓刑,以无罪辩护促罪轻辩护的目的已然达成。

【案例2】

一、案情简介

本案所涉罪名是非法吸收公众存款罪。从2011年开始,被告人张××以投资为名,通过发传单、短信、口口相传等公开宣传的方式,以每日2.5分、3分的高额利息陆续向王××、李×等多名社会不特定主体非法吸收公众存款。2015年下半年开始,被告人张××不能正常还本付息,造成债权人损失。

二、鉴定意见原文

司法鉴定意见书

××会鉴字[2017]第××号

××市公安局:

××会计师事务所有限责任公司(以下简称本所)接受贵局委托,根据贵局

2017 年 5 月 17 日对本所的《鉴定聘请书》中委托事项内容,按照中国注册会计师执业准则和司法会计鉴定的相关规定,对贵局侦查的张××非法吸收公众存款一案,在贵局提供的相关鉴定资料基础上进行司法会计鉴定。委托方的责任是提供真实、合法和完整的相关鉴定证据。本所的责任是根据委托鉴定事项,对鉴定证据发表司法会计鉴定意见。现将鉴定情况报告如下:

一、委托方及委托日期

(一)委托方:××市公安局

(二)委托日期:2017 年 5 月 17 日

二、委托鉴定事项及案情摘要

(一)委托鉴定事项

根据贵局 2017 年 5 月 17 日出具的×公(经)鉴聘字[2017]×××号《鉴定聘请书》的要求以及与委托人的沟通,鉴定内容为:

对张××与王××、李×等多名存款人的存款往来,按照委托要求分类统计,列明累计借款金额、累计还款金额(本金)、累计已付利息金额、借款余额、手持借据余额、息转本金额、融资还本付息后的实际金额。

(二)案件情况摘要

……

三、鉴定依据

(一)行为依据

××市公安局 2017 年 5 月 17 日出具的×公(经)鉴聘字[2017]×××号《鉴定聘请书》。

(二)法律法规依据

……

四、鉴定原则

……

五、委托鉴定送鉴的相关资料

贵局提供资料包括账本(融资记录本)17 册、账本(本息核算单)34 册、融资电子核对数据 1 份。

六、鉴定情况

在委托方提供资料的基础上,按照委托要求,对委托鉴定事项执行的鉴定情况如下:

询问当事人案情的有关情况,与当事人一方融资核算人员核对了融资数据,对王××、李×等多名存款人的累计借款金额、累计还款金额(本金)、累计已付利息金额、借款余额、手持借据余额、息转本金额、融资还本付息后的实际金额进行了分类统计并对有关数据予以列明。

七、鉴定意见

根据已提供的委托鉴定资料,按照前已述及的本次鉴定依据和鉴定情况,委托鉴定内容的鉴定意见如下:

被告人张××接收王××、李×等××名存款人的累计存款金额为 2,2××,×××,×××元,累计还款金额(本金)为 1,5××,×××,×××元,累计已付利息 39×,×××,×××元,息转本金额 49,×××,×××元,融资还本付息后的实际余额是 3××,×××,×××元。[详见附件张××非法吸收公众存款案融资明细表(略)]

八、特别事项说明

我们提请使用人注意:

委托鉴定资料之外及委托鉴定事项之外的资金往来我们不予考虑。

附件:张××非法吸收公众存款案融资明细表(略)

中国注册会计师:韩××

中国注册会计师:刘××

××会计师事务所有限责任公司

二〇一七年六月九日

三、鉴定意见质证要点整理

第一,鉴定意见认定的吸收金额是投资合同金额的简单相加,计算依据和计算方式单一,可能使鉴定确定的金额远超过实际吸收金额。

鉴定意见第五项委托鉴定送鉴的相关资料显示:“贵分局提供资料包括账本(融资记录本)17 册、账本(本息核算单)34 册、融资电子核对数据 1 份。”这是本案鉴定最重要的检材。也就是说,计算张××吸收金额的依据就是公司记载的账本。在计算吸收金额时应当结合集资参与人的投资合同、转账凭证、银行流水以及公安机关笔录等材料综合认定,不能仅凭单方记录的账本累计相加,即认定张××吸收的金额。吸收金额关系到量刑,这种单一的计算依据和计算方式统计出来的吸收金额很有可能会大于实际吸收金额,因此,应慎重全面认定实际吸收金额。

第二,张××近亲属张×红、李×伟、王×玲投资的 165 万元,应予扣减。

最高人民法院《关于审理非法集资刑事案件具体应用法律若干问题的解释》第 1 条第 2 款规定,未向社会公开宣传,在亲友或者单位内部针对特定对象吸收资金的,不属于非法吸收或者变相吸收公众存款。最高人民检察院《关于办理涉互联网金融犯罪案件有关问题座谈会纪要》第 11 条第 1 款第 1 项规定,犯罪嫌疑人自身及其近亲属所投资的资金金额不应计入该犯罪嫌疑人吸收的金额。本案中,张××近亲属张×红、李×伟、王×玲投资共 165 万元,应当从司法鉴定意见书认定的吸收金额中予以扣除。

第三,集资参与人李×玉投资的 200 万元重复计算,应予扣减。

根据司法鉴定意见书,集资参与人李×玉和李×其实是同一个人,系重复登记,重复计算的 200 万元应当从认定的吸收金额中予以扣减。

后　记

封笔，感慨很多。写作是一件快乐的事，这几年随着年龄增长，我同别人的话越来越少，和自己的心灵对白越来越多。更多时候，愿意提起笔写点什么，因为写作会让我内心踏实、精神充盈；当然写作是一份消耗心血的事情，有时候一天写下来，累得竟然说不出话来，但是看着文字在键盘上一个个敲出来，这种成就感会让人忘记疲惫；写作更是一个总结提升的过程，我在写作的过程中学习了大量有关司法鉴定的知识，尤其是实案诠释质证要点，更是对过往办理案件的复盘，在总结梳理过程中有时候会突然感觉过去的质证要点如此精彩，偶尔又感觉曾经提出的质证要点尚有欠缺，于是反复琢磨揣测、思考推敲，不觉便增长了知识，所以写作既是固化成果的手段，更是有效的学习途径。正所谓，文章千古事，得失寸心知。

今年年初，疫情原因，大家都待在家里，大成刑委会开设了刑辩课堂，邀请我讲课，我当时正在写作本书，没有犹豫就确定了以鉴定意见一般质证要点为讲课内容，来自全国公检法系统近万人同时在线听课。后来我又把讲课内容整理成文字发表，再加上这本30余万字的书写完，看起来似乎我在对鉴定意见的研究上颇有深度。实际恰恰相反，我突然发现，自己对鉴定意见的认识还停留在表层，隔行如隔山，无论我如何深入研究，都不能将专业问题透彻、深入。

虽然之前我参编过几本书，也独立编著过汕头大学出版社出版的《司法鉴定理论与实践》——该书和本书为姊妹篇，但是严格来讲，我在本书中投入了更多的精力，倾注了更有价值的思考，它才是我个人真正的处女作。陈兴良老师将本书定义为工具书，我却认为自己目前对鉴定意见的研究仍属蜻蜓点水，深感惭愧。

今天是2020年的最后一天，这一年，因为疫情我们有了许多可以思考的时间，也有许多难以忘怀的故事，人们正在以各种方式纪念着即将逝去的这平凡或不平凡的一年。而我，在2020年疫情期间写下的这本工具书，希望真能如陈兴良老师所言，"对司法鉴定意见进行实质意义上的质证具有重要参考价值"，唯愿能够给我的同行及热爱这项事业的法律人一点参考，共勉！

刘丽云

2020年12月31日深夜